La conduite de projet

Hugues Marchat

La conduite de projet

Troisième édition

EYROLLES

Éditions d'Organisation

Éditions d'Organisation
Groupe Eyrolles
61, bd Saint-Germain
75240 Paris cedex 05

www.editions-organisation.com
www.editions-eyrolles.com

Du même auteur, chez le même éditeur

Le Kit du chef de projet, 3ᵉ édition, 2007.

La Gestion de projet par étapes
Analyse des besoins, 2006, 2008, 1ʳᵉ étape.
Analye technique et réalisation, 2007, 2ᵉ étape.
Tests en mise en service, 2008, 3ᵉ étape.
Gestion d'un portefeuille de projets, à paraître fin 2008, 4ᵉ étape.

© Groupe Eyrolles, 2001, 2003, 2008
ISBN : 978-2-212-54142-7

Sommaire

Remerciements

Je ne pouvais commencer ce livre sans remercier ceux qui m'ont entouré et qui m'ont permis d'aboutir à ce résultat.

En premier lieu la direction de l'organisation de la CNP, et plus particulièrement Huguette Roussel, Marie-France Leroy, Philippe Keraël et Dominique Kalfon, qui m'ont fait confiance en m'associant à la démarche d'élaboration de leur « boîte à outils ». Je remercie également tous les organisateurs de cette direction qui ont collaboré à cette démarche.

Je veux aussi évoquer tous mes clients avec qui j'ai pu avoir de nombreux échanges et réflexions sur les méthodologies, et qui m'ont apporté un éclairage et une prise de hauteur par rapport à ce travail. À ce titre, je tenais tout particulièrement à remercier Marie-Catherine Ehlinger qui m'a apporté beaucoup dans les nombreuses discussions que nous avons eues sur la manière de conduire les projets.

J'associe aussi à ce travail le CNAM et plus particulièrement l'IESTO qui me permet à travers les enseignements que j'y dispense de faire évoluer mes méthodes de travail, de rechercher des techniques nouvelles, et de les partager avec les nombreux stagiaires ou enseignants que je côtoie chaque année. Ceci n'aurait pu se réaliser sans la confiance qu'Alain Capponi m'a témoignée ces dernières années à travers les missions qu'il m'a confiées.

La rédaction de cet ouvrage s'est réalisée dans l'environnement de l'entreprise que je dirige. Mon associé Marc Israël, mais aussi les consultants qui ont travaillé ou qui travaillent avec moi ont largement contribué à son élaboration soit par leur soutien soit par un apport direct de compétences. Je voudrais à ce titre remercier les « piliers » de cette entreprise, Philippe Alcolea, Claudio Maldonado et Christophe Baus, et ceux qui ont contribué ou contribuent à son évolution : François Delacroix, Karen Jumelet, Marie Gabrielle Pujol, Stéphane Todisco, Aziz El Kihel, Olga de Montfort et Françoise Dupré.

Le projet de construction de mon entreprise n'aurait pu se faire sans l'aide et l'amitié de Claude Garrec et de Robert Prunier, qui depuis de nombreuses années m'accompagnent sur le chemin du changement et de l'évolution. Nos rencontres régulières sont souvent des jalons importants qui m'apportent l'éclairage extérieur indispensable à une bonne prise de décision.

Merci aussi à Henri et Patrick qui m'ont permis de m'appuyer sur leur entreprise « Ponant Loisirs » pour illustrer cette méthode.

Mon attachement aux méthodes résulte sûrement d'une « déformation professionnelle », acquise au sein de l'escadron de tir de missiles stratégiques à Apt, auprès d'amis fidèles qui ont eux aussi le sens de ce qu'est un engagement et un projet. J'ai une pensée émue pour ce qui fut pour moi une période professionnelle extraordinairement riche d'enseignements aux côtés de Serge, Éric, Patrick, Dominique, Patrice, Gérard, Michael, Jean-Louis, Guy et de tous les autres officiers de tir.

La compétition en catamaran m'a permis aussi de renforcer ma compréhension de la logique d'équipe et le sens du « timing ». J'ai pu l'apprendre aux côtés de Fred et de Luc à l'occasion de belles empoignades sportives.

Les projets, c'est aussi les projets personnels, ceux dans lesquels la méthode apparaît peu. Ils se conduisent dans un environnement différent avec l'appui des amis et notamment ceux avec qui je partage la passion du funboard. À ce titre, j'ai une pensée particulière pour Philippe en « nous souhaitant » d'avoir longtemps encore tous les deux la force physique de partager cette passion.

Mon père a dirigé une grande entreprise et m'a inculqué la base de ce que je sais aujourd'hui ; ma mère m'a aussi donné le recul nécessaire pour ne pas penser que tout se règle avec des techniques, des méthodes ou des outils. L'essentiel est sûrement là ! Mon frère et ma sœur complètent eux aussi cette réflexion dans les échanges que nous avons sur la vie et sur des approches moins rationalistes.

Enfin tout ceci ne pourrait « être » sans Catherine, Alizée, Océane et Johanna, c'est à elles que je dédie ce livre.

Préface

Cet ouvrage est le résultat d'une réflexion entreprise il y a quelques années visant à renforcer l'efficacité de nos interventions, en mettant à disposition des organisateurs-consultants de ma direction un ensemble de méthodes et d'outils normalisés.

S'appuyant sur notre expérience dans le domaine du management de projets, cet ouvrage s'inscrit essentiellement dans une perspective de détection anticipée et de prévention des risques.

Son ambition est, en effet, de répondre à une préoccupation grandissante apparue ces dernières années chez de nombreux praticiens de la gestion de projet confrontés à la dure réalité de la conduite de projet résumée par les deux chiffres suivants :

▶ 98 % des projets ne respectent pas les conditions de coûts, de délai et de qualité initialement prévues ;

▶ 85 % des causes d'échec des projets sont imputables à l'absence d'accompagnement de ceux-ci.

En d'autres termes, la majorité des sources de risque relève plus de facteurs humains et organisationnels que de facteurs purement techniques.

Il convient donc d'apporter aux acteurs chargés de conduire des projets une vision claire et un cadre méthodologique d'identification et de gestion des différentes phases et étapes qui contribuent à la « mise sous contrôle » des projets dont ils ont la responsabilité.

C'est l'objectif de cet ouvrage qui se propose de présenter la manière dont nous organisons nos travaux.

Ces travaux, qui participent directement à la maîtrise des projets qui nous sont confiés, s'articulent dans le temps autour de deux parties :

1. Une partie dite « d'accompagnement » qui consiste à :

▪ **Organiser** dans un cadre structurant :

- les ressources qui doivent être mobilisées pour atteindre l'objectif-cible de la mission ;
- les relations entre les acteurs de la mission depuis la définition des besoins jusqu'à la réception du livrable.

▪ **Optimiser** la gestion des ressources en mettant en œuvre des outils pour :

- recenser et ordonnancer les tâches de la mission ;
- estimer la charge de travail pour chaque tâche ;
- planifier les différentes tâches ;
- suivre l'avancement, anticiper et gérer les perturbations ;
- capitaliser les expériences et les savoir-faire.

▪ **Contrôler**

- les dérives par rapport aux objectifs et aux contraintes ;
- le livrable par rapport au besoin exprimé.

▪ **Communiquer** de manière opérationnelle et/ou promotionnelle tout au long de la mission sur son état d'avancement.

2. Une partie dite « d'élaboration de solutions », qui n'est pas l'objet de cet ouvrage, et qui consiste à fabriquer le produit en mettant en œuvre, dans le respect de contraintes de délais, de coûts et des spécifications techniques imposées, le scénario de solution le plus à même de satisfaire les demandes de nos commanditaires.

À la lecture de cet ouvrage, les responsables de projets trouveront donc quantité de risques à éviter et de conseils qui viendront enrichir leur « boîte à outils » ; ils pourront ainsi appréhender avec plus de chances de réussite des situations toujours plus complexes et incertaines.

Je remercie donc l'ensemble des organisateurs-consultants de la direction de l'organisation de la CNP et en particulier, Dominique Kalfon, Philippe Keraël et Marie-France Leroy, qui, par leur participation active à cette réflexion, ont permis la mise en place de cette méthodologie ambitieuse et par là-même la naissance de ce livre.

Ces remerciements ne sauraient être complets sans y associer Hugues Marchat, auteur de cet ouvrage qui, en tant que consultant externe, a été associé à notre démarche afin de nous apporter ce regard extérieur indispensable à l'enrichissement de tout processus de réflexion.

Huguette ROUSSEL
Directrice de l'organisation
CNP Assurances

Introduction

Comment a été construite la méthodologie ?

Depuis de nombreuses années, nous formions au sein du cabinet, ou chez les clients, des chefs de projets ou des membres des équipes aux méthodes et aux outils de gestion de projet. Nous disposions pour ce faire d'une méthode éprouvée que nous avions construite à partir de notre expérience.

Cette méthode, fondée sur une démarche de résolution de problèmes, comportait trois étapes, et était composée de différents thèmes. Elle était accompagnée de quelques outils comme la planification, ou la gestion des acteurs.

En 1997, la CNP a lancé un appel d'offres demandant à un cabinet de conseil de venir en appui de sa démarche d'élaboration d'une « boîte à outils » destinée à la direction de l'organisation. C'est dans le cadre de cette démarche que notre cabinet a été retenu. Il devait réaliser, en collaboration avec le service méthodes et veille de la direction de l'organisation de la CNP, un benchmark sur les meilleures pratiques en vigueur en matière de conduite de projet. Il devait contribuer, à partir de cette analyse, à l'élaboration et à la validation de la méthodologie d'accompagnement de projet.

En s'inspirant de notre méthode, nous avons travaillé pendant plus d'un an à l'élaboration de la méthodologie exposée dans ce livre. Ce travail passionnant, effectué avec les organisateurs-consultants de la CNP disposant d'une expérience importante tant en matière de méthodologie qu'en nombre de projets conduits, nous a permis de construire une démarche véritablement opérationnelle.

Nous avons ensuite élaboré un ensemble d'outils permettant la mise en œuvre directe des préconisations inclues dans la méthode. Ces outils sont des matrices prêtes à l'emploi qui permettent un gain de temps significatif dans la mise en œuvre des techniques. Nous avons choisi d'élaborer ces outils à partir de la plate-forme Office et de Project afin de conserver à l'ensemble son caractère universel.

Nous avons eu un grand plaisir à travailler avec la CNP, aussi bien au niveau des relations humaines que dans la richesse des échanges qui ont eu lieu avec les organisateurs-consultants de la direction de l'organisation, car la diversité des projets conduits dans cette entreprise autant que le niveau de compétence élevé de ses acteurs ont permis d'aboutir à la construction d'une méthodologie pour obtenir aujourd'hui des gains réels dans la réalisation des projets.

Pourquoi ce livre ?

La mondialisation et les moyens de communication accélèrent la concurrence entre les entreprises. La réduction du temps de travail impose une optimisation des process de fabrication. Le cycle de vie des produits se réduit, leur développement doit être de plus en plus rapide et les sociétés doivent innover sans cesse.

La mise en place de la gestion de projet fait partie des changements organisationnels indispensables à toute entreprise qui souhaite rester dans la course à l'innovation.

La gestion de projet est une réponse à ceux qui cherchent un moyen de travailler différemment, qui souhaitent capitaliser la connaissance et dynamiser les équipes.

La mise en place de la gestion de projet pose de nombreuses problématiques :

- un changement dans les habitudes de travail ;
- une réflexion sur l'organisation de l'entreprise ;
- la modification des modes de management ;
- la mise en place de méthodologies ;
- la mise en place d'un langage commun ;
- la mise en œuvre d'outils spécifiques.

Ce livre répondra aux trois derniers volets, il permettra la mise en place rapide d'une méthodologie de gestion de projet mais aussi des outils associés à cette méthodologie.

À qui est destiné ce livre ?

Aux chefs de projet, aux membres des équipes projet, aux responsables ou acteurs des cellules de maîtrise d'ouvrage, mais aussi à tous ceux qui dans leur vie professionnelle ou personnelle doivent conduire un projet.

Aux cellules organisation et méthodes, veille méthodologique, directions des opérations qui doivent élaborer et mettre en place des méthodes et des outils dans leur entreprise.

Le caractère universel de la méthode permet sa mise en œuvre sur tous types de projets que ce soit des projets de service, industriels, organisationnels, informatiques… ou personnels.

Comment est construit ce livre ?

Dans la première partie, vous trouverez une introduction à la gestion de projet qui vous permettra d'appréhender le vocabulaire indispensable à la mise en œuvre de la méthodologie. Cette première partie se poursuit par une présentation de la méthodologie.

Dans la deuxième partie, vous trouverez l'ensemble des fiches permettant de mettre en œuvre la méthodologie, c'est la partie opérationnelle de l'ouvrage.

Dans la troisième partie, vous trouverez une étude de cas réalisée dans l'environnement d'une entreprise sur laquelle est déroulée l'intégralité de la méthodologie. L'ensemble des outils associés à cette méthodologie sont mis en œuvre sur l'étude de cas.

Dans la quatrième partie, vous trouverez deux conseils dans la gestion des femmes et des hommes qui participent au projet, et ce tout au long des étapes méthodologiques.

La conclusion est une mise en garde sur l'utilisation des méthodes.

Les documents en ligne

Les documents en ligne sont tous les outils utilisés dans la méthode. Les outils se présentent sous la forme de matrices prêtes à l'emploi. Ces matrices sont réalisées avec les outils de la plate-forme Office de Microsoft, et Project.

L'ensemble de ces outils permet de constituer la documentation nécessaire à la gestion d'un projet.

Vous trouverez ces matrices sous 2 formes :

- prêtes à l'emploi pour vos projets ;
- renseignées avec les éléments du cas d'entreprise développé dans le chapitre 3.

Les fichiers des modèles de documents prêts à l'emploi et des modèles renseignés peuvent être téléchargés depuis le site www.editions-organisation.com. Pour cela, tapez le code G54142 dans le champ <Recherche> de la page d'accueil du site, puis appuyez sur <entrée>. Vous accéderez ainsi à la fiche de l'ouvrage sur laquelle se trouve un lien vers le fichier à télécharger. Une fois ce fichier téléchargé sur votre poste de travail, il vous suffit de le décompresser.

Quels bénéfices allez-vous tirer de cet ouvrage ?

Vous allez facilement acquérir la démarche de gestion de projet grâce à un accès pratique à la méthode et aux outils.

Vous pourrez rapidement mettre en œuvre les techniques de la gestion de projet grâce aux nombreuses matrices prêtes à l'emploi.

Vous pourrez personnaliser la méthodologie avec le vocabulaire de votre entreprise grâce à la présentation de la méthodologie sous forme de fiches.

Vous mémoriserez aisément les techniques grâce à leur application sur le cas d'entreprise développé dans l'ouvrage.

PREMIÈRE PARTIE

La gestion de projet

Comme nombre de technologies ou de métiers, la gestion de projet possède sa propre terminologie. Dans cette partie, nous allons vous présenter les concepts et le vocabulaire liés à cette technique. Néanmoins, nous ne prétendons pas à l'exhaustivité, le but étant de vous rappeler les concepts essentiels pour pouvoir rapidement aborder la méthode exposée par la suite.

Puis nous décrirons les étapes et les « livrables » de la méthode de gestion de projet. Vous pouvez la parcourir rapidement et y revenir à tout moment : c'est une référence, un fil conducteur qui nous servira de plan tout au long de l'étude. Vous constaterez par la suite que chaque étape est personnalisable et adaptable à votre cas précis, grâce à Microsoft Office et Microsoft Project.

1

Concepts de la gestion de projet

Définitions

Un projet désigne un ensemble d'actions coordonnées faisant appel à diverses compétences et ressources de l'entreprise (acteurs, matériels, etc.) pour atteindre un but, concrétiser une intention.

NORME AFNOR. Un projet est un système complexe d'intervenants, de moyens et d'actions constitué pour apporter une réponse à une demande élaborée pour satisfaire au besoin d'un maître d'ouvrage ; le projet implique un objet physique ou intellectuel, des actions à entreprendre avec des ressources données.

Un projet, c'est aussi un ensemble fini comportant un début et une fin, un caractère unique, une aventure mêlant des expériences positives et négatives ; mais c'est surtout une équipe tendue vers un seul but. La vraie richesse d'un projet est constituée par les hommes qui vont le réaliser.

Composantes essentielles

La gestion de projet repose sur l'assemblage des composantes, leur articulation et leur coordination.

Les composantes d'un projet sont les suivantes :
- des enjeux importants : c'est le caractère stratégique du projet ;
- un caractère novateur : aucune référence n'est requise *a priori*, la démarche projet reposant sur la créativité ;

- un ensemble fini : un début et une fin s'imposent ;
- la multiplicité des intervenants : le sens de la coopération et de la coordination ainsi que l'aptitude à la pédagogie et à l'ouverture sont indispensables ;
- un caractère aléatoire : il existe des éléments non maîtrisables liés au facteur humain ou à la technicité de l'objet ;
- la « transversalité » : les acteurs du projet ou les moyens matériels utilisés proviennent de différentes unités de l'entreprise ou peuvent être extérieurs à l'entreprise.

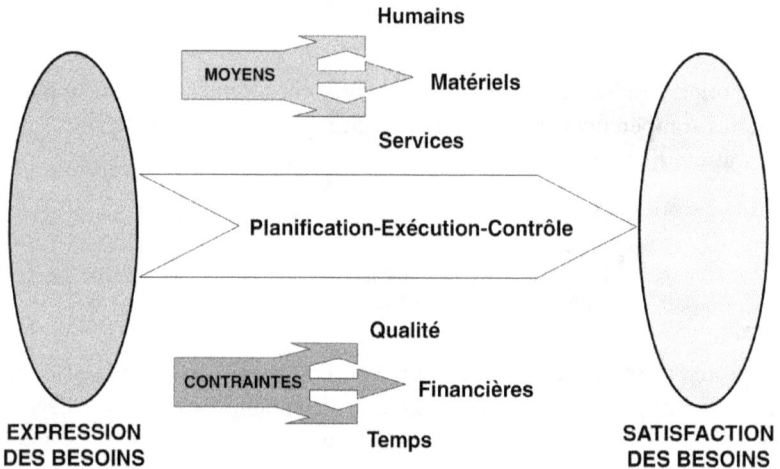

Figure 1.1. Composantes d'un projet

Une organisation spécifique se doit d'être plus performante que l'organisation hiérarchique de l'entreprise. Un projet, c'est avant tout faire autrement, c'est-à-dire :

- fournir un haut niveau de qualité pour le résultat attendu ;
- en allant plus vite ;
- en réduisant les coûts.

Organisation des projets

Dans l'entreprise, tout n'est pas projet. La naissance d'un projet passe par des étapes bien définies : le portefeuille de projets, l'étude d'opportunité, l'étude de faisabilité, l'étude préalable et enfin celle relative au projet en soi.

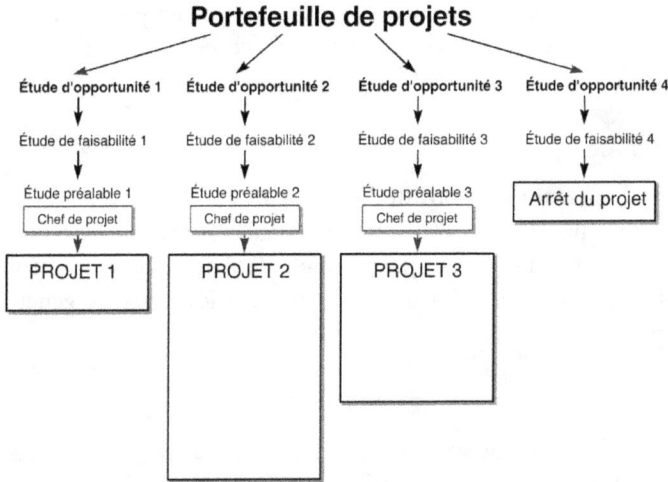

Portefeuille de projets

Étude d'opportunité 1	Étude d'opportunité 2	Étude d'opportunité 3	Étude d'opportunité 4
Étude de faisabilité 1	Étude de faisabilité 2	Étude de faisabilité 3	Étude de faisabilité 4
Étude préalable 1	Étude préalable 2	Étude préalable 3	Arrêt du projet
Chef de projet	Chef de projet	Chef de projet	
PROJET 1	PROJET 2	PROJET 3	

Figure 1.2. Portefeuille et projets

REMARQUE. Il s'agit d'une définition générique des termes qui peut varier en fonction des situations. Ainsi, la notion de portefeuille est souvent assimilée à de grosses organisations. Les portefeuilles peuvent être déclinés en thématiques : on peut ainsi trouver le portefeuille des projets ressources humaines, systèmes d'informations, marketing, organisation, etc. La méthode que nous proposons s'adapte tant aux petits qu'aux gros projets, mais elle se décline de façon à pouvoir être mise en œuvre dans le cadre d'organisations transversales, par exemple de type matriciel.

Portefeuille de projets

Le portefeuille de projets, pouvant aussi être appelé notamment schéma directeur, projet d'établissement ou encore projet politique rassemble l'ensemble des « intentions » de l'entreprise pour une période donnée pouvant varier d'un à cinq ans en fonction du type d'entreprise et des produits qu'elle fabrique. À ce stade, sur le plan méthodologique, la notion de projet n'existe pas puisque la viabilité de l'intention n'a pas été vérifiée.

Le portefeuille de projets articule les intentions dans le temps et donne lieu généralement à un planning « à très grosses mailles » qui fait apparaître l'enchaînement chronologique des « intentions ». Dans une structure très lourde, une arborescence peut être nécessaire, avec un portefeuille général ou un plan stratégique et des portefeuilles de projets par thème ou par fonction de l'entreprise.

Opportunité

L'étude d'opportunité consiste à vérifier si chacun des projets est « opportun » par rapport à la stratégie générale. Ainsi, elle permet de faire évoluer le portefeuille de projets du stade de liste de projets à venir à un ensemble cohérent de projets pour atteindre les objectifs généraux de l'entreprise.

Faisabilité

L'étude de faisabilité permet de vérifier si le projet tel qu'il a été défini est réalisable par l'entreprise. On vérifie pour chaque projet l'équilibre entre le résultat attendu, le temps prévu pour élaborer ce résultat et l'ensemble des ressources disponibles dans l'entreprise pour réaliser le projet.

L'étude de faisabilité peut conduire à l'arrêt du projet et donc à son retrait du portefeuille.

Étude préalable

L'étude préalable consiste à affiner le résultat attendu, le temps pour réaliser le projet ainsi que le budget nécessaire à sa réalisation. Cette étude préalable peut aboutir à une modification du cahier des charges du projet.

Projet

Le projet, dont l'existence est liée à son opportunité et à sa faisabilité, consiste à mettre en œuvre l'ensemble des paramètres qui le composent pour atteindre des objectifs précis, quantifiés et mesurables.

Les points de repère de la véritable naissance d'un projet, au sens méthodologique du terme, peuvent être la désignation du chef de projet, l'attribution d'un nom au projet ou la constitution d'une équipe projet.

Éléments définissant le projet

Objet ou but du projet

L'objet du projet définit sa finalité générale (but à atteindre) en quelques mots précis et ciblés. Cette définition incombe au commanditaire du projet, à l'initiateur ou au client. Parfois difficile à rédiger, il requiert une formalisation écrite commune à tous, d'où la nécessité d'un consensus autour de cet objet.

Si l'objet du projet n'est pas formalisé et écrit, il ne faut pas démarrer le projet.

Produit ou service

C'est le résultat d'un projet. Le produit revêt un caractère concret, c'est un objet facilement descriptible. Le service peut être totalement ou partiellement immatériel : c'est le cas si le projet consiste en la réalisation et la mise en œuvre d'un plan de formation.

Objectifs

Les objectifs doivent être déclinés en trois niveaux : le coût, la qualité et le temps. Un objectif est quantifiable, mesurable et réaliste. Le projet a peu de chances d'aboutir si les objectifs ne sont pas clairement fixés et formalisés. Les objectifs généraux doivent être consignés de manière synthétique dans la note de cadrage du projet ou dans la lettre de mission du chef de projet.

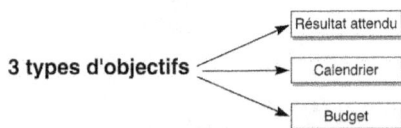

Figure 1.3. Les objectifs

Qualité (résultat attendu)

Les objectifs de qualité sont consignés dans le cahier des charges du produit (ou service) qui résultera du projet. Dans le cadre d'un produit industriel, ils sont aisés à déterminer, puisqu'ils correspondent aux « performances attendues » du produit.

En revanche, les objectifs de qualité d'un projet aboutissant à un service sont plus difficiles à fixer, car certains critères sont subjectifs (critères humains par exemple). C'est la quantification des objectifs qui permettra de mesurer l'avancement du projet et de valider objectivement sa réussite et la conformité du produit.

Temps

L'objectif temps définit la façon dont vont s'inscrire les différentes étapes du projet dans le calendrier. C'est généralement l'objectif le plus facile à définir, car sa quantification et sa mesure constituent le minimum vital des opérations de gestion de projet.

L'objectif lié au temps est inscrit dans un planning.

Coût et charge (budget)

Les objectifs de coût résultent de l'articulation entre le niveau de qualité attendu du produit et le temps requis par les ressources pour l'atteindre. Le coût est mesuré notamment à partir de la charge.

La charge correspond à la quantité de travail, généralement mesurée en heures ou en jours, qu'une ressource doit fournir pour réaliser une ou plusieurs tâches. Le coût peut être chiffré par le gestionnaire du projet simplement en jours/homme, mais la tendance actuelle consiste à définir le coût en sommes monétaires afin de sensibiliser les acteurs et de les responsabiliser dans l'engagement des dépenses relatives au projet.

Le chiffrage du coût permettra de mesurer le retour sur investissement.

Triangle qualité/temps/coût

Les trois niveaux d'objectifs s'articulent au sein d'un triangle qualité/temps/coût.

L'une des composantes essentielles des techniques de gestion de projet consiste en l'intégration des modifications survenant durant le projet et de leurs conséquences sur les objectifs – et donc sur le triangle.

Si en cours de projet, l'un des paramètres du triangle est modifié, au moins l'un des deux autres le sera également. Ainsi, si le produit doit être livré plus tôt que prévu, il faudra soit transiger sur la qualité du produit, soit en augmenter le coût en engageant des ressources supplémentaires.

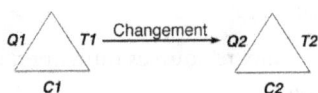

Figure 1.4. Changement du triangle qualité/temps/coût

Objectifs complémentaires

Un projet s'établit autour d'objectifs principaux, qui représentent les déclinaisons mesurables de l'objet. Néanmoins, on y associe fréquemment des objectifs complémentaires, qui ne découlent pas directement de l'objet.

En fait, le projet fournit l'occasion, par exemple, de former à un outil de planification comme Project, ce qui ne constitue pas sa finalité première.

Un objectif est dit complémentaire si sa non-réalisation ne met pas le projet en péril. En revanche, si un objectif préalablement défini comme complémentaire s'avère une condition nécessaire à la réussite du projet, il devient un objectif comme un autre et doit trouver sa place dans le triangle qualité/temps/coût.

Enfin, il convient d'identifier les objectifs complémentaires qui représentent en fait des projets à part entière et doivent par conséquent être gérés comme tels, c'est-à-dire avec une mécanique propre (équipe, objet, objectifs, etc.). Ainsi, si l'on profite d'un projet pour former cent personnes sur Project, cette formation n'est plus un objectif complémentaire, mais un autre projet.

Facteurs de complexité

Avant de se lancer dans la réalisation d'un projet, il est nécessaire d'en identifier les facteurs de complexité. Les acteurs se polarisent souvent sur la technicité du produit à fabriquer. Or si le produit est novateur, la difficulté technique fait effectivement partie des facteurs de complexité. Les trois facteurs de complexité sont les suivants :

▶ l'expérience de l'entreprise sur le sujet du projet ;

▶ le nombre d'intervenants dans le projet et leur répartition organisationnelle et géographique ;

▶ la facilité pour accéder aux ressources humaines, matérielles et financières nécessaires au projet.

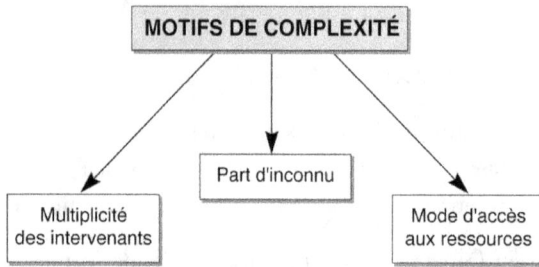

Figure 1.5. Complexité d'un projet

L'expérience de l'entreprise se situe à deux niveaux : les éléments de capitalisation de l'entreprise sur le sujet traité et la manière dont ces éléments ont été capitalisés d'une part ; l'expérience même du chef de projet et des experts qui vont être impliqués dans le projet d'autre part.

Le nombre d'intervenants peut accroître de façon exponentielle la complexité du projet : il est en effet très difficile d'obtenir de la part d'un grand nombre d'acteurs le même degré d'implication pour un seul et même objet. La formation et les intérêts de chacun sont souvent fort différents et déterminent le regard que les acteurs vont porter sur le projet. L'un des objectifs de la gestion de projet consiste donc à gérer ce facteur de complexité.

L'accès aux ressources désigne la facilité avec laquelle le chef de projet va pouvoir allouer les ressources au projet au fur et à mesure des besoins et des évolutions du projet, notamment en fonction de l'évolution des objectifs. Ces éléments dépendent directement du pouvoir détenu par le chef de projet pour engager les ressources.

Les organisations possibles

L'organisation mise en place pour « supporter » les projets dans l'entreprise a un impact direct sur le résultat des projets (qualité/temps/coût). On peut ainsi distinguer plusieurs types d'organisations :

- la direction de projet ;
- la task force ;
- la coordination de projet ;
- l'organisation matricielle ;
- l'organisation type PME ;
- l'organisation type TPE.

La direction de projet

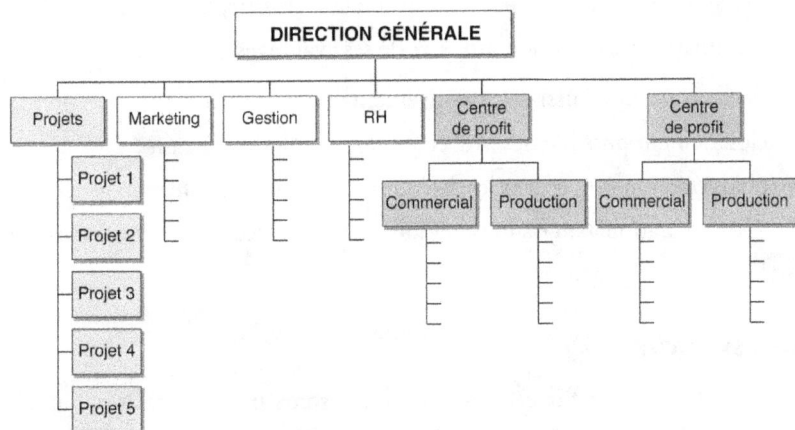

Figure 1.6. Direction des projets

Cette organisation consiste à mettre en place un service ou une direction dans l'entreprise comprenant à la fois les chefs de projets, mais aussi les ressources nécessaires à la réalisation des projets. Cette direction ou ce service peut être spécialisé dans un domaine d'expertise ou couvrir tous les domaines de l'entreprise. Plus l'entreprise est grosse, plus elle est spécialisée.

Cette organisation se comporte comme une société de service à part entière à qui l'on commande – et parfois même paye – des projets de différentes thématiques. Elle met généralement en œuvre une méthodologie qui lui permet d'évaluer la charge et donc les coûts nécessaires à la réalisation des projets.

Les directions fonctionnelles actuelles ont tendance à évoluer vers ce type d'organisation, en mettant toute opération en mode projet, y compris les plus petites, quitte à les alourdir avec une méthodologie trop complexe par rapport au sujet traité.

Cette organisation présente des avantages :

- capitalisation des connaissances sur les projets ;
- mise en œuvre d'une méthodologie commune ;
- consolidation des données d'une même catégorie de projets ;
- poids de cette direction dans le développement de l'entreprise ;
- relation directe avec la direction générale ou la direction fonctionnelle ;
- reconnaissance du mode projet et de ses avantages.

Mais elle comporte aussi des inconvénients :

- éloignement possible des préoccupations réelles du terrain ;
- poids trop important dans les décisions au niveau de la direction générale ;
- « surfacturation » ou « surévaluation » des ressources aux clients internes ;
- État dans l'État.

La task force

Il s'agit de créer au fur et à mesure des besoins une organisation projet dédiée au sujet que l'on souhaite traiter. Le chef de projet est directement rattaché à son client-commanditaire.

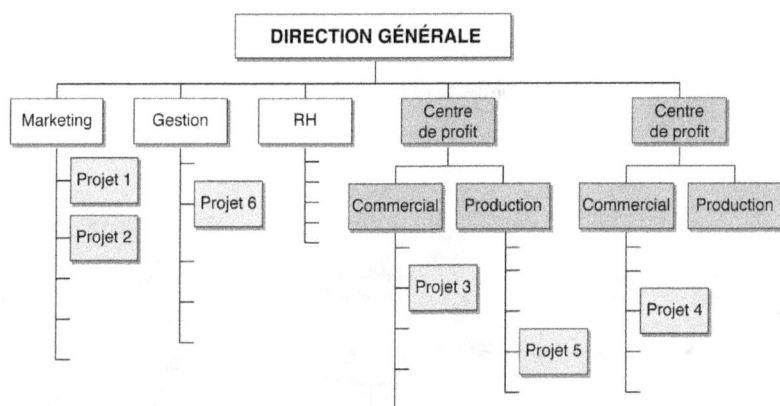

Figure 1.7. Task force

L'organisation créée est éphémère et dure le temps du projet. Les ressources sont généralement volontaires : il s'agit souvent des plus experts sur le sujet donné, surtout s'il comporte un fort enjeu. Il n'existe aucune coordination entre les différents projets.

Cette organisation présente des avantages :

▶ mobilisation rapide des ressources autour d'un sujet ;

▶ motivation généralement forte des acteurs autour du sujet ;

▶ simplicité des méthodes mises en œuvre ;

▶ facilité pour gérer tous les éléments du projet ;

▶ généralement une proximité géographique, voire relationnelle, entre les ressources du projet.

Mais elle comporte aussi des inconvénients :

▶ disparité ou absence de méthodes de conduite de projet ;

▶ consolidation impossible ou difficile des projets ;

▶ transition impossible des ressources entre projets ;

▶ tendance à réinventer l'eau chaude.

La coordination de projets

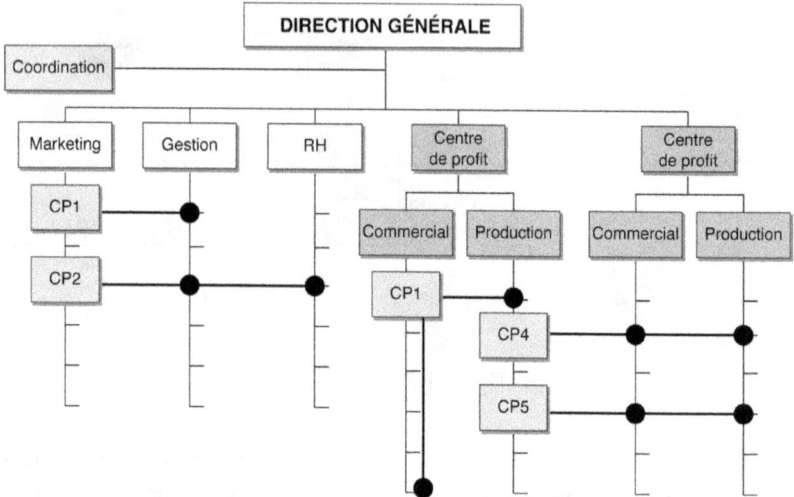

Figure 1.8. Cellule de coordination de projets

Cette organisation consiste à mettre en place un service constitué d'une ou de deux personnes directement rattachée(s) à la direction générale et qui a/ ont pour fonction de diffuser la bonne parole en matière de méthodologie, d'assister les chefs de projet en leur apportant de l'aide sur la mise en œuvre de la méthodologie, de capitaliser les éléments des projets au fur et à mesure de leur avancement, mais aussi de consolider les données des projets pour obtenir une vue générale.

Cette organisation présente des avantages :

▸ capitalisation des connaissances sur les projets ;

▸ mise en œuvre d'une méthodologie commune sans nécessairement l'imposer ;

▸ consolidation des données des projets ;

▸ regard « projet » donné à la direction générale lui permettant d'affiner sa stratégie ;

▸ aide apportée aux chefs de projet.

Mais elle comporte aussi des inconvénients :

▶ légitimité du ou des acteurs de cette cellule vis-à-vis des chefs de projet ;

▶ vision « bras armé » de la direction plus qu'aide à la méthodologie ;

▶ double casquette de « gendarme méthode » et « aide méthodologique » difficile à porter ;

▶ aide qui se limite aux chefs de projet faute de temps ;

▶ poids parfois trop fort de cette cellule auprès de la direction générale ;

▶ défaut de légitimité lorsque le chef de projet se situe en haut de la hiérarchie.

L'organisation matricielle

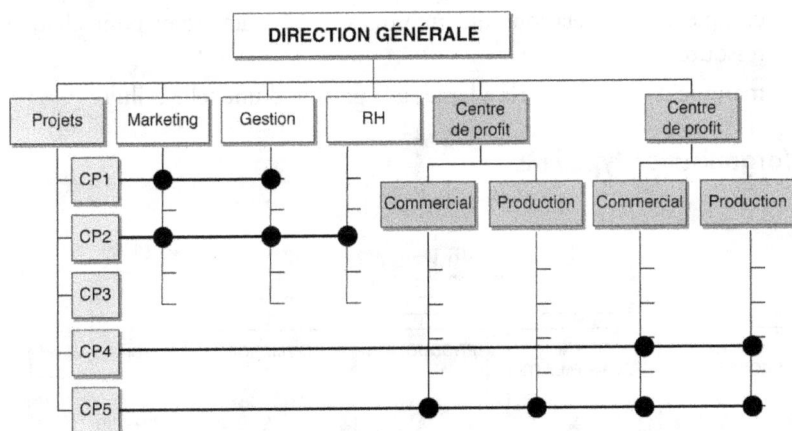

Figure 1.9. Organisation matricielle

Cette organisation tente de combiner les avantages des trois organisations présentées précédemment. On crée dans l'entreprise une cellule de coordination des projets qui contient un « gardien du temple » ou « project office ». On introduit dans la cellule un certain nombre de chefs de projet « professionnels » qui sont formés à une même méthodologie et vont porter les projets commandés par les différentes directions. L'équipe projet et les ressources sont issues des directions et assemblées par le chef de projet, qui agit comme un chef d'orchestre pour atteindre les objectifs fixés dans la commande.

Cette organisation présente des avantages :

▶ méthodologie commune à toute l'entreprise ;

▶ capitalisation possible sur tous les projets ;

▶ chefs de projets « professionnels » ;

▶ cellule d'assistance pour les ressources ;

▶ aide dans la mise en œuvre de la stratégie.

Mais elle comporte aussi des inconvénients :

▶ coût de mise en place et de fonctionnement ;

▶ difficulté à trouver des chefs de projet suffisamment transversaux sur les thématiques projets ;

▶ complexité des relations hiérarchiques et liées au projet pour chaque ressource ;

▶ manque d'outils logiciels adaptés à la gestion d'une telle cellule.

L'organisation type PME

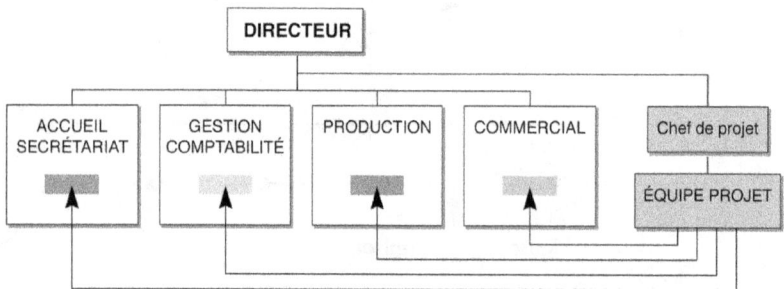

Figure 1.10. Organisation PME

Cette organisation temporaire est créée pour chaque projet présentant suffisamment d'ampleur ou d'enjeu pour l'entreprise. Elle consiste à affecter une personne à un sujet donné et délimité dans le temps sur un mode dédié. La personne nommée chef de projet sera souvent le meilleur expert de l'entreprise, s'il est toutefois possible de lui dégager du temps (plus de 50 %) pour cela. Il s'agira sinon d'un stagiaire « ingénieur » parrainé par l'expert de l'entreprise. Les tâches seront effectuées par les ressources vives de l'entreprise, ces mêmes ressources cumulant leur charge quotidienne avec la charge du projet.

Cette organisation présente des avantages :

- une personne est nommée et dédiée à la gestion du projet ;
- un minimum de méthodologie est mis en œuvre ;
- le projet est proche des préoccupations de terrain ;
- le chef de projet peut effectuer du reporting objectif à la direction de l'entreprise.

Mais elle comporte aussi des inconvénients :

- le chef de projet doit tenir la distance et prioriser le projet au détriment de ses tâches quotidiennes ;
- les ressources impliquées dans le projet sont surchargées ;
- il n'est pas généralement prévu de récompense pour les ressources surchargées ;
- cette organisation ne « tient pas la distance » sur des projets trop longs (plus de six mois).

L'organisation type TPE

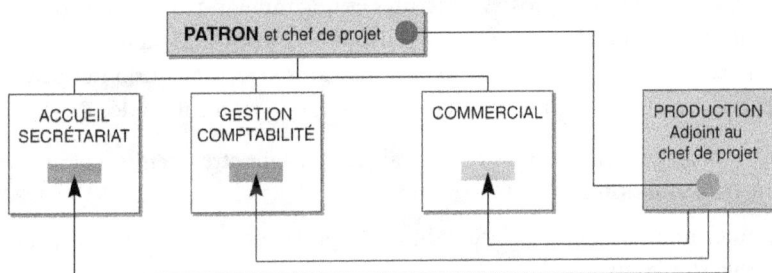

Figure 1.11. Organisation TPE

Il s'agit d'une organisation temporaire qui n'apparaît pas dans les faits tant elle se trouve diluée dans l'organigramme de l'entreprise. Le patron est l'initiateur direct du projet et en même temps le porteur du projet. Comme il n'a généralement pas le temps, il se fait aider par l'expert du sujet, à qui il confie certaines tâches de gestion du projet, mais sans lui octroyer les pouvoirs associés. Les ressources sont les collaborateurs directs de l'entreprise et généralement ceux qui assurent la production quotidienne et donc la survie financière de l'entreprise.

Cette organisation présente des avantages :

- le projet est porté par le dirigeant ;
- le dirigeant utilise généralement son bon sens et son énergie pour faire avancer le projet ;
- la décision d'allocation de ressources supplémentaires est directe et rapide.

Mais elle comporte aussi des inconvénients :

- le chef de projet dirigeant n'emploie pas de vraie méthode de conduite de projet ;
- les ressources vives de l'entreprise sont fortement sollicitées ;
- si le projet échoue, ce peut être l'entreprise qui connaît un échec à la fois sur le plan psychologique et financier.

Conclusion sur les organisations projet

Il n'existe pas d'organisation idéale. Même si certaines organisations sont plus adaptées à la taille de l'entreprise, il arrive de trouver des organisations de type PME dans de grosses structures et notamment dans certains centres de profits. Les organisations citées peuvent ainsi cohabiter dans une même structure. Mais le mélange de ces organisations crée la confusion et génère généralement un déficit de stratégie globale et de vision consolidée.

Un certain nombre d'invariants devraient pourtant être retenus, quelle que soit l'organisation :

- une méthode unique de conduite de projet doit être appliquée, quel que soit le sujet ;
- les chefs de projet doivent avoir été formés à la méthode de l'entreprise ;

- la méthode doit avoir des niveaux d'application différents suivant la taille du projet (éléments obligatoires et éléments optionnels) ;
- le chef de projet doit être dédié à la gestion du projet (plus de 50 % de son temps) ;
- tous les documents des projets doivent être stockés dans un lieu unique organisé ;
- les projets doivent être consolidés entre eux (planning et budget) afin de faciliter les arbitrages ;
- les ressources qui acceptent de la surcharge doivent être récompensées immédiatement à la fin du projet.

Le cocktail gagnant

Le premier élément visible du projet réside dans son sujet et notamment le résultat attendu. Il serait donc logique de choisir pour réussir les meilleurs experts du sujet. Or il s'avère souvent que les meilleurs experts sont souvent ingérables, se croient investis d'une « mission », respectent peu les méthodes communes et ont du mal à travailler en équipe. Il peut ainsi être intéressant pour le noyau dur du projet (chef de projet et son équipe) de chercher d'autres critères de recrutement que l'expertise elle-même.

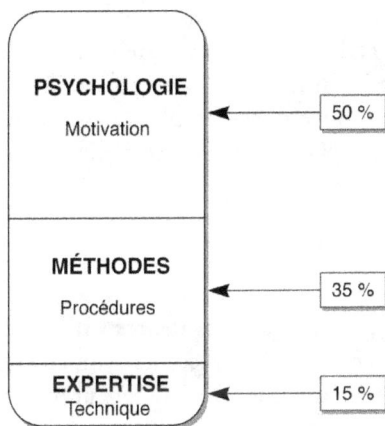

Figure 1.12. Association gagnante

La motivation peut se jauger en se posant les questions suivantes :

- le chef de projet et son équipe sont-ils motivés par le sujet même du projet ?
- les objectifs leur semblent-ils atteignables ?
- les objectifs sont-ils acceptables et correspondent-ils à leurs « valeurs » ?
- sont-ils prêts à se dépasser pour que le projet aboutisse ?

Les procédures peuvent soulever les interrogations suivantes :

- le chef de projet et son équipe acceptent-ils de respecter un langage commun ?
- ce langage est-il connu de tous et accepté ?
- les outils associés à ce langage sont-ils maîtrisés ?
- comprennent-ils l'intérêt de ce langage commun ?
- savent-ils « contourner » ou « adapter » une méthode dans l'intérêt du projet ?

L'expertise peut se mesurer ainsi :

- le chef de projet et son équipe ont-ils une culture du sujet du projet ?
- sauront-ils dialoguer avec les experts techniques ?
- sauront-ils manager les experts techniques ?
- savent-ils où aller chercher l'information sur le sujet ?

Ce cocktail peut évidemment être mixé avec les typologies comportementales abordées dans ce livre (carte des partenaires et village gaulois). Cela précise l'ampleur et la difficulté de l'assemblage des ressources humaines dans un projet. Bien souvent, ces simples questions sur la motivation ne sont malheureusement pas posées. Pourtant elles constituent la base de la réussite d'un projet.

Le chef de projet

Un bon chef de projet constitue une « denrée » rare : on parle de mouton à cinq pattes ! Effectivement, il doit accumuler un certain nombre de qualités pouvant sembler antinomiques. La rigueur nécessaire à la mise en œuvre des techniques de planification par exemple peut sembler contradictoire avec la souplesse nécessaire dans l'acceptation des modes de fonctionnement de chacun. Ainsi, les tableaux de bord (budget et planning) se doivent d'être exacts alors que les tâches sont mises en œuvre par des ressources humaines, au comportement parfois imprévisible et complexe.

Le chef de projet navigue de l'un à l'autre parfois en instantané et, tel le caméléon, il doit pouvoir se fondre dans son environnement pour n'être que le facilitateur, le chef d'orchestre, le catalyseur, à défaut de devenir le « héros » de l'histoire.

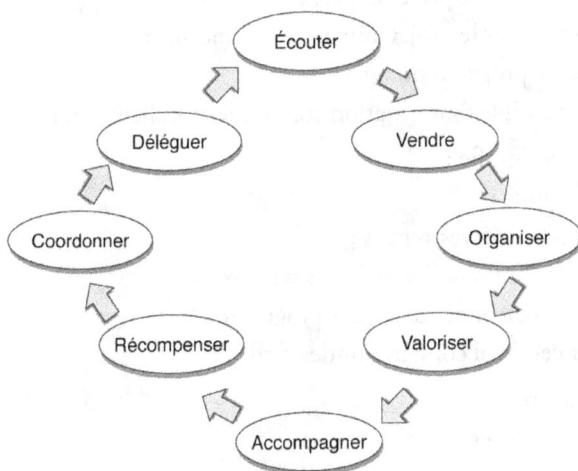

Figure 1.13. Savoir-faire du chef de projet

Écouter consiste à :

- être à l'écoute des ressources humaines du projet ;
- observer le projet dans sa globalité (regard systémique) ;
- être attentif au comité de pilotage pour comprendre les stratégies ;
- prendre la « température », évaluer l'ambiance ;
- mettre en perspective les comportements des acteurs.

Vendre signifie :

- assurer la promotion du projet en interne ;
- assurer la promotion du produit en externe ;

- promouvoir l'équipe et les ressources auprès de la hiérarchie ;
- faire accepter les solutions proposées en comité de pilotage.

Organiser implique de :

- planifier les tâches de chacun ;
- mettre à jour l'avancement ;
- organiser les réunions.

Valoriser vise à :

- mettre en valeur le projet auprès des sponsors ;
- mettre en valeur le projet auprès des financeurs ;
- présenter le projet en public ;
- rendre accessible l'information technique aux clients du projet.

Accompagner signifie :

- suivre l'équipe ;
- coacher certaines ressources ;
- appuyer le commanditaire dans ses choix ;
- épauler les personnes dans leur progression ;
- soutenir ceux qui connaissent des difficultés.

Récompenser permet de :

- définir des moyens de récompense ;
- obtenir des décisionnaires les budgets pour récompenser ;
- choisir ceux qui doivent être récompensés ;
- remettre les récompenses au bon moment et au bon endroit.

Coordonner suppose de :

- mener la coordination des acteurs entre eux au-delà de la planification ;
- servir d'interface entre les différentes expertises ;
- traduire les différents langages ;
- homogénéiser les outils.

Déléguer implique de :

- organiser la délégation ;
- former pour pouvoir déléguer ;
- répartir les pouvoirs.

En faisant la synthèse de toutes les capacités nécessaires pour mettre en œuvre ces actions, on imagine bien que si les compétences uniques du chef de projet sont celles liées à la planification, on donne peu de chances au projet d'aboutir. Si les savoir-faire s'avèrent évidemment importants, on choisira surtout un chef de projet pour son savoir être.

L'équipe projet

La notion d'équipe est généralement galvaudée dans les projets. Elle se résume souvent au simple assemblage d'experts et de ressources disponibles ou volontaires. Ainsi, le temps étant compté, on juxtapose des individus dans une logique de coordination basée sur la planification des tâches sans s'être assuré du « juste assemblage » des personnes entre elles. Ce type de stratégie conduit à des déperditions d'énergie invraisemblables car les étapes de constitution de l'équipe – si elle arrive à se constituer – vont être menées en même temps que la fabrication du résultat.

Il serait pourtant parfois si simple d'observer un peu les équipes sportives pour comprendre que si les coachs et les managers consacrent autant de temps à constituer l'équipe, c'est qu'ils en connaissent la rentabilité dans les résultats. Parfois, il suffit d'un simple petit séminaire en résidentiel pour « fabriquer » une équipe qui va déployer une productivité multipliée par deux durant le projet. Il s'agit donc d'investir du temps pour en gagner après...

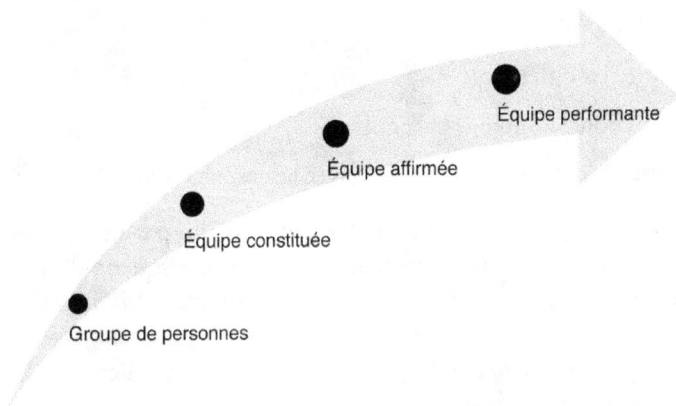

Figure 1.14. Constitution d'une équipe projet

1. Groupe de personnes :

- partir des objectifs ;
- chercher les bonnes expertises ;
- détecter les motivations personnelles ;
- mettre les personnes ensemble.

2. Équipe constituée :

- se présenter aux autres ;
- expliquer les rôles ;
- expliquer les tâches ;
- comprendre l'assemblage du groupe dans le projet.

3. Équipe affirmée :

- découvrir les comportements des autres ;
- comprendre les moteurs personnels ;
- s'expliquer sur les différences ;
- se recentrer sur ses propres objectifs.

4. Équipe performante :

- gérer les conflits ;
- accepter les différences ;
- comprendre les intérêts collectifs ;
- assembler les intérêts individuels avec les intérêts collectifs.

Ces étapes sont nécessaires et permettent de franchir pas à pas les barrières psychologiques et de protection de chacun qui risquent d'entraver la bonne marche du projet. Le séminaire peut être construit autour de jeux de rôles favorisant la constitution progressive de l'équipe (*team building*). Il est d'ailleurs préférable que les jeux de rôles restent sans lien avec le projet et soient menés sur la base d'activités partageables et réalisables par tous les membres de l'équipe.

L'assemblage des techniques

La réussite d'un projet tient évidemment dans la qualité des hommes qui le mènent à bien, mais aussi dans la mise en œuvre d'un certain nombre de techniques qui nécessitent chacune un savoir-faire particulier.

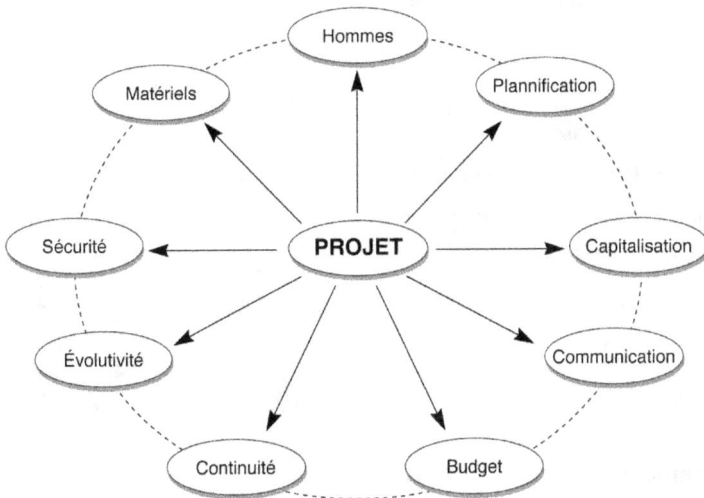

Figure 1.15. Critères de réussite

Les hommes ont pour mission de :

▸ définir et constituer l'équipe ;

▸ manager hors hiérarchie ;

▸ maintenir la motivation.

La planification consiste à :

▸ évaluer les durées et les charges ;

▸ construire des scénarios ;

▸ faire vivre le planning du réalisé ;

▸ communiquer avec le planning.

La capitalisation sert à :

▸ uniformiser les modèles ;

▸ organiser l'information ;

- faire partager l'information ;
- trier l'information exploitable.

La communication permet de :
- définir une stratégie générale ;
- décliner la stratégie en tactique ;
- construire un plan de communication scénarisé ;
- faire vivre le plan de communication.

Le budget suppose de :
- définir le périmètre des coûts à affecter au projet ;
- mettre en place des règles de calcul ;
- calculer et scénariser le budget ;
- définir un plan de trésorerie ;
- payer au bon moment.

La continuité signifie :
- recentrer sur les objectifs ;
- maintenir le moral de l'équipe ;
- assurer le relais en cas de départ ;
- mettre à jour le dossier projet.

L'évolutivité consiste à :
- réajuster les objectifs ;
- intégrer les risques ;
- gérer les aléas.

La sécurité vise à :
- assurer la confidentialité des informations ;
- assurer la sécurité des personnes.

Les matériels supposent de :
- définir les ressources matérielles nécessaires ;
- assurer la maintenance des matériels ;
- coordonner les matériels avec les ressources humaines.

Si la difficulté de gestion de chacun des points évoqués n'est pas très importante, leur juxtaposition dans un projet – sachant qu'ils sont tous liés – nécessite une vue systémique et une forte mise en perspective. Certains outils logiciels sont constitués en portails et permettent d'assurer une partie de la mise en perspective, mais rien ne remplacera le chef de projet et sa capacité à prendre du recul à chaque instant du projet.

Les obstacles majeurs à la réussite

Si les sources d'échecs dans les projets sont nombreuses, les points de départ de ces difficultés, eux, se réduisent à deux points concernant les objectifs et les acteurs. Dans tous les cas, si l'un de ces deux points s'avère ambigu, le projet a toutes les chances d'échouer.

Les questions essentielles liées à ces deux points sont les suivantes :

▶ quels sont le résultat attendu et ses performances associées ?

▶ pour quand ce résultat doit-il être atteint et quelles sont les échéances intermédiaires ?

▶ quelles sont les ressources nécessaires et disponibles pour atteindre le résultat ?

▶ qui peut prendre les décisions dans le projet et quel est le pouvoir de chacun ?

▶ qui détient l'expertise et a la capacité à valider la conformité du produit ?

▶ qui accomplit les tâches organisées dans le planning ?

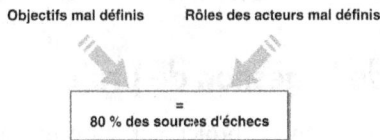

Figure 1.16. Sources d'échecs

Or si les objectifs sont mal définis :

▶ on ne pourra pas faire le planning ;

▶ le produit risque de ne pas être conforme ;

🢒 l'équipe ne sera pas centrée sur un même but ;

🢒 les comportements des acteurs seront flous.

De plus, si les rôles sont mal définis :

🢒 les décisions ne seront pas prises ;

🢒 des conflits émergeront ;

🢒 les tâches ne seront pas effectuées.

Cette approche apparemment simpliste constitue pourtant le triste reflet de la réalité. Le flou artistique parfois entretenu autour d'un projet dessert les acteurs autant qu'il leur est utile. Ainsi, certains le cultivent car cela leur permet :

🢒 de développer des stratégies personnelles ;

🢒 de manipuler grâce à l'acquisition de certaines informations ;

🢒 de disposer de marges de manœuvre pour ne pas atteindre l'objectif ;

🢒 de masquer les incompétences.

Une méthodologie n'aide certes pas à régler tous les problèmes précités, mais permet de visualiser les écueils et de limiter les risques. De plus, elle reste un « prétexte » factuel et obligatoire pour poser les bonnes questions au bon moment en « dépersonnalisant » l'auteur de la question puisqu'il ne s'agit plus d'une démarche personnelle, mais d'une procédure conseillée ou obligatoire.

La méthodologie présentée va aborder les problèmes posés sous divers angles et dans un ordre qui permet de les régler au fur et à mesure. Avant d'examiner les trente-cinq fiches qui constituent la méthode, il est toutefois nécessaire de comprendre la logique globale qui amène à ce découpage.

Modélisation de la gestion de projet

L'aspect relatif à la gestion de projet fait souvent partie du projet lui-même ; il correspond à des actes techniques bien définis, nécessitant une bonne maîtrise des outils nécessaires à sa mise en œuvre.

Ces actes techniques requièrent les compétences précises suivantes :

🢒 le management de l'équipe et des acteurs du projet ;

🢒 la planification ;

▶ l'analyse des risques ;
▶ la communication ;
▶ la gestion documentaire ;
▶ la négociation des objectifs.

La gestion de projet doit s'inscrire dans le cadre d'un projet précis.

Une vue simpliste

Dans un premier temps, un projet est suscité par une commande qui aboutira à l'élaboration d'un produit. C'est la mise en mode projet qui autorise la réalisation effective du produit et permet de vérifier s'il satisfait à la commande. Cette vue simpliste réduit la gestion de projet à l'aspect technique lié à la fabrication du produit.

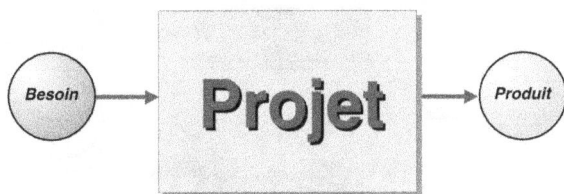

Figure 1.17. Vue simpliste du projet

Les deux dimensions

Un projet comprend deux dimensions complémentaires : la fabrication du produit et le mode d'organisation relatif à sa réalisation. Ce deuxième aspect s'appelle la gestion de projet. Ces dimensions sont complémentaires, la

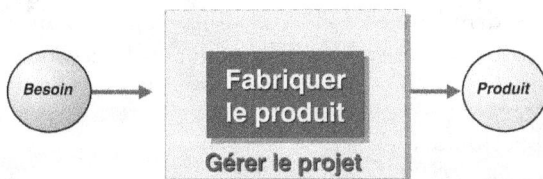

Figure 1.18. Vue du projet à deux dimensions

gestion de projet constituant l'ossature de l'ensemble. **La gestion de projet requiert environ 20 à 30 % du coût total du projet.** Cette part peut néanmoins diminuer en fonction du type de projet, de l'expérience des acteurs et de la réutilisation de données issues de projets antérieurs similaires.

Chronologie et simultanéité

L'articulation dans le temps de ces deux dimensions permet de visualiser les grandes phases de la gestion de projet :

▷ la phase 1 concerne toute la préparation du projet ;

▷ la phase 2 est relative au pilotage ; elle est concomitante à la réalisation du produit ;

▷ la phase 3 traite du bilan du projet.

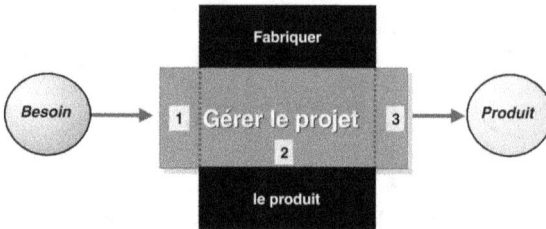

Figure 1.19. Articulation temporelle du projet

Découpage méthodologique et évolution des objectifs

Un projet peut être regardé uniquement à travers l'évolution et l'atteinte des objectifs. Ainsi, le triangle qualité/temps/coût va évoluer en fonction des phases et des événements. Si on prend le projet à sa source, c'est-à-dire avant même qu'il se nomme « projet », on peut distinguer plusieurs grandes phases, dans lesquelles s'inscrivent les étapes purement méthodologiques de gestion du projet. Nous obtenons ainsi le découpage suivant :

1. Avant-projet :

▷ étude d'opportunité ;

▷ étude de faisabilité ;

▷ étude préalable.

2. Gestion du projet :

- préparation du projet ;
- pilotage du projet ;
- bilan du projet.

Le triangle qualité/temps/coût se modifie tout au long de ces phases de vie du projet et peut être représenté de la manière suivante :

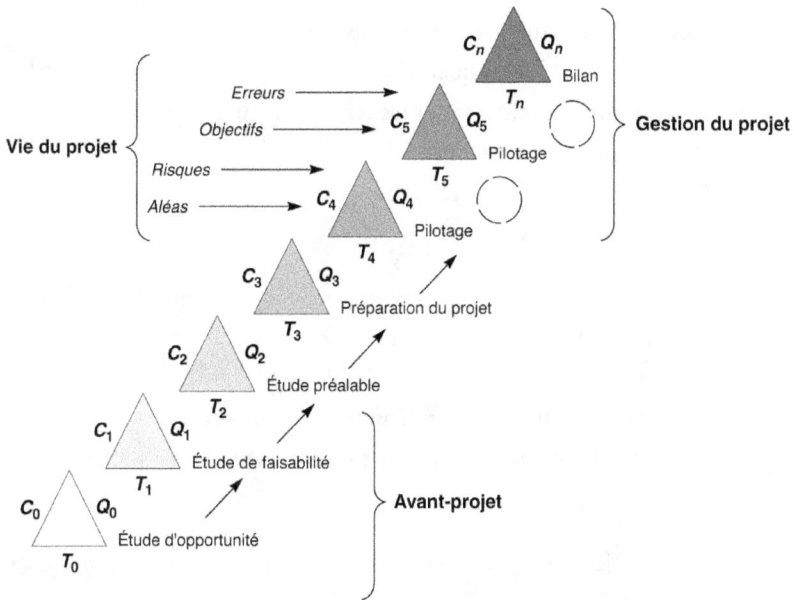

Figure 1.20. La vie du projet

Étude d'opportunité :

- le commanditaire dit ce qu'il veut de manière macro ;
- le résultat attendu est peu défini ;
- le délai de réalisation est soit bloqué soit souhaité ;
- le budget est contraint ou à calculer ;
- **on vérifie si le projet s'inscrit bien dans le cadre de la stratégie globale.**

Étude de faisabilité :

▸ le responsable de l'étude clarifie les intentions ;

▸ le résultat attendu est défini sous la forme d'un produit ou d'un service ;

▸ le délai est traduit sous forme de macroplanning ;

▸ le premier budget macro est calculé.

▸ **on vérifie si le triangle qualité/temps/coût obtenu est équilibré.**

Étude préalable :

▸ le responsable de l'étude affine les objectifs ;

▸ le produit ou le service est qualifié dans un cahier des charges général ;

▸ le macroplanning est enrichi par les échéances intermédiaires ;

▸ le budget est réparti par étapes ;

▸ **on décide de nommer un chef de projet.**

Préparation du projet :

▸ le chef de projet traduit le projet en éléments opérationnels détaillés ;

▸ les cahiers des charges détaillés fonctionnels et/ou techniques sont rédigés ;

▸ le planning détaillé prévisionnel est établi ;

▸ le budget détaillé et le plan de trésorerie sont construits ;

▸ **on valide tous les éléments du projet pour vérifier leur cohérence.**

Pilotage du projet :

▸ le chef de projet gère les événements externes entraînant une modification des objectifs ;

▸ les cahiers des charges sont mis à jour en fonction des évolutions ;

▸ le planning détaillé est mis à jour en fonction du planning du réalisé ;

▸ le budget est géré en fonction des entrées et des sorties de ressources ;

▸ **on gère les différents scénarios en faisant arbitrer le commanditaire et le comité de pilotage.**

Bilan du projet :

▸ le chef de projet rassemble tous les éléments du projet ;

▸ le résultat obtenu est comparé au résultat souhaité ;

▶ le planning est analysé pour connaître les dérives et les erreurs d'estimation ;

▶ le budget est analysé pour connaître les dépenses consolidées réelles du projet ;

▶ **on analyse et on archive les éléments du projet en vue de leur réutilisation.**

Un découpage plus précis

Pour mieux comprendre l'ensemble des actions nécessaires à la gestion de projet, un découpage en cinq grandes phases s'impose :

▶ initialisation ;

▶ préparation ;

▶ planification ;

▶ pilotage ;

▶ bilan.

La charge de travail de la phase de pilotage est réduite si les phases amont ont été correctement réalisées. En outre, pendant la phase de pilotage, il ne faut pas négliger la réalisation du produit.

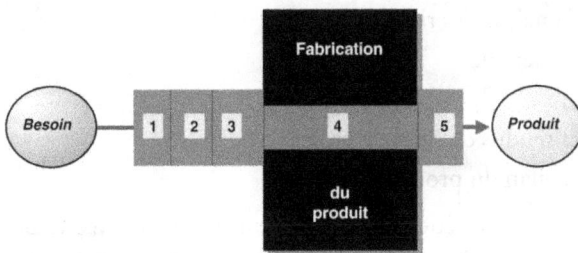

Figure 1.21. Découpage de la gestion de projet

L'ensemble de ces cinq phases peut à son tour se décomposer en quinze étapes, qui font elles-mêmes l'objet de trente-cinq fiches. Ces dernières décrivent la marche à suivre pour assurer la gestion du projet.

Résultats attendus

Dynamique projet et méthodologie

L'objectif d'un projet reste la fabrication du produit et, d'une certaine manière, seul le résultat compte, quelle que soit la méthode employée. Les méthodes de gestion de projet sont souvent rébarbatives et lourdes à mettre en œuvre. La bureautique, et notamment les suites Microsoft Office et Project, offrent un formidable outil de gestion de projet, qui simplifie la mise en œuvre de la méthode.

La méthode se résume en fait à une check-list qui permet d'aboutir à des résultats appelés « livrables ».

Les livrables de la gestion de projet

Les livrables de la gestion de projet sont des documents permettant d'assurer la traçabilité du projet, la communication avec l'ensemble des acteurs et la contractualisation des relations entre les acteurs du projet.

Les principaux livrables générés par la gestion de projet sont les suivants :

- commande du commanditaire ;
- note de cadrage ;
- macroplanning ;
- plan de communication ;
- grilles d'analyse des risques ;
- planning détaillé ;
- budget ;
- comptes rendus de suivi de projet ;
- grille de bilan du projet.

Ces livrables peuvent être réalisés dans leur intégralité avec Office et Project. Entre autres outils de communication associés à la plate-forme Microsoft, Outlook facilite l'échange et la validation des documents. En outre, le recours aux outils de bureautique permet d'uniformiser la présentation des documents réalisés, d'en valoriser le contenu, mais aussi le projet et ses acteurs.

Ces livrables sont complétés par des livrables intermédiaires générés par la méthode.

2

Les grandes phases et étapes du projet

L'initialisation (phase 1)

Cette phase comprend deux étapes et trois fiches.

Étapes	Titre des fiches	N° de fiche
Réception	• Réceptionner la demande de projet du commanditaire	1
	• Examiner la demande du commanditaire	2
Affectation	• Officialiser la nomination du chef de projet	3

Tableau 1.1. Étapes et fiches de l'initialisation du projet

Cette phase de démarrage du projet permet de prendre en compte de manière formelle la demande d'un commanditaire ou donneur d'ordre, et de décider de la suite à donner.

Réception (étape 1.1)

Réceptionner la demande de projet du commanditaire (fiche 1)

Cette fiche a pour objet d'obtenir une demande écrite de la part du commanditaire (la commande) et d'initier un échange avec lui afin d'obtenir les précisions nécessaires à la commande.

Examiner la demande du commanditaire (fiche 2)

Cette fiche a pour fonction d'évaluer la complexité du projet dans ses dimensions technique et humaine. Si le projet comprend ces deux aspects, il peut être nécessaire de le diviser en deux sous-projets.

On évaluera aussi les ressources globales nécessaires à la réalisation du projet que l'on comparera aux ressources disponibles.

Ces deux évaluations conduiront à l'acceptation ou au refus de la commande du commanditaire, cette première étant subordonnée à la consultation du schéma directeur qui définit les priorités entre les différents projets qui en sont issus. Cette fiche constitue en fait un début d'analyse des risques.

Affectation (étape 1.2)

Officialiser la nomination du chef de projet (fiche 3)

Cette fiche permet d'obtenir une nomination officielle du chef de projet afin de faciliter son intervention sur le terrain et de légitimer sa position face aux différents acteurs du projet.

La date de nomination du chef de projet peut avantageusement déterminer la mise en route officielle du projet et donc sa date d'initialisation.

Livrables de la phase d'initialisation

La phase d'initialisation génère les livrables suivants :

- demande de projet du commanditaire ;
- réponse à la demande de projet du commanditaire ;
- note d'affectation du chef de projet.

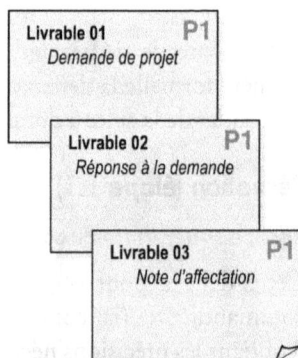

Livrable 01   P1
Demande de projet

Livrable 02   P1
Réponse à la demande

Livrable 03   P1
Note d'affectation

La préparation (phase 2)

Cette phase comporte sept étapes et dix-sept fiches.

Étapes	Titre des fiches	N° de fiche
Objet	• Définir l'objet précis du projet • Lister les motifs et définir le contexte	4 5
Objectifs	• Définir les objectifs de qualité • Définir les objectifs de temps • Définir les objectifs de charge et de coût • Définir les objectifs de communication • Définir les objectifs complémentaires • Préciser les contraintes relatives aux objectifs • Vérifier l'adéquation entre les objectifs	6 7 8 9 10 11 12
Domaine	• Identifier le périmètre et les acteurs • Définir la structure choisie pour la gestion du projet • Définir les rôles des acteurs dans les structures projet	13 14 15
Risques	• Identifier, analyser et gérer les freins • Identifier, analyser et gérer les facilitants	16 17
Méthode	• Choisir une méthode et structurer la réalisation du produit	18
Communication	• Définir les axes, cibles et moyens de communication	19
Contractualisation	• Rédiger la note de cadrage	20

Tableau 1.2. Étapes et fiches de la préparation du projet

Cette phase de préparation conditionne la réussite du projet. C'est notamment à ce moment que vont être levées les deux principales causes d'échec d'un projet, à savoir :

▶ les objectifs mal définis ou équivoques ;

▶ les rôles des acteurs non définis ou peu clairs.

Objet (étape 2.1)

Définir l'objet précis du projet (fiche 4)

Cette fiche permet de s'assurer que les protagonistes du projet, le chef de projet et le commanditaire, en ont bien compris le but. Parfois difficile à définir, l'objet ne doit pas être confondu avec les objectifs, qui en constituent une déclinaison opérationnelle et mesurable. Un désaccord sur l'objet, ou une mauvaise définition, ne peut permettre de poursuivre le déroulement méthodologique.

Les échanges nécessaires à une définition d'objet partagée par le commanditaire et le chef de projet dureront tant que le consensus n'est pas obtenu.

Lister les motifs et définir le contexte (fiche 5)

Cette fiche permet de prendre en compte les déclencheurs du projet. Il faut alors considérer l'ensemble des études déjà réalisées et les éventuelles tentatives antérieures.

Il peut être nécessaire, une fois cette fiche remplie, de compléter la définition de l'objet.

Objectifs (étape 2.2)

Définir les objectifs de qualité (fiche 6)

Il convient de distinguer le projet – et son objet – du produit, qui est précisément le résultat du projet. Le produit est défini par un certain nombre de critères qualitatifs.

Ces derniers permettront d'apprécier la conformité du produit qui résulte du projet ; ils devront être quantifiés et mesurables. L'ensemble de ces critères sera consigné dans un cahier des charges défini par le commanditaire et les « clients » du projet. Si le produit est complexe et que le cahier des charges est inexistant et/ou incomplet, il pourra s'avérer nécessaire de développer dans les règles de l'art un nouveau projet dont l'objet consistera à définir les critères qualitatifs du produit auquel est consacré le projet initial, ces normes permettant d'établir un nouveau cahier des charges.

Les objectifs qualitatifs sont les « performances » attendues du produit qui résultera du projet.

Définir les objectifs de temps (fiche 7)

Cette fiche sert à définir le macroplanning du projet. Il s'agit d'une liste peu détaillée des tâches qui permettront d'atteindre les objectifs qualitatifs. À chaque tâche sont assignées une date de début et une date de fin supposées.

Ce macroplanning ne signifie nullement un engagement de la part du chef de projet, aussi faut-il le préciser lors de sa communication. Seul un planning détaillé, mis au point durant la phase de planification permettra de s'engager définitivement sur les dates de réalisation du projet.

Définir les objectifs de charge et de coût (fiche 8)

Toujours dans un « maillage » assez lâche, cette fiche répertorie l'ensemble des journées nécessaires par personne à l'accomplissement de chacune des tâches du macroplanning.

Grâce à cette évaluation, il est possible de vérifier comment le projet s'articule avec d'autres projets ayant des ressources communes, la priorité entre les projets étant établie à l'aide du schéma directeur.

Le chiffrage des coûts s'établit à partir de la charge : on impute un coût par jour/homme. À ces coûts s'ajoutent les dépenses liées aux ressources matérielles ou aux achats nécessaires au bon déroulement du projet. L'ensemble constitue le coût total du projet ; il permet d'évaluer les ressources financières nécessaires à sa réalisation.

Cette estimation sera complétée en phase de planification, lors de l'élaboration du planning détaillé prévisionnel : ce n'est qu'à ce moment-là que le chef de projet pourra s'engager sur le plan financier.

Définir les objectifs de communication (fiche 9)

Avant de mettre en place un plan de communication, il est nécessaire de déterminer la politique de communication à adopter pour le projet. Cette dernière est déterminée par les éléments suivants :

▶ le type de produit qui résultera du projet ;

▶ le type d'entreprise qui prend en charge le projet ;

▶ la volonté du commanditaire et des clients en matière de communication.

On peut élaborer une stratégie globale de communication relative au projet (déterminer les messages à faire passer et l'orientation générale de la communication). Cette stratégie sera déclinée en tactique opérationnelle (définition des grands axes et des grandes cibles de communication).

Définir les objectifs complémentaires (fiche 10)

Cette fiche recense l'ensemble des objectifs que l'on se propose d'atteindre grâce à la synergie du projet. Ces objectifs ne doivent pas faire partie de l'objet du projet ni constituer un projet à part entière ; il faut pouvoir les supprimer sans altérer le résultat final et le produit issu du projet.

Les objectifs complémentaires ne doivent être ni trop nombreux ni trop ambitieux afin de ne pas nuire aux autres objectifs dont l'atteinte reste la priorité.

Préciser les contraintes relatives aux objectifs (fiche 11)

Le chef de projet peut disposer d'une marge de manœuvre sur chaque objectif. Si celle-ci est nulle, on parle de contrainte « bloquée ». Dans le cas contraire, il s'agit d'une contrainte « libre ».

Il est important de définir la part de ce qui est bloqué et de ce qui est libre afin de faciliter, en cours de réalisation, les négociations sur les objectifs : seuls ceux disposant d'une contrainte libre pourront être négociés.

Vérifier l'adéquation entre les objectifs (fiche 12)

Grâce à cette fiche, on vérifie si l'équilibre entre les objectifs est globalement correct. En cas de déséquilibre du triangle qualité/temps/coût, il est inutile de poursuivre la méthodologie relative à la concrétisation du projet. Dans ces conditions, il convient d'ouvrir une nouvelle négociation avec le commanditaire, voire de redéfinir l'objet du projet.

Domaine (étape 2.3)

Identifier le périmètre et les acteurs (fiche 13)

Cette fiche identifie les frontières géographiques et fonctionnelles du projet. La définition des frontières permet d'élaborer la liste des acteurs qui vont participer au projet. Cette liste doit au minimum comprendre :

- le commanditaire ;
- le payeur ;
- les clients ;
- la direction de l'entreprise ;
- le chef de projet ;

▶ les membres de l'équipe projet (planificateur, chargé de communication, responsable de la documentation, gestionnaires, etc.) ;

▶ les ressources ;

▶ les experts.

Cette liste peut être complétée par d'autres types d'acteurs propres au projet en cours, des partenaires sociaux par exemple. Il se peut qu'à ce niveau de définition du projet, la liste ne soit pas exhaustive.

Définir la structure choisie pour la gestion du projet (fiche 14)

Cette fiche permet d'organiser les acteurs en structure. Dans les faits, les structures sont souvent imposées par l'organisation de l'entreprise responsable du projet. Toutefois, lorsqu'il est possible de choisir, il convient d'accorder la structure au projet et à son interaction avec les autres projets.

Les structures matricielles sont adaptées aux projets transversaux, les structures par projet le sont aux projets nécessitant une mobilisation importante des acteurs et une urgence dans la réalisation du produit.

Les trois principales structures rencontrées sont :

▶ l'organisation par projet (Task Force) ;

▶ la direction de projets ;

▶ l'organisation matricielle ;

▶ les organisations de type TPE ou PME.

Définir les rôles des acteurs dans les structures projet (fiche 15)

C'est là que l'on va constituer les instances spécifiques au projet, les deux principales étant le comité de pilotage et l'équipe projet.

Les acteurs précités vont être placés dans les différentes structures du projet ; pour les plus importants (au minimum le chef de projet), une fiche de poste doit être réalisée. Les pouvoirs de chacun seront définis, notamment ceux concernant les décisions et la validation.

Dans le cas d'une structure matricielle, où les voies hiérarchiques classiques ne sont pas obligatoirement respectées, il est nécessaire de communiquer à l'ensemble des acteurs les pouvoirs qui leur sont respectivement confiés pour toute la durée du projet.

Risques (étape 2.4)

Identifier, analyser et gérer les freins (fiche 16)

Il s'agit ici de dresser la liste des éléments pouvant ralentir l'atteinte des objectifs du projet. Cette liste sera ensuite ordonnée afin de déterminer les actions préventives à mettre en place pour les enrayer, et les mesures curatives à prévoir pour surmonter en cours de projet les problèmes liés aux éventuels freins qui surviendraient malgré les mesures préventives.

Identifier, analyser et gérer les facilitants (fiche 17)

L'analyse des risques comporte aussi l'analyse des facteurs facilitants. Il convient d'établir la liste des différents éléments susceptibles de faciliter l'atteinte des objectifs du projet. Cette liste sera ensuite complétée par l'ensemble des actions que l'on se propose de mener afin d'exploiter les facteurs facilitants.

Méthode (étape 2.5)

Choisir une méthode et structurer la réalisation du produit (fiche 18)

Chaque produit nécessite une méthode spécifique de réalisation. En accord avec le chef de projet, les experts vont définir la meilleure méthode pour fabriquer le produit dans le cadre des objectifs.

Ce sont les étapes qui vont permettre de définir le mode et la décomposition de la fabrication du produit.

Communication (étape 2.6)

Définir les axes, cibles et moyens de communication (fiche 19)

Dans un projet, la communication consiste à mettre en place tous les canaux d'échanges d'informations entre les acteurs ; elle peut être promotionnelle, opérationnelle ou simplement informative. Sa mise en place se traduit par l'élaboration d'un plan de communication qui rassemble les moyens et les cibles (instances ou acteurs avec qui l'on souhaite communiquer), en cohérence avec la stratégie de communication adoptée au sein du projet.

Ce plan doit respecter la politique, la stratégie et la tactique de communication préalablement définies.

Afin de renforcer le caractère unique et fédérateur du projet, il est nécessaire de l'identifier en lui attribuant un nom et un logo. Dans certains cas, il conviendra de définir une charte graphique pour l'ensemble des documents émanant du système projet.

Il est nécessaire que tous les documents du projet soient instantanément identifiés par l'ensemble des acteurs de l'entreprise : c'est pourquoi le nom et le logo doivent y figurer.

Contractualisation (étape 2.7)

Rédiger la note de cadrage (fiche 20)

La note de cadrage constitue la synthèse de tous les livrables obtenus lors de la mise en œuvre de l'étape de préparation du projet. Elle permet de contractualiser les relations entre le commanditaire et le chef de projet. Elle reprend les principaux points dont notamment les objectifs à atteindre. Elle peut être complétée par des annexes, qui constituent en fait les livrables de l'étape de préparation (le macroplanning par exemple). La note de cadrage peut être aussi un document de communication visant à informer les acteurs sur le projet et les objectifs à atteindre.

Livrables de la phase de préparation

La phase de préparation génère les livrables suivants :

- la note de cadrage ;
- le macroplanning ;
- le macroplanning des charges ;
- le budget prévisionnel ;
- la stratégie de communication ;
- le fichier des acteurs ;
- l'organigramme projet ;
- la fiche de poste ;
- la carte des acteurs ;

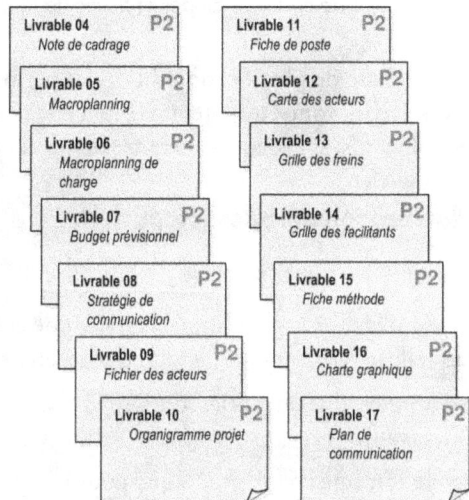

Livrable 04   P2
Note de cadrage

Livrable 05   P2
Macroplanning

Livrable 06   P2
Macroplanning de charge

Livrable 07   P2
Budget prévisionnel

Livrable 08   P2
Stratégie de communication

Livrable 09   P2
Fichier des acteurs

Livrable 10   P2
Organigramme projet

Livrable 11   P2
Fiche de poste

Livrable 12   P2
Carte des acteurs

Livrable 13   P2
Grille des freins

Livrable 14   P2
Grille des facilitants

Livrable 15   P2
Fiche méthode

Livrable 16   P2
Charte graphique

Livrable 17   P2
Plan de communication

- la grille des freins ;
- la grille des facilitants ;
- la fiche méthode ;
- la charte graphique ;
- le plan de communication.

La planification (phase 3)

Cette phase comprend deux étapes et huit fiches.

Étapes	Titre des fiches	N° de fiche
Planification détaillée	• Définir l'environnement de planification	21
	• Ordonner la liste des tâches de fabrication du produit	22
	• Affecter des durées ou des charges aux tâches	23
	• Définir les liens entre les tâches	24
	• Intégrer les tâches de gestion de projet	25
	• Affecter les ressources aux tâches	26
Validation	• Optimiser le planning détaillé du prévu	27
	• Valider, communiquer et enregistrer le planning	28

Tableau 1.3. Étapes et fiches de la planification du projet

Cette phase de planification du projet permet de détailler la manière dont les objectifs vont être atteints. Elle peut donner lieu à une renégociation des objectifs, si l'adéquation entre les objectifs s'avère irréalisable.

Planification détaillée (étape 3.1)

Définir l'environnement de planification (fiche 21)

Avant d'établir le planning, il convient de construire la « toile de fond » sur laquelle la représentation graphique va être réalisée. Il s'agit de :

- décider du calendrier du projet (saisonnalité, vacances, horaires de travail) ;
- définir une charte graphique pour la représentation des plannings (type de réseau, couleurs, types d'informations, etc.).

Ordonner la liste des tâches de fabrication du produit (fiche 22)

Avec cette fiche, on construit l'organigramme des actions à réaliser afin de fabriquer les différents livrables intermédiaires, nécessaires à l'élaboration du produit qui résultera du projet. Cet organigramme s'inscrit dans une logique de lots.

L'organigramme des tâches est la combinaison du WBS (*Work Break Structure*) et du PBS (*Product Break Structure*). Il se fonde sur le découpage du macroplanning.

Afin d'améliorer la lisibilité du planning, il est nécessaire d'organiser les lots et les tâches en liste, en respectant une logique temporelle. Dans la liste des tâches apparaissent les livrables et les jalons du planning.

Affecter des durées ou des charges aux tâches (fiche 23)

Pour chacune des tâches élémentaires du planning, il est nécessaire d'évaluer la durée (temps de travail) nécessaire à son accomplissement. Cette durée est mesurée en jours et complétée par la charge de la tâche, laquelle n'est autre que la somme des journées/hommes et/ou machines nécessaires à la réalisation de la tâche. La durée de la tâche dépend des ressources disponibles pour sa réalisation.

Définir les liens entre les tâches (fiche 24)

Les tâches doivent être ordonnées. Il faut donc rechercher les conditions à remplir pour que la tâche puisse être accomplie. Ces conditions sont identifiées par les liens qui existent entre les tâches. Il existe quatre types de liens :

- FD ou Fin-Début : la tâche suivante ne peut commencer que lorsque la précédente est terminée ;
- FF ou Fin-Fin : la tâche suivante ne peut se terminer que si la précédente est achevée ;
- DD ou Début-Début : la tâche suivante ne peut commencer que si la précédente a démarré ;
- DF ou Début-Fin : la tâche précédente se poursuit tant que la suivante n'a pas commencé.

Toutes les tâches élémentaires d'un planning doivent être liées.

Intégrer les tâches de gestion de projet (fiche 25)

Gérer un projet implique des actions qui représentent des tâches à part entière du projet et qui vont être intégrées au planning. À ce stade, certaines tâches sont déjà réalisées, notamment toutes celles liées à la réalisation des livrables des phases d'initialisation et de préparation. Intégrer ces tâches permettra, lors du bilan, de ne pas en négliger la charge, donc le coût afférent.

Il faudra alors également intégrer au planning toutes les tâches de « suivi » de projet, parmi lesquelles :

- le management de l'équipe ;
- les réunions de suivi et de comité de pilotage ;
- la mise à jour du planning de ce qui est réalisé ;
- la mise à jour de la documentation projet.

La plupart de ces tâches sont dites répétitives et ne comportent pas de liens techniques. Enfin, il faudra intégrer les tâches liées au bilan du projet.

Affecter les ressources aux tâches (fiche 26)

Avant d'affecter les ressources aux tâches, il convient d'établir la liste des ressources disponibles pour le projet.

Pour chacune, un certain nombre de paramètres seront précisés. Les plus importants sont :

- leur pourcentage de disponibilité pour le projet ;
- leur coût d'utilisation (par jour, par heure ou par utilisation).

La réalisation des tâches requiert des ressources matérielles, humaines, financières et temporelles. Les ressources temporelles constituent l'essence même du planning et sont représentées par les durées. Il faut préciser les ressources nécessaires à chaque tâche élémentaire afin d'estimer la charge de travail dans la durée indiquée.

Validation (étape 3.2)

Optimiser le planning détaillé du prévu (fiche 27)

Afin de réaliser les objectifs selon le plan prévu, c'est-à-dire dans le respect du triangle qualité/temps/coût, il convient d'optimiser l'ensemble des ressources nécessaires à l'accomplissement du projet.

C'est aussi à ce moment-là qu'il faut résoudre les conflits de ressources, au cas où celles-ci seraient « sur-utilisées ». Là encore, cette optimisation peut donner lieu à une renégociation des objectifs du projet avec le commanditaire.

Valider, communiquer et enregistrer le planning (fiche 28)

Le commanditaire et le chef de projet vont valider la dernière mouture optimisée du planning. Celui-ci peut entraîner une contractualisation des relations avec le chef de projet par le biais d'une signature et d'une annexe à la note de cadrage.

Tous les acteurs du projet doivent être informés de la planification prévisionnelle définitive. Il est aussi nécessaire, notamment si le planning fait l'objet de nombreuses versions et négociations, de s'assurer que tous les acteurs détiennent une version actualisée du planning.

Livrables de la phase de planification

La phase d'initialisation génère les livrables suivants :

- la charte de planification ;
- l'organigramme des tâches ;
- le planning détaillé ;
- le tableau des ressources ;
- le contrat de planning.

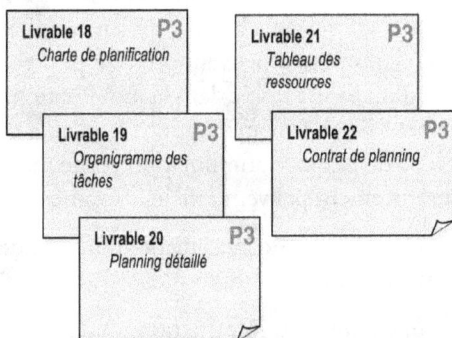

Livrable 18	P3
Charte de planification	

Livrable 19	P3
Organigramme des tâches	

Livrable 20	P3
Planning détaillé	

Livrable 21	P3
Tableau des ressources	

Livrable 22	P3
Contrat de planning	

Le pilotage (phase 4)

Cette phase comprend deux étapes et trois fiches.

Étapes	Titre des fiches	N° de fiche
Lancement	• Lancer la réalisation • Mettre en œuvre le plan de communication	29 30
Réalisation	• Piloter la réalisation du produit	31

Tableau 1.4. Étapes et fiches du pilotage du projet

Cette phase de pilotage nécessite en théorie moins de dépenses de ressources que les autres. L'énergie se concentre sur la réalisation du produit. Le pilotage nécessite une grande régularité dans la gestion de la documentation, une grande discipline dans la préparation et la tenue des réunions. C'est aussi le moment où le plan de communication va être mis en œuvre.

Lancement (étape 4.1)

Lancer la réalisation (fiche 29)

Les trois premières phases peuvent être très étalées dans le temps. Si le projet, confié au chef de projet, a été peu préparé et étudié, les trois premières phases peuvent prendre plusieurs mois. Une des clés de la réussite d'un projet réside dans la mobilisation des acteurs ; or celle-ci est directement liée à leur motivation. Il semble donc nécessaire de bien lancer la phase de pilotage afin notamment de mobiliser les « troupes ». Les actions de lancement peuvent être les suivantes :

▶ une réunion de lancement au niveau des acteurs opérationnels (équipe projet) ;

▶ une réunion d'information ;

▶ la communication des documents dans leur dernière version (planning, note de cadrage, plan de communication) ;

▶ la communication des documents de « reporting ».

Mettre en œuvre le plan de communication (fiche 30)

Entre la mise au point du plan de communication et le démarrage de la phase de réalisation, le comportement des acteurs peut avoir évolué. Il faut donc mettre à jour le plan de communication pour tenir compte de ces changements.

Dans un second temps, il faut lancer la mise en œuvre des actions de communication prévues au début de cette phase et préparer celle de toutes les actions qui vont se réaliser pendant la phase de pilotage. Il est important de communiquer au moment opportun, ni trop tôt, ni trop tard. Une anticipation judicieuse doit permettre de préparer toutes les actions prévues afin de pouvoir les déclencher sans inertie en temps voulu.

Réalisation (étape 4.2)

Piloter la réalisation du produit (fiche 31)

Le pilotage comprend des actions simples à comprendre, mais difficiles à mettre en œuvre, à savoir :

▶ récupérer l'information concernant ce qui a été réalisé (à travers le reporting mis en place) ;

▶ intégrer ce qui a été réalisé dans les documents de suivi ;

▶ comparer ce qui a été prévu et ce qui a été réalisé ;

▶ planifier les réajustements éventuels ;

▶ communiquer les réajustements.

La réussite de cette étape dépend des trois phases précédentes. Elle est complétée par la mise en œuvre des actions suivantes :

▶ le management de l'équipe projet ;

▶ la mise à jour de la planification ;

▶ la mise à jour de la documentation projet ;

▶ la mise en œuvre des réunions prévues dans le plan de communication.

Livrables de la phase de pilotage

La phase de pilotage génère les livrables suivants :

▶ le journal du projet ;

▶ la fiche de reporting ;

- le conducteur de réunion ;
- le bilan intermédiaire ;
- le rapport « flash ».

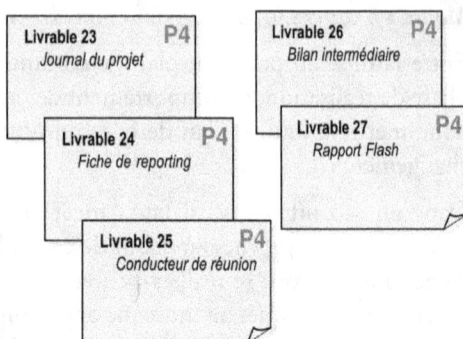

| Livrable 23 | P4 |
| Journal du projet | |

| Livrable 26 | P4 |
| Bilan intermédiaire | |

| Livrable 24 | P4 |
| Fiche de reporting | |

| Livrable 27 | P4 |
| Rapport Flash | |

| Livrable 25 | P4 |
| Conducteur de réunion | |

Le bilan (phase 5)

Cette phase comporte trois étapes et quatre fiches.

Étapes	Titre des fiches	N° de fiche
Promotion	• Vendre le projet	32
Désengagement	• Mettre un terme à l'engagement contractuel	33
Capitalisation	• Organiser les réunions de débriefing • Archiver les dossiers du projet	34 35

Tableau 1.5. Étapes et fiches du bilan du projet

La phase de bilan est souvent la plus négligée. La lassitude des acteurs, la difficulté à revenir sur les actions passées, la gestion des documents souvent aléatoires font que cette phase est difficile à mettre en œuvre. Cependant, c'est une des plus rentables, car elle permet tant aux acteurs qu'à l'entreprise responsable du projet de capitaliser les expériences.

Promotion (étape 5.1)

Vendre le projet (fiche 32)

Le produit a été livré et mis en place. La valorisation du produit a été réalisée à travers le projet et sa réalisation. Il convient à présent de faire valoir le projet, la manière dont il a été mis en œuvre, et, à partie de là, les acteurs qui ont participé à l'aventure.

Le chef de projet va organiser une présentation de synthèse du projet à l'intention du commanditaire et éventuellement du comité de pilotage. C'est un moyen professionnel d'établir un bilan, mais aussi de clôturer le projet.

Désengagement (étape 5.2)

Mettre un terme à l'engagement contractuel (fiche 33)

De la même façon que la note de cadrage engage le chef de projet et le commanditaire, il est nécessaire d'officialiser le départ du chef de projet et la fin du projet par un document qui sera signé par les deux parties. Ce document peut être communiqué à l'ensemble des acteurs.

Capitalisation (étape 5.3)

Organiser les réunions de débriefing (fiche 34)

Le projet est terminé ; il s'agit maintenant de capitaliser l'expérience acquise. Une ou plusieurs réunions sont organisées avec l'équipe projet afin d'établir le bilan de projet et de remercier l'ensemble des acteurs pour le travail fourni et l'investissement personnel. Il est alors bienvenu d'organiser un dernier repas ou un simple buffet pour fédérer l'équipe une ultime fois.

En aucun cas les réunions de débriefing ne doivent dégénérer en « règlements de compte ». Il s'agit de réfléchir sur des faits et non de commenter le travail des acteurs.

Le débriefing peut être ensuite élargi à d'autres acteurs de l'entreprise afin d'assurer la transversalité des projets et de faire profiter le reste de l'entreprise de l'expérience acquise.

Archiver les dossiers du projet (fiche 35)

Il faut procéder à l'archivage des documents en vue de leur réutilisation. Les moyens existants au sein de l'entreprise doivent être mis à contribution, notamment les systèmes de gestion documentaire. S'il n'existe aucune disposition légale imposant la conservation de certains documents, il est souhaitable d'éliminer ceux qui ne seront jamais réutilisés. Dans le cas de projets importants ayant généré de nombreux documents, réaliser une documentation de synthèse accessible peut être opportun.

Si certains documents sont confidentiels, il faut leur prévoir des droits d'accès.

Livrables de la phase de bilan

La phase de bilan génère les livrables suivants :

- la présentation du projet ;
- la note de désengagement ;
- le bilan final du projet ;
- la note d'archivage.

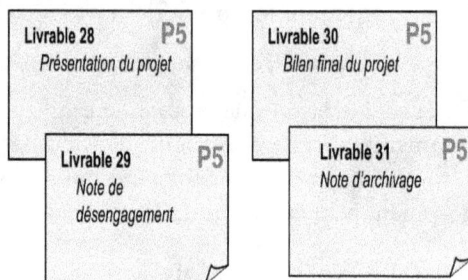

Livrable 28	P5
Présentation du projet	

Livrable 29	P5
Note de désengagement	

Livrable 30	P5
Bilan final du projet	

Livrable 31	P5
Note d'archivage	

3

Synthèse des livrables

Les livrables de conduite de projet désignent des documents générés par la méthode de gestion de projet. Ils sont conçus lors de l'établissement de certaines fiches. Ce tableau récapitulatif permet de visualiser l'ensemble des livrables et leur moment d'apparition dans la méthode. Pour chacun d'eux est indiqué le type de fichier utilisé.

Les livrables générés peuvent cependant être utilisés à d'autres moments de la méthode.

Initialisation

Étapes et fiches	N°	Livrables	N°	Types
RÉCEPTION				
Réceptionner la demande de projet du commanditaire	1	Demande de projet du commanditaire	1	Word
Examiner la demande du commanditaire	2	Réponse à la demande de projet	2	Word
AFFECTATION				
Officialiser la nomination du chef de projet	3	Note d'affectation du chef de projet	3	Word

Tableau 1.6. Étapes, fiches et livrables de l'initialisation du projet

Préparation

Étapes et fiches	N°	Livrables	N°	Types
Objet				
Définir l'objet précis du projet	4	Note de cadrage	4	Word
Lister les motifs et définir le contexte	5	Note de cadrage (suite)	4	Word
Objectifs				
Définir les objectifs de qualité	6	Note de cadrage (suite)	4	Word
Définir les objectifs de temps	7	Macroplanning	5	Project
Définir les objectifs de charge et de coût	8	Macroplanning de charge	6	Excel
		Budget prévisionnel	7	Excel
Définir les objectifs de communication	9	Stratégie de communication	8	Word
Définir les objectifs complémentaires	10	Note de cadrage (suite)	4	Word
Préciser les contraintes sur objectifs	11	Note de cadrage (suite)	4	Word
Vérifier l'adéquation entre les objectifs	12	Note de cadrage (suite)	4	Word
Domaine				
Identifier le périmètre et les acteurs	13	Fichier des acteurs	9	Outlook
Définir la structure choisie pour la gestion du projet	14	Organigramme projet	10	Power-Point
Définir les rôles des acteurs dans les structures projet	15	Fiche de poste	11	Word
		Carte des acteurs	12	Excel
Risques				
Identifier, analyser et gérer les freins	16	Grille des freins	13	Excel
Identifier, analyser et gérer les facilitants	17	Grille des facilitants	14	Excel
Méthode				
Choisir une méthode et structurer la réalisation du produit	18	Fiche méthode	15	Word
Communication				
Définir les axes, cibles et moyens de communication	19	Charte graphique	16	Word
		Plan de communication	17	Word
Contractualisation				
Rédiger la note de cadrage	20	Note de cadrage (suite)	4	Word

Tableau 1.7. Étapes, fiches et livrables de la préparation du projet

Planification

Étapes et fiches	N°	Livrables	N°	Types
Planification détaillée				
Définir l'environnement de planification	21	Charte de planification	18	Word
Ordonner la liste des tâches de fabrication du produit	22	Organigramme des tâches	19	Power-Point
Affecter des durées ou des charges aux tâches	23	Planning détaillé	20	Project
Définir les liens entre les tâches	24	Planning détaillé (suite)	20	Project
Intégrer les tâches de gestion de projet	25	Planning détaillé (suite)	20	Project
Affecter les ressources aux tâches	26	Tableau des ressources	21	Excel
		Planning détaillé (suite)	20	Project
Validation				
Optimiser le planning détaillé de ce qui est prévu	27	Planning détaillé (suite)	20	Project
Valider, communiquer et enregistrer le planning	28	Contrat de planning	22	Word

Tableau 1.8. Étapes, fiches et livrables de la planification du projet

Pilotage

Étapes et fiches	N°	Livrables	N°	Types
Lancement				
Lancer la réalisation	29	Journal du projet	23	Word
		Fiche de reporting	24	Word
Mettre en œuvre le plan de communication	30	Plan de communication (suite)	17	Word
Réalisation				
Piloter la réalisation du produit	31	Conducteur de réunion	25	Word
		Bilan intermédiaire	26	Word
		Rapport « flash »	27	Power-Point
		Planning détaillé (suite)	20	Project

Tableau 1.9. Étapes, fiches et livrables du pilotage du projet

Bilan

Étapes et fiches	N°	Livrables	N°	Types
Promotion				
Vendre le projet	32	Présentation du projet	28	PowerPoint
Désengagement				
Mettre un terme à l'engagement contractuel	33	Note de désengagement	29	Word
Capitalisation				
Organiser les réunions de débriefing	34	Bilan final du projet	30	Word
Archiver les dossiers du projet	35	Note d'archivage	31	Word

Tableau 1.10. Étapes, fiches et livrables du bilan du projet

DEUXIÈME PARTIE

Méthodologie
de gestion de projet

Cette partie traite de la méthodologie dans son intégralité. À cet effet, une structure commune a été élaborée et présentée sous forme de tableau. Ce tableau vous permettra, à partir de la deuxième utilisation, de mettre en œuvre la méthode de manière opérationnelle et rapide.

Enfin, lorsque vous aurez acquis l'ensemble des mécanismes intellectuels de cette méthode, vous disposerez d'un accès encore plus direct au déroulement grâce à la check-list de questions, qui permet de valider chaque fiche.

La méthodologie est une trame qui n'a pas la prétention d'être exhaustive. Vous pouvez la faire évoluer en fonction de vos besoins, de vos procédures et de vos projets. Cette évolution vous permettra de disposer d'un outil performant et personnalisé.

La méthode est constituée de cinq phases, seize étapes et trente-cinq fiches. L'architecture est identique pour toutes les fiches.

Le fonctionnement des fiches

La fiche est repérée par sa phase et son étape. Les numéros de phase et de fiche sont indiqués en haut et à droite de la fiche.

La fiche doit être exploitée comme une check-list permettant d'effectuer les opérations nécessaires à la gestion du projet.

Le petit schéma figurant dans la partie supérieure de chaque fiche vous permet de vous repérer dans l'avancement méthodologique : il indique les livrables qui sont réalisés par les acteurs du projet pendant le déroulement de chaque fiche.

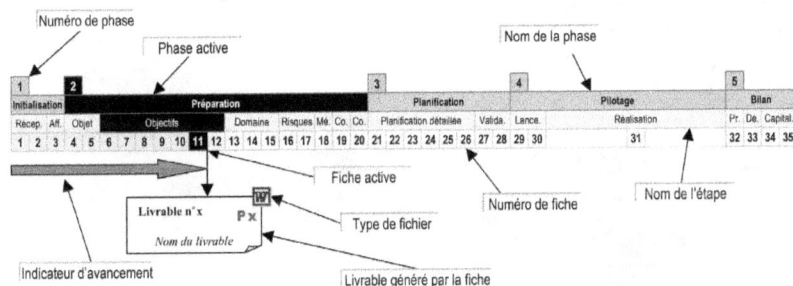

La fiche se présente sous la forme d'un tableau comprenant sept rubriques. Le mode de fonctionnement de chaque rubrique est indiqué dans l'exemple de fiche suivant :

PHASE – Étape

	Phase X	Fiche Y
Titre	**Intitulé de la fiche**	
Définition	Il s'agit du rappel synthétique des actions qui seront réalisées durant le déroulement méthodologique.	
Acteurs	Ce sont les personnes susceptibles de participer au déroulement des tâches indiquées dans la fiche. Ces acteurs peuvent être actifs et réaliser les actions décrites dans la fiche, ou être simplement les destinataires, pour une action ou une information, d'un ou plusieurs livrables générés par la fiche.	
Finalités	Ce sont les buts principaux à atteindre dans le cadre de la mise en œuvre méthodologique de la fiche.	
Conseils	Il s'agit de conseils méthodologiques qu'il convient de mettre en œuvre pour réaliser les tâches indiquées dans la fiche dans les meilleures conditions.	
Risques	Cette rubrique répertorie les risques qu'encourt le projet si on ne suit pas la progression de la fiche.	
Livrables	Ce sont les documents générés par les actions indiquées dans la fiche.	
Questions	Les questions permettent de vérifier si la méthodologie de la fiche a été respectée. Si l'on est capable de répondre par l'affirmative à l'ensemble des questions de la fiche, cette dernière peut être considérée comme validée sur le plan méthodologique.	

L'initialisation

Cette phase comporte deux étapes et trois fiches :

Étapes	Titre des fiches	N° de fiche
Réception	• Réceptionner la demande de projet du commanditaire	1
	• Examiner la demande du commanditaire	2
Affectation	• Officialiser la nomination du chef de projet	3

Cette phase de démarrage du projet permet de prendre en compte de manière formelle la demande d'un commanditaire ou donneur d'ordre, et de décider de la suite à donner.

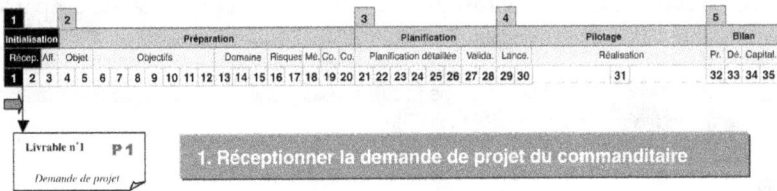

1	2		3	4		5
Initialisation	Préparation		Planification	Pilotage		Bilan
Récep. Aff. Objet	Objectifs	Domaine Risques Mé. Co. Co.	Planification détaillée Valida. Lance.	Réalisation		Pr. Dé. Capital.
1 2 3 4 5 6 7 8 9 10 11 12 13 14 15 16 17 18 19 20 21 22 23 24 25 26 27 28 29 30				31		32 33 34 35

Livrable n°1 **P 1**

Demande de projet

1. Réceptionner la demande de projet du commanditaire

Lorsqu'un commanditaire, donneur d'ordre, lance un projet, sa demande doit être officialisée afin d'éviter tout engagement de ressources sans validation, ou tout oubli de commande de projet qui serait interprété par le destinataire comme une simple intention.

Cette officialisation permet de donner une référence au projet et oblige le commanditaire à formuler clairement et par écrit sa demande.

		Phase 1	Fiche 1
Titre	**Réceptionner la demande de projet du commanditaire**		
Définition	Action consistant à prendre en compte la demande du commanditaire		
Acteurs	Cellule de coordination des projets Direction Chefs de service Commanditaire Chef de projet (s'il est déjà nommé)		
Finalités	Obtenir du commanditaire sa propre formulation du besoin à satisfaire au travers d'un document Tester la volonté d'agir du commanditaire Donner une référence ou une codification au projet Déterminer les domaines de compétences nécessaires Officialiser la demande du projet		
Conseils	Rencontrer physiquement le commanditaire afin de cerner plus précisément son besoin Exiger une formulation écrite de la demande		
Risques	Prendre en compte une demande informelle S'automissionner Ne pas obtenir un début d'engagement officiel de la part du commanditaire		
Livrables	Demande de projet (Livrable 1) Word		
Questions	Le chef de projet (s'il est nommé) a-t-il rencontré le commanditaire ? La demande du commanditaire a-t-elle été formulée par écrit ?		

La demande de projet (Livrable 1) est un document Word simple, permettant au commanditaire de formuler sa demande. Cette demande est partie intégrante du système projet et permet d'initier la démarche.

La démarche méthodologique ne peut être engagée que si la demande du commanditaire a été formalisée par écrit.

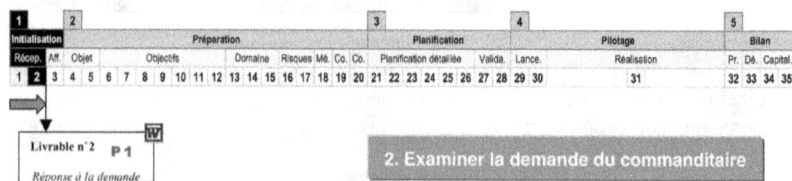

2. Examiner la demande du commanditaire

La demande de projet étant officialisée, le destinataire doit pouvoir en étudier la faisabilité, en prenant en compte plusieurs niveaux :

▶ Les compétences nécessaires à la réalisation du projet existent-elles et sont-elles disponibles ?

▶ Le projet est-il cohérent avec les autres projets de l'entreprise ?

▶ Quel est le niveau de complexité du projet (d'un point de vue humain et technologique) ?

Grâce à cette fiche, vous saurez refuser un projet qui ne serait pas réalisable en l'état.

	Phase 1	Fiche 2
Titre	**Examiner la demande du commanditaire**	
Définition	Action consistant à prendre en compte les principaux aspects du projet afin de décider de la suite à donner à la demande du commanditaire	
Acteurs	Direction Chef de projet (s'il est déjà nommé) Chefs de service Cellule de coordination des projets	
Finalités	Décider de la suite à donner à la demande du commanditaire : demande acceptée, en attente, rejetée Vérifier la cohérence du projet par rapport au schéma directeur Vérifier l'articulation du projet avec les autres projets	
Conseils	Récupérer la demande du commanditaire Évaluer les risques que suppose l'acceptation du projet (ne pas donner suite à la demande du commanditaire si l'objet du projet demeure imprécis malgré ses explications) Considérer les risques qu'encourt le chef de projet en acceptant le projet Apprécier le rôle que le commanditaire entend faire jouer au chef de projet, ou à ceux qui seront en charge de faire respecter les objectifs Étudier la disponibilité des responsables projet potentiels et les compétences requises Estimer les ressources globales nécessaires à la réalisation du projet et le pourcentage d'affectation que le responsable ou chef de projet peut accorder au projet Effectuer une première analyse du risque relatif à la complexité du projet	
		…/…

	Phase 1	Fiche 2
Titre	**Examiner la demande du commanditaire**	
Risques	Hypothéquer la crédibilité de ceux qui vont prendre le projet en compte faute : • d'une analyse suffisante des risques inhérents au projet • d'une évaluation de la charge de travail nécessaire à la réalisation du projet • d'affectation de profils compétents sur le projet Surestimer ou sous-estimer le degré d'urgence de la demande S'auto-missionner	
Livrables	Réponse à la demande de projet (Livrable 2) Word	
Questions	Les risques qu'encourent les responsables en acceptant le projet ont-ils été évalués ? Les risques qu'encourt le chef de projet en acceptant le projet ont-ils été évalués ? Le rôle que le commanditaire entend impartir au chef de projet a-t-il été apprécié ? La charge approximative du projet a-t-elle été estimée ? Les disponibilités et compétences des responsables ou chefs de projet ont-elles été considérées ?	

La réponse à la demande de projet (Livrable 2) est un document Word simple, qui permet au destinataire de s'engager auprès du commanditaire, et d'accepter ainsi d'aller plus loin dans le cadrage du projet.

> La motivation ne se multiplie pas par le nombre de projets gérés simultanément. Seul un arbitrage entre les différents projets permettra d'accepter à bon escient un nouveau projet et de le faire aboutir.

3. Officialiser la nomination du chef de projet

La faisabilité du projet ayant été jugée, il est nécessaire de nommer un « porteur » ou chef de projet qui devra répondre de l'atteinte des objectifs. Il s'engage à mener le projet à bien, dans le cadre des contraintes qui lui sont fixées.

Le chef de projet n'est pas nécessairement un expert du produit qui résultera de son projet ni un acteur occupant une place importante dans la hiérarchie de l'entreprise.

Il doit remplir les conditions suivantes :

▶ avoir été formé aux techniques de gestion de projet ;

▶ disposer d'une culture technique du produit qui résultera du projet.

La nomination officielle du chef de projet est essentielle car :

▶ elle légitime les décisions du chef de projet ;

▶ elle atteste la volonté des décideurs à se mettre en mode projet ;

▶ elle représente le point de départ de la constitution de l'équipe et des instances ;

▶ elle peut correspondre à la date de début de projet.

	Phase 1	**Fiche 3**
Titre	**Officialiser la nomination du chef de projet**	
Définition	Action consistant à présenter au chef de projet la demande du commanditaire, le contexte du projet et à contractualiser l'affectation du chef de projet	
Acteurs	Chef de projet Direction Chefs de services Commanditaire Cellule de coordination des projets	
Finalités	Confirmer la prise en charge du projet par le service concerné au travers de l'affectation d'un chef de projet (cette affectation officialise généralement la date de début du projet)	
Conseils	Organiser un entretien entre le chef de projet et le commanditaire Informer le chef de projet des besoins à satisfaire et du contexte du projet Transmettre au chef de projet toutes les informations collectées lors des phases précédentes (demande du commanditaire, comptes rendus d'entretiens, conversations téléphoniques avec le commanditaire, autres projets, informations sur le contexte du projet...) Faire démarrer le projet le jour où le chef de projet est informé de son affectation Informer le commanditaire du démarrage officiel du projet Instruire les instances concernées de la date de démarrage du projet et de la nomination du chef de projet	
		.../...

		Phase 1	Fiche 3
Titre	**Officialiser la nomination du chef de projet**		
Risques	Ne pas être en mesure d'apprécier la date de début du projet Transmettre au chef de projet une information incomplète sur la demande du commanditaire Dévaloriser le projet Dévaloriser le chef de projet		
Livrables	Note d'affectation du chef de projet (Livrable 3) Word		
Questions	Le chef de projet dispose-t-il de toutes les informations rassemblées lors des phases précédentes (demande du commanditaire, comptes rendus d'entretiens, conversations téléphoniques avec le commanditaire, études préalables, autres projets, informations relatives au contexte du projet, comptes rendus de réunions…) ? L'ensemble des instances est-il informé de la date de début du projet et de la nomination du chef de projet ? Le commanditaire a-t-il transmis au chef de projet un commentaire sur le projet ?		

La note d'affectation du chef de projet (Livrable 3) est un document Word simple, qui engage le chef de projet auprès du commanditaire. Cette note doit être largement diffusée, notamment par messagerie à l'aide d'Outlook.

> Le chef de projet est responsable de l'atteinte des objectifs du projet. C'est une fonction à part entière qui nécessite une reconnaissance de la part des autres acteurs de l'entreprise. La nomination officielle permet d'obtenir cette reconnaissance.
>
> On parle également de « porteur du projet ».

Livrables de la phase d'initialisation

La phase d'initialisation génère les livrables suivants :

- une demande de projet du commanditaire ;
- une réponse à la demande de projet du commanditaire ;
- une note d'affectation du chef de projet.

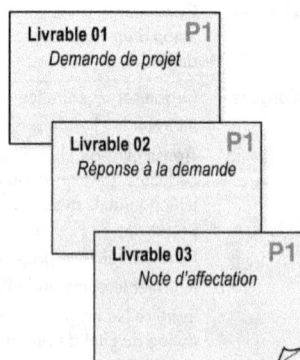

Livrable 01   P1
Demande de projet

Livrable 02   P1
Réponse à la demande

Livrable 03   P1
Note d'affectation

Phase 2

La préparation

Cette phase comprend sept étapes et dix-sept fiches :

Étapes	Titre des fiches	N° de fiche
Objet	• Définir l'objet précis du projet	4
	• Lister les motifs et définir le contexte	5
Objectifs	• Définir les objectifs de qualité	6
	• Définir les objectifs de temps	7
	• Définir les objectifs de charge et de coût	8
	• Définir les objectifs de communication	9
	• Définir les objectifs complémentaires	10
	• Préciser les contraintes relatives aux objectifs	11
	• Vérifier l'adéquation entre les objectifs	12
Domaine	• Identifier le périmètre et les acteurs	13
	• Définir la structure choisie pour la gestion du projet	14
	• Définir les rôles des acteurs dans les structures projet	15
Risques	• Identifier, analyser et gérer les freins	16
	• Identifier, analyser et gérer les facilitants	17
Méthode	• Choisir une méthode et structurer la réalisation du produit	18
Communication	• Définir les axes, cibles et moyens de communication	19
Contractualisation	• Rédiger la note de cadrage	20

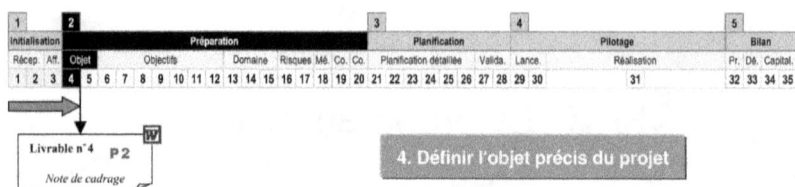

1	2			3		4		5
Initialisation	Préparation			Planification		Pilotage		Bilan
Récep. Aff.	Objet	Objectifs	Domaine Risques Mé. Co. Co.	Planification détaillée Valida. Lance.		Réalisation		Pr. Dé. Capital.
1 2 3 4	5 6 7	8 9 10 11 12	13 14 15 16 17 18 19 20 21	22 23 24 25 26 27 28 29 30		31		32 33 34 35

Livrable n° 4   P 2   W
Note de cadrage

4. Définir l'objet précis du projet

De la commande du commanditaire résulte l'objet du projet. Cet objet doit être rédigé par le chef de projet et validé par le commanditaire. Sa rédaction permet :

▶ de s'assurer que les deux parties se comprennent bien ;

▶ de « contractualiser » la formulation de la finalité générale du projet.

La rédaction de l'objet est un exercice difficile, qui nécessite parfois de nombreux échanges entre le commanditaire et le chef de projet. C'est le début de la démarche analytique relative au projet et à ses composantes.

	Phase 2	Fiche 4
Titre	Définir l'objet précis du projet	
Définition	Action consistant à décrire en quelques mots le but (la cible) que l'on se propose d'atteindre dans le cadre du projet	
Acteurs	Commanditaire Chef de projet	
Finalités	Obtenir du commanditaire et du chef de projet une compréhension mutuelle du besoin à satisfaire de manière à clarifier la « commande » Comprendre le plus tôt et le plus finement possible le besoin que devra satisfaire le produit fini du projet	
Conseils	Lire les documents collectés lors des étapes précédentes (demande du commanditaire, comptes rendus d'entretiens, interviews téléphoniques avec le commanditaire, autres projets, informations sur le contexte du projet, comptes rendus de réunion, audit...) Rencontrer le commanditaire Se faire commenter ces documents par le commanditaire Reformuler/préciser si nécessaire l'objet défini par le commanditaire Réaliser si nécessaire plusieurs versions de l'objet du projet avant d'arrêter sa version définitive Considérer cette étape comme essentielle et investir en conséquence	

.../...

	Phase 2	Fiche 4
Titre	**Définir l'objet précis du projet**	
Risques	Incompréhension du besoin à satisfaire Déclinaison erronée des objectifs à atteindre	
Livrables	Note de cadrage (Livrable 4) Word	
Questions	Le besoin à satisfaire semble-t-il clair ? L'objet du projet a-t-il été commenté par le commanditaire ?	

La note de cadrage (Livrable 4) est un document Word qui constitue l'armature de toute la phase de préparation ; il sera enrichi tout au long de cette phase. C'est un document de référence pour l'ensemble des acteurs durant le déroulement du projet.

Tout ce qui peut être mal compris le sera !

Les mots employés pour définir l'objet du projet doivent être parfaitement univoques. Rappelez-vous que gérer un projet n'a rien à voir avec faire de la politique : la langue de bois en est proscrite.

Comprendre le contexte du projet permet d'en avoir une vue « systémique ». Cette prise en compte concerne :

▶ l'imbrication du projet avec d'autres projets ;

▶ les études déjà réalisées ;

▶ les éventuelles tentatives antérieures ;

▶ l'identification de l'environnement du projet sur les plans humains, techniques, environnementaux et sociologiques.

La prise en compte du contexte peut permettre de compléter la rédaction de l'objet. Dans certains cas, c'est la description du contexte qui permet la rédaction de l'objet. D'où l'on observe que l'utilisation de la méthode n'est pas aussi linéaire que sa description !

	Phase 2	Fiche 5
Titre	Lister les motifs et définir le contexte	
Définition	Action consistant à recenser les éléments (sources, origines, études réalisées...) ayant donné naissance à la demande du commanditaire et à intégrer le projet dans son environnement	
Acteurs	Commanditaire Chef de projet	
Finalités	Distinguer les motifs avoués et non avoués du projet. (Les intentions du commanditaire ne sont pas toujours explicites. Le projet peut comporter des intentions cachées, dont le commanditaire peut lui-même ne pas avoir conscience ; il importe donc de les identifier et d'apprécier leurs éventuelles répercussions négatives ou positives sur le projet.)	
Conseils	Identifier les travaux déjà menés sur ce projet (récupérer la base documentaire existante relative aux projets antérieurs, concurrents, complémentaires) Identifier les raisons justifiant la délégation du projet Identifier le résultat des éventuelles tentatives antérieures Identifier les réelles motivations du projet Prendre le temps nécessaire à la compréhension du contexte, à la collecte de l'information Échanger avec le commanditaire	
Risques	Répondre partiellement au besoin Faire des erreurs tactiques du fait d'une mauvaise compréhension du contexte Négliger la dimension humaine et/ou politique du projet Négliger les investissements déjà réalisés sur des projets concurrents et/ou complémentaires	
Livrables	Note de cadrage (Livrable 4) Word	
Questions	Les personnes détentrices de la base documentaire du projet sont-elles identifiées ? Les motivations justifiant la délégation du projet paraissent-elles claires ? Existe-t-il une liste exhaustive des projets antérieurs, concurrents, complémentaires et des résultats produits ? La raison d'être du projet et les effets recherchés sont-ils clairs ? Les études ou les constats sur lesquels repose la décision de lancer le projet sont-ils identifiés ? Les motifs non avoués peuvent-ils avoir un impact significatif sur le bon déroulement du projet ? La dimension humaine et/ou politique du projet est-elle intégrée ?	

La note de cadrage (Livrable 4) est enrichie par la description des motifs et du contexte.

Science de la transparence, la gestion de projet nécessite une excellente compréhension du contexte du projet. C'est un raisonnement « systémique », il faut s'intéresser au système projet mais aussi au sur-système qui l'englobe, c'est-à-dire son environnement.

1	2		3	4	5
Initialisation	Préparation		Planification	Pilotage	Bilan
Récep. Aff. Objet	Objctifs	Domaine Risques Mé. Co. Co.	Planification détaillée Valida. Lance.	Réalisation	Pr. Dé. Capital.
1 2 3 4 5 6	7 8 9 10 11 12 13 14 15 16 17 18 19 20	21 22 23 24 25 26	27 28 29 30	31	32 33 34 35

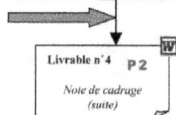

Livrable n°4 P2
Note de cadrage (suite)

6. Définir les objectifs de qualité

Le produit issu du projet doit répondre à un ensemble de critères qui qualifient la description de ses fonctions. Les critères et les fonctions sont consignés dans un cahier des charges. Il s'agit donc de s'assurer que les descriptions du produit sont suffisamment explicites pour permettre son élaboration et qu'il correspond au besoin.

La définition des objectifs de qualité permettra :

▶ d'appréhender la définition du produit ;

▶ de suivre l'avancement de sa construction ;

▶ de vérifier, à la fin de la phase de réalisation, si le produit fabriqué est conforme au produit commandé.

Deux points incontournables président à une démarche méthodologique complète : l'analyse du besoin (définition du produit) et la recette (vérification de la conformité du produit livré).

Ces deux points sont les plus difficiles à gérer, notamment dans un projet informatique.

	Phase 2	Fiche 6
Titre	Définir les objectifs de qualité	
Définition	Action consistant à recenser l'ensemble des caractéristiques du produit fini qui lui conféreront l'aptitude à satisfaire les besoins exprimés et implicites du commanditaire et des clients	
Acteurs	Commanditaire Chef de projet Clients	
		.../...

	Phase 2	Fiche 6
Titre	**Définir les objectifs de qualité**	
Finalités	Identifier l'ensemble des critères qui permettent de définir les caractéristiques du produit fini attendu par le commanditaire et par les clients Identifier les attentes exprimées et implicites du commanditaire Prendre en compte le cahier des charges	
Conseils	Lister avec le commanditaire : • les fonctionnalités que devront satisfaire le produit fini et les objectifs de qualité attendus (ce qu'il veut, ce qu'il ne veut pas) • les critères de performance qui lui serviront à apprécier la prestation rendue Mettre au regard de chaque objectif de qualité retenu, les critères de performance définis par le commanditaire Mettre en place des critères de performance mesurables Commencer à identifier, au travers de la typologie du produit à réaliser, la démarche qui sera mise en œuvre pour fabriquer le produit fini Ne pas négliger les objectifs de qualité attachés à la phase de gestion du projet (communication, reporting, planification...) Faire valider les objectifs de qualité et les critères de performance par les clients et le commanditaire Faire compléter ou compléter le cahier des charges s'il y a lieu	
Risques	Réaliser un produit fini aux fonctionnalités sous-qualifiées ou surqualifiées Privilégier le suivi de la charge, des délais et des coûts au détriment du suivi de la qualité, qui constitue pourtant la première source de satisfaction du commanditaire et des clients Négliger la qualité attachée à la phase de gestion du projet Choisir initialement une mauvaise démarche pour résoudre la problématique du projet	
Livrables	Note de cadrage (Livrable 4) Word	
Questions	Le commanditaire a-t-il fixé des objectifs de qualité ? Le commanditaire a-t-il défini les critères de performance associés à ces objectifs de qualité ? Ces objectifs et critères semblent-ils suffisamment précis ? Ces objectifs et critères paraissent-ils réalistes ? Le type du produit à réaliser et la méthode susceptible d'être retenue lors de la fabrication du produit ont-ils été définis ? Le cahier des charges a-t-il été rédigé ? Le cahier des charges est-il complet ?	

La note de cadrage (Livrable 4) est enrichie par la description des caractéristiques principales du produit. Il ne s'agit évidemment pas de réécrire le cahier des charges fonctionnel du produit, mais simplement de rappeler les principaux critères de performances du produit qui résultera du projet.

Les critères de performance du produit issu du projet doivent être quantifiables, même si le produit est un service. Une mauvaise définition des objectifs fait partie des deux principales causes d'échec dans un projet !

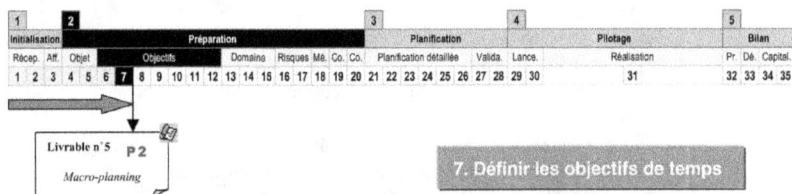

Livrable n° 5 — P 2
Macro-planning

7. Définir les objectifs de temps

Le calendrier constitue l'un des piliers de la gestion de projet. Il s'établit en deux temps. Une première étape consiste à fabriquer un calendrier à « grandes mailles », définissant la liste des principales étapes du projet, leur date de début et leur date de fin, ainsi que leur enchaînement.

Il ne s'agit pas à ce niveau d'établir une planification définitive, encore moins de s'engager sur la base d'une première estimation ; c'est là simplement une première approche qui permet de situer le projet dans le temps et de vérifier si les contraintes énoncées par le commanditaire en matière de planification sont acceptables.

Les éléments principaux du macroplanning sont :
- la liste des tâches de fabrication du produit ;
- la liste des tâches de gestion du projet ;
- un délai estimé en jours de chacune des étapes ;
- les principales dates du projet (jalons).

	Phase 2	Fiche 7
Titre	Définir les objectifs de temps	
Définition	Action consistant à identifier l'ensemble des grandes étapes qui jalonnent le projet	
Acteurs	Commanditaire Chef de projet	
Finalités	Positionner le projet dans le temps Arrêter les dates de début et de fin estimées des grandes étapes qui jalonnent la vie du projet Permettre l'établissement d'un macroplanning des étapes relatives à la phase de fabrication du produit	
		.../...

	Phase 2	**Fiche 7**
Titre	**Définir les objectifs de temps**	
Conseils	Réutiliser les plannings de suivi réalisés sur des projets similaires	
	Favoriser l'anticipation au moyen d'une démarche prospective (identifier les dates butoirs et les jalons)	
	Faire accepter les objectifs de temps par le commanditaire avant le démarrage de la phase de fabrication du produit	
	Appliquer le raisonnement suivant pour définir les objectifs de temps du projet :	
	• Identifier les grandes étapes constitutives de la fabrication du produit (en se référant aux étapes de la démarche sélectionnée)	
	• Consolider ces étapes avec celles relatives à la gestion du projet	
	• Établir les liens entre les différentes étapes	
	Commencer à tenir compte de la disponibilité des ressources (congés, surcharges périodiques...)	
	Rester à un niveau de planification générale et réaliser un maillage homogène des différentes étapes	
	Veiller à garder une trace intacte du macroplanning	
	Ne pas s'engager sur le macroplanning	
Risques	Travailler sans vision globale du projet et aborder le projet sans démarche structurée	
	Diffuser ou communiquer un planning erroné (et donc une date de fin) reposant essentiellement sur une démarche empirique	
	Ne pas respecter les dates contractuelles	
	Favoriser la fabrication du produit aux dépens de la gestion du projet et favoriser certaines étapes par un maillage non homogène	
Livrables	Macroplanning (Livrable 5) Project	
Questions	Existe-il un planning susceptible d'être réutilisé dans le cadre de ce projet ?	
	A-t-on identifié les principales étapes de la démarche choisie dans le cadre de la fabrication du produit ?	
	Le macroplanning intègre-t-il les étapes de gestion du projet ?	
	Le macroplanning résultant de la consolidation des phases de gestion du projet et de fabrication du produit fait-il apparaître un dépassement des dates contractuelles ?	
	Les variables sur lesquelles il est possible de jouer pour respecter les dates contractuelles sont-elles connues ?	
	Le maillage du planning est-il homogène ?	
	Le macroplanning réserve-t-il le temps nécessaire à la gestion du projet ?	
	Les dates de début et de fin prévisionnelles apparaissent-elles pour chaque grande étape ?	

Le macroplanning (Livrable 5) est généré par Project. Ce document constituera le point de départ de toute la démarche de planification détaillée.

Il ne faut prendre aucun engagement concernant les dates indiquées dans le macro-planning, sauf si celles-ci constituent des contraintes non négociables, définies par le commanditaire. Le macroplanning doit comporter une mention précisant son caractère non contractuel.

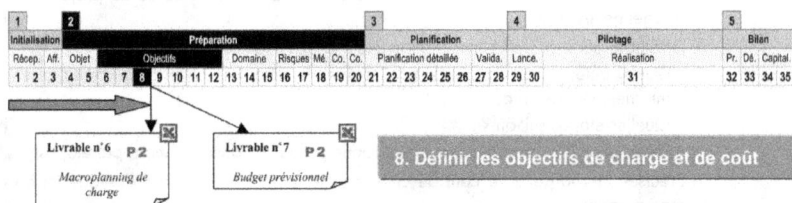

Pour évaluer la réussite d'un projet, il convient de calculer le retour sur investissement. À cet effet, il faut mesurer les indicateurs de charge et de coût. Le passage de la charge au coût ne pose pas de réel problème, si les règles d'imputation sont connues dans l'entreprise.

Ces mesures nécessitent de connaître les indicateurs suivants :

▶ les coûts d'utilisation des ressources matérielles ;

▶ les coûts d'utilisation des ressources humaines ;

▶ les coûts d'achat ;

▶ les coûts des sous-traitants.

À ce stade, le chiffrage s'apparente à une approximation.

	Phase 2	Fiche 8
Titre	Définir les objectifs de charge et de coût	
Définition	Action consistant à calculer l'ensemble des journées/hommes prévisionnelles affectées au projet depuis la date de début du projet jusqu'à la date de fin du projet et à calculer le budget prévisionnel	
Acteurs	Commanditaire Chef de projet Service comptabilité Direction financière	
Finalités	Estimer la charge globale nécessaire à la réalisation du projet (parties « gestion du projet » et « fabrication du produit ») ainsi que le budget nécessaire au bon déroulement du projet	
		.../...

	Phase 2	**Fiche 8**
Titre	**Définir les objectifs de charge et de coût**	
Conseils	Réutiliser les expériences passées sur des projets similaires (démarche analogique) ou se reposer sur l'avis d'experts afin d'estimer la charge globale du projet et le budget nécessaire Arrêter le périmètre de consolidation des charges et des coûts : • Quels acteurs suit-on (maîtrise d'œuvre, prestataires extérieurs, prestataires internes, maîtrise d'ouvrage...) ? • Quelles étapes suit-on ? • Que suit-on (les consommations des acteurs et/ou les consommations par étapes) ? Préciser la charge et le coût de chacune des étapes, de chacun des acteurs du macroplanning Organiser au plus tôt les conditions de collecte et de remontée des consommations (prévisionnelles et réelles) de manière à garantir pour la suite du projet un suivi exhaustif des charges et des coûts Récupérer les consommations prévisionnelles des acteurs appartenant au périmètre Confirmer le pourcentage d'affectation du chef de projet sur le projet estimé lors de la fiche « examiner la demande du commanditaire » Vérifier si la charge du projet est compatible avec l'emploi du temps du chef de projet Vérifier si le budget nécessaire au projet est compatible avec l'enveloppe prévue pour le projet Utiliser plutôt la journée comme unité de charge	
Risques	Confondre coûts/charges, délai/charge, durée/charge Sous-estimer ou surestimer la charge de travail nécessaire à la réalisation du projet Accepter un projet en surcharge, ou un projet que l'on ne peut financer Ne pas disposer d'un système de collecte et de remontée des consommations exhaustif Ne pas utiliser des périmètres homogènes d'un projet à l'autre	
Livrables	Macroplanning de charge (Livrable 6) Excel et Budget prévisionnel (livrable 7) Excel	
Questions	Le périmètre de consolidation des charges est-il précisément défini ? Le périmètre de consolidation des coûts est-il précisément déterminé ? Le système de collecte et de remontée des consommations est-il pertinent et exhaustif ? La charge de travail nécessaire à la réalisation de chaque grande étape du projet est-elle estimée ? Le budget global du projet est-il fixé ? La charge de travail des principaux acteurs intervenant sur le projet est-elle évaluée ? La répartition de la charge est-elle compatible avec l'emploi du temps du chef de projet ?	

Le macroplanning de charge (Livrable 6) est un fichier Excel qui répertorie la charge par grande étape du macroplanning, et éventuellement par grand métier, nécessaire à la réalisation des tâches du macroplanning.

Le budget prévisionnel (Livrable 7) est un fichier Excel qui permet de chiffrer le coût par grande étape du macroplanning. Chaque coût correspond à la somme des achats, des ressources humaines, des sous-traitants, du coût d'utilisation des ressources matérielles.

Même si le commanditaire ne l'exige pas ou que ce n'est pas dans les habitudes de l'entreprise, chiffrez le coût total du projet. C'est un indicateur précieux, qui servira soit à renégocier les ressources nécessaires, soit tout simplement à arrêter le projet. Il vaut mieux renoncer à un projet plutôt que d'engager des dépenses en sachant que l'on ne pourra pas en financer la totalité. La politique de l'autruche n'est pas de mise en gestion de projet !

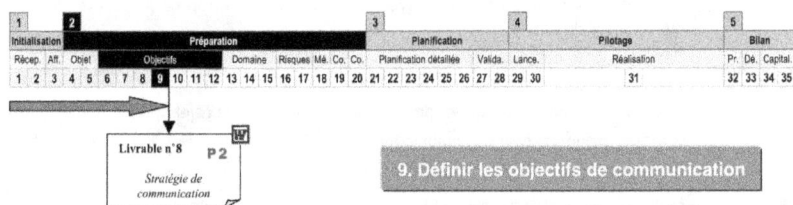

9. Définir les objectifs de communication

Tout comme la planification, la communication constitue l'un des éléments essentiels de la gestion de projet. Avant de mettre en œuvre des actions de communication, il convient de corréler la communication avec les éléments du projet et son environnement, à savoir :

- la manière dont communique habituellement l'entreprise ;
- les acteurs impliqués dans le projet ;
- le mode de communication qu'exige le produit issu du projet.

La prise en compte de ces éléments permettra de définir une stratégie de communication, puis une tactique qui intégrera les trois principaux volets de la communication inhérents à un projet :

- la communication opérationnelle ;
- la communication promotionnelle ;
- la communication informative.

Le travail sur cette fiche permettra de déterminer une liste de « messages » à faire passer tout au long du projet.

	Phase 2	Fiche 9
Titre	**Définir les objectifs de communication**	
Définition	Action consistant à définir la politique de communication à appliquer sur le projet	
Acteurs	Commanditaire Clients Chef de projet	
Finalités	Définir les grandes lignes de la communication Définir la stratégie de communication Définir un plan tactique	
Conseils	Analyser et prendre en compte le type de communication réalisé dans l'entreprise Analyser et prendre en compte le type de communication approprié pour le produit qui va sortir du projet Définir avec le commanditaire et les clients la politique générale de communication sur le projet Lister les messages que l'on souhaite véhiculer pendant le projet Lister les grands axes de communication Lister les grands types de cibles de la communication	
Risques	Mettre en place une communication décalée par rapport à l'entreprise qui supporte le projet Mettre en place une communication décalée par rapport au type de produit qui va sortir du projet Mettre en place une communication décalée par rapport à la volonté des clients et du commanditaire Se tromper de cible	
Livrables	Stratégie de communication (Livrable 8) Word	
Questions	Le type de communication de l'entreprise a-t-il été pris en compte ? Le type de communication approprié au produit a-t-il été défini ? Les desiderata des clients et du commanditaire en matière de communication ont-ils été respectés ? La stratégie et la tactique de communication ont-elles été définies ? Les grands axes de communication sont-ils connus ? Les grandes cibles de communications sont-elles définies ?	

La stratégie de communication (Livrable 8) est un simple fichier Word qui permet de mentionner la stratégie, la tactique, et les messages permettant d'honorer toutes les facettes de la communication dans le projet.

La communication ne se résume pas à la tenue de réunions interminables, qui érodent la motivation des acteurs et qui servent uniquement de faire-valoir à quelques personnes gravitant autour du projet. C'est au contraire le fruit d'une véritable démarche qui se prépare très en amont du projet et trouve sa concrétisation dans l'élaboration d'un plan de communication.

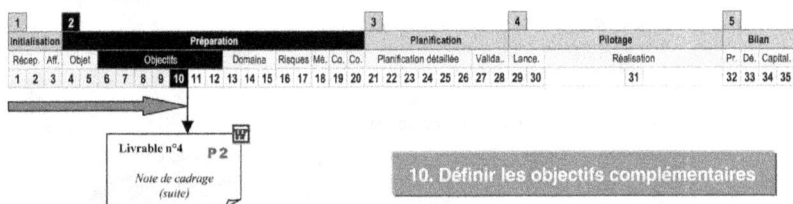

1	2				3				4		5	
Initialisation		Préparation				Planification				Pilotage		Bilan
Récep.	Aff.	Objet	Objectifs	Domaine	Risques	Mé.	Co.	Co.	Planification détaillée	Valida.	Lance.	Réalisation	Pr.	Dé.	Capital.

1 2 3 4 5 6 7 8 9 **10** 11 12 13 14 15 16 17 18 19 20 21 22 23 24 25 26 27 28 29 30 31 32 33 34 35

Livrable n°4   P 2   W
Note de cadrage
(suite)

10. Définir les objectifs complémentaires

Chaque projet bénéficie d'une synergie particulière, propre à la mise en mode projet : il s'agit de travailler autrement pour atteindre des objectifs. Il est donc légitime de vouloir utiliser cette synergie pour en réaliser d'autres, qui ne doivent en aucun cas masquer le projet et ses objectifs initiaux.

Les objectifs complémentaires peuvent concerner différents aspects :

- le prestige associé au projet ;
- la valorisation de certains acteurs ;
- l'intégration de nouveaux acteurs ;
- la formation ou le transfert de nouvelles techniques ou technologies.

Ces objectifs nécessiteront aussi des ressources spécifiques, dont le chiffrage sera établi en dehors des données du projet.

	Phase 2	Fiche 10
Titre	**Définir les objectifs complémentaires**	
Définition	Action consistant à recenser l'ensemble des objectifs qui viennent en complément du projet tout en ne faisant pas partie de son objet	
Acteurs	Cellule de coordination des projets Direction de l'entreprise Chef de projet	
Finalités	Profiter du projet pour mettre en œuvre des actions propres à l'entreprise ou à la cellule de coordination des projets	

.../...

	Phase 2	Fiche 10
Titre	**Définir les objectifs complémentaires**	
Conseils	Définir des objectifs complémentaires réalistes puis les décliner par ordre d'importance : • Objectifs « humains » (exemple : prise en compte d'une personne étrangère à la cellule de coordination des projets dans le cadre du projet) • Objectifs « méthodologiques » (exemple : mise en œuvre d'une méthode ou d'un nouvel outil dans le cadre du projet) • Objectifs de « formation » (exemple : intégration d'un junior avec un senior afin de faciliter le transfert de compétences) Identifier distinctement les objectifs complémentaires au sein du planning Penser qu'un objectif complémentaire peut être supprimé sans altérer l'objet du projet, mais qu'il peut influer sur la vie du projet Ne pas oublier que le commanditaire doit donner son aval sur l'intégration des objectifs complémentaires Réaliser une estimation à part de la durée, de la charge, des coûts liés à la réalisation des objectifs complémentaires Rester vigilant quant à l'acceptation d'objectifs complémentaires trop nombreux qui viendraient alourdir considérablement les objectifs initiaux	
Risques	Se fixer des objectifs qui dépassent le cadre du projet ou qui outrepassent le rôle du chef de projet Privilégier les objectifs complémentaires au détriment des objectifs propres au projet Réaliser des projets dénués d'objectifs complémentaires (ne pas profiter de la dynamique projet)	
Livrables	Note de cadrage (Livrable 4) Word	
Questions	Certains des objectifs complémentaires ne constituent-ils pas en réalité un projet à part entière, nécessitant une nouvelle organisation projet ? La charge de travail liée à l'accomplissement des objectifs complémentaires figure-t-elle dans le planning ? La charge de travail nécessaire à la réalisation des objectifs complémentaires est-elle compatible avec la charge liée à la réalisation du projet ? Les coûts nécessaires à la réalisation des objectifs complémentaires sont-ils compatibles avec les coûts liés à la réalisation du projet ? Le commanditaire et la direction financière ont-ils donné leur aval sur l'intégration des objectifs complémentaires ?	

La note de cadrage (Livrable 4) est enrichie par la définition des objectifs complémentaires.

Un projet est le fruit du travail des acteurs au profit d'une institution. Les objectifs complémentaires ayant trait au prestige individuel ne doivent pas écarter le projet de ses objectifs initiaux. Il convient donc d'être vigilant face aux stratégies développées par certains acteurs désireux avant tout d'imprimer leur griffe au projet pour se valoriser.

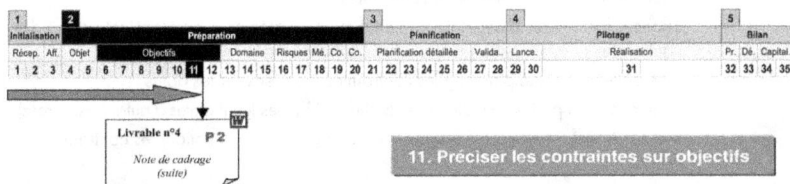

Le chef de projet, responsable de l'atteinte des objectifs, doit connaître ses marges de manœuvre. À cet effet, il est nécessaire que le commanditaire lui précise la liberté qu'il lui accorde par rapport aux objectifs. Pour les trois principaux objectifs, à savoir qualité/temps/coût, il faudra déterminer :

▶ les contraintes bloquées (marge de manœuvre nulle) ;

▶ les contraintes libres (marge de manœuvre négociable).

Certains éléments importants pourront être repris dans la fiche du poste du chef de projet ; il faudra alors préciser les pouvoirs détenus par le chef de projet.

		Phase 2	Fiche 11
Titre	Préciser les contraintes sur objectifs		
Définition	Action consistant à définir l'ensemble des limitations à la liberté du chef de projet imposées par le commanditaire ou les clients aux objectifs de charge, de qualité, de temps, de coûts et aux objectifs complémentaires		
Acteurs	Commanditaire Clients Chef de projet		
Finalités	Identifier au niveau de chaque objectif les marges de manœuvre éventuelles à respecter de manière à répondre aux besoins du commanditaire et aux attentes des clients		
			.../...

	Phase 2	**Fiche 11**
Titre	**Préciser les contraintes sur objectifs**	
Conseils	Faire un recensement exhaustif de l'ensemble des contraintes Qualifier les contraintes en fonction de leur degré de flexibilité (contraintes « impératives ou bloquées » ou contraintes « négociables ») Énoncer les critères d'évaluation retenus pour apprécier *a posteriori* le respect des contraintes « Marquer » dans le planning les contraintes bloquées sur les dates Prendre en compte les contraintes des tâches déléguées (contraintes d'autres ressources) Ne pas transformer le planning en « usine à gaz » en multipliant les contraintes sur les dates Les contraintes bloquées doivent être rares	
Risques	Répondre imparfaitement aux besoins du commanditaire et/ou aux attentes des clients faute de prise en compte de leurs contraintes Confondre objectif bloqué avec marge de manœuvre Se méprendre sur les souhaits, les désirs, et les volontés du commanditaire et des clients	
Livrables	Note de cadrage (Livrable 4) Word	
Questions	Les contraintes associées sont-elles identifiées pour chaque objectif ? Les marges de manœuvre associées ont-elles été déterminées pour chaque objectif ? Les critères d'évaluation associés ont-ils été fixés pour chaque contrainte ? Y a-t-il des dates bloquées dans le projet ? Les contraintes ont-elles été validées par le commanditaire et les clients ? A-t-on tenu compte des contraintes lors de l'élaboration du macroplanning ?	

La note de cadrage (Livrable 4) sera enrichie par la spécification des marges de manœuvre pour chaque objectif.

Les projets ne disposant d'aucune marge de manœuvre nécessitent une vigilance accrue du chef de projet, car il ne dispose que de peu d'atouts pour la négociation. La marge de manœuvre ne doit en aucun cas être comprise comme un dû, elle s'apparente plutôt à « une poire pour la soif », dont le chef de projet peut disposer pour absorber les dérapages. Le recours à la marge de manœuvre doit être justifié par écrit.

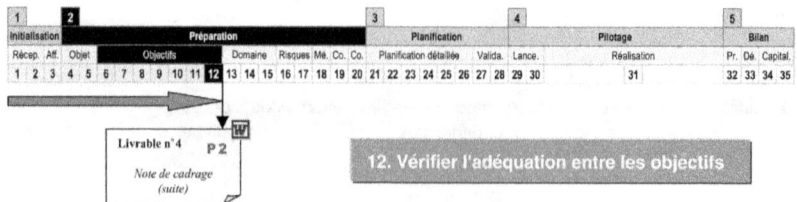

1	2				3				4		5	
Initialisation	Préparation				Planification				Pilotage		Bilan	
Récep. Aff. Objet	Objectifs		Domaine	Risques Mé. Co. Co.	Planification détaillée	Valida.	Lance.		Réalisation		Pr. Dé. Capital.	
1 2 3 4 5 6 7 8 9 10 11 **12**		13 14 15 16 17 18 19 20 21 22 23 24 25 26 27 28 29 30							31		32 33 34 35	

Livrable n°4   P 2

Note de cadrage
(suite)

12. Vérifier l'adéquation entre les objectifs

La validation de l'adéquation entre les objectifs est une étape essentielle qui peut conduire à trois situations :

▶ la renégociation d'un ou de plusieurs objectifs ;

▶ la redéfinition de l'objet du projet ;

▶ l'arrêt momentané ou définitif du projet.

Cette fiche vient pallier un défaut d'étude de faisabilité très fréquent dans les projets de services.

	Phase 2	Fiche 12
Titre	**Vérifier l'adéquation entre les objectifs**	
Définition	Action consistant à mettre en cohérence les objectifs du projet et les contraintes qui leur sont associées	
Acteurs	Chef de projet Commanditaire Clients Cellule de coordination des projets Direction de l'entreprise Direction financière	
Finalités	Permettre la réalisation d'un produit conforme aux objectifs et contraintes énoncés par le commanditaire, les clients, la cellule de coordination des projets, la direction de l'entreprise	
Conseils	Ne pas oublier la forte interaction entre les cinq types d'objectifs (charge, temps, qualité, coût, complémentaires) Formaliser les objectifs et leurs contraintes associées en n'oubliant pas de faire apparaître les marges de manœuvre sur objectifs et les critères d'évaluation qui seront retenus par le commanditaire, les clients, la direction pour apprécier la prestation du chef de projet Ne pas oublier que les marges de manœuvre ne dispensent pas d'atteindre les objectifs initialement prévus Rester à un niveau macroplanning Ne pas s'engager à ce stade sur le macroplanning	
Risques	Engager un projet avec des objectifs et des contraintes incohérents Entraîner la fabrication d'un produit non conforme aux besoins Provoquer la « surqualité » ou la « sous-qualité » du produit livré Dépasser les délais Dépasser la charge Dépasser les coûts Oublier les objectifs complémentaires	
		.../...

	Phase 2	**Fiche 12**
Titre	**Vérifier l'adéquation entre les objectifs**	
Livrables	Note de cadrage (Livrable 4) Word	
Questions	La cohérence des objectifs et de leurs contraintes a-t-elle été vérifiée ?	
	L'adéquation entre les objectifs et les contraintes a-t-elle été présentée au commanditaire ?	
	Les objectifs, leurs contraintes associées, les marges de manœuvre pour chaque objectif et les critères d'évaluation sont-ils formalisés dans un tableau récapitulatif ?	

La note de cadrage (Livrable 4) est enrichie par une validation du commanditaire et du chef de projet sur l'équilibre entre les objectifs. Il peut s'agir d'une signature contractualisant les relations entre ces deux partenaires.

Le chef de projet engage sa responsabilité personnelle s'il ne vérifie pas l'adéquation entre les objectifs ou s'il lance le projet tout en connaissant cette inadéquation. Il n'est pas tenu de réaliser un projet « réputé infaisable » ; néanmoins, si le commanditaire insiste, ce dernier doit fournir un ordre écrit au chef de projet qui poursuivra alors le projet, mais sera dégagé de sa responsabilité.

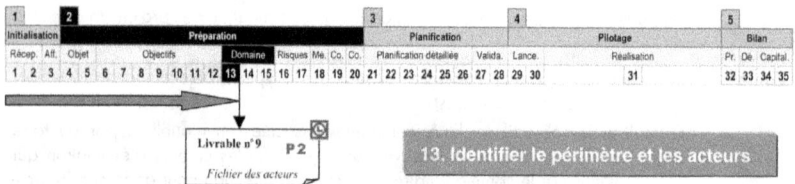

Livrable n° 9   P 2
Fichier des acteurs

13. Identifier le périmètre et les acteurs

L'identification du périmètre permet de visualiser l'étendue du projet et sa répercussion sur l'entreprise et son environnement. Cette représentation se fera à partir de deux éléments :

▷ l'organigramme fonctionnel de l'entreprise ;

▷ l'organigramme hiérarchique de l'entreprise.

La liste des acteurs permet de répertorier l'ensemble des personnes nécessaires au bon fonctionnement du projet. Parmi ces acteurs, nous trouverons :

▷ les instances décisionnelles de l'entreprise ou directions ;

▷ les acteurs fournisseurs de ressources ou payeurs ;

© Groupe Eyrolles

- les acteurs qui vont recevoir le produit du projet ou clients ;
- l'acteur qui a passé la commande du projet ou commanditaire ;
- l'acteur chargé de la planification ;
- l'acteur chargé de la documentation du projet ;
- l'acteur chargé de la communication au sein du projet ;
- l'acteur chargé de la gestion des ressources du projet (financières et matérielles) ;
- l'acteur chargé du management du projet ou chef de projet ;
- les acteurs qui détiennent la connaissance de la conception et de la fabrication du produit ou experts ;
- les acteurs chargés d'accomplir les tâches du planning ou ressources.

Dans certains projets, la liste de ces acteurs peut être complétée par :

- les partenaires sociaux et les représentants politiques.

		Phase 2	Fiche 13
Titre	**Identifier le périmètre et les acteurs**		
Définition	Actions consistant à définir l'ensemble des métiers et activités touchés par le projet		
Acteurs	Commanditaire Chef de projet Cellule de coordination des projets Clients Acteurs externes		
Finalités	Visualiser les frontières géographiques et fonctionnelles du projet Identifier les acteurs concernés par le projet Identifier les métiers et les activités touchées par le projet		
Conseils	Être exhaustif sur les acteurs à intégrer dans le projet (internes/externes) Faire valider le périmètre par le commanditaire et les clients Obtenir l'organigramme actualisé des secteurs concernés par le projet Formaliser le domaine d'étude par des schémas		
Risques	Se tromper de cibles en particulier en termes de communication et de recommandation Investir à perte dans un périmètre hors projet Oublier des acteurs dont l'action ou l'intervention peut être déterminante pour le projet Oublier des fonctions qui peuvent être déterminantes pour le projet		

.../...

		Phase 2	Fiche 13
Titre	**Identifier le périmètre et les acteurs**		
Livrables	Fichier des acteurs (Livrable 9) Outlook		
Questions	Les directions et services concernés par le projet sont-ils définis ?		
	Les acteurs concernés par le projet (internes/externes) sont-ils identifiés ?		
	Dispose-t-on d'un organigramme actualisé du secteur sur lequel porte le projet et sur lequel intervient le chef de projet ?		
	Le périmètre est-il validé par le commanditaire et les clients ?		

L'ensemble des coordonnées des acteurs va constituer un fichier de référence (Livrable 9). Ces coordonnées vont être saisies dans Outlook, ce qui facilitera les échanges de données sur le projet *via* la messagerie, ainsi que la gestion des agendas des acteurs principaux. Ce livrable sera enrichi au fur et à mesure de l'apparition de nouveaux acteurs dans le projet.

> Dans un projet, la multiplication des intervenants est un facteur de complexité. Il est en effet difficile de fédérer un grand nombre d'acteurs autour d'un seul et même objet, en raison de leurs formations et intérêts différents. Un projet ne doit pas comporter, par complaisance, des acteurs « potiches ».

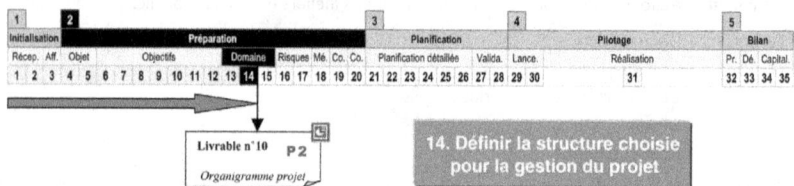

14. Définir la structure choisie pour la gestion du projet

Le choix d'une organisation pour gérer le projet influe directement sur les points suivants :

▶ les prises de décision ;

▶ les circuits d'information ;

▶ la communication entre les acteurs.

Les organisations possibles sont :

▶ l'organisation par projet, qui reste la plus simple à mettre en œuvre : les acteurs sortent de leur mode de fonctionnement pour se consacrer majoritairement au projet ;

🔹 l'organisation par fonction : les spécialistes sont regroupés dans un pôle de ressources qui absorbe tous les projets dotés de la même typologie ;

🔹 l'organisation matricielle, qui constitue un mélange des deux organisations précédentes et qui place les projets sous la coupe d'un service garant du respect des méthodologies.

Ces différentes organisations peuvent cohabiter dans une même entreprise. Le choix de l'organisation influe considérablement sur le mode de fonctionnement du projet, car il conditionne le positionnement de la ressource noble, la ressource humaine.

	Phase 2	Fiche 14
Titre	**Définir la structure choisie pour la gestion de projet**	
Définition	Action consistant à définir le mode d'organisation choisi pour assurer la gestion du projet	
Acteurs	Commanditaire Chef de projet Cellule de coordination des projets	
Finalités	Identifier la « structure de projet » la plus adaptée au cadrage et au pilotage du projet	
Conseils	Obtenir une représentation de la structure qui va supporter le projet Permettre le positionnement du projet, de son groupe projet et de ses instances par rapport à la structure de l'entreprise Choisir parmi les modes d'organisation existants la structure la plus adaptée en tenant compte : • des avantages/inconvénients de chaque mode d'organisation • des caractéristiques du projet, de l'importance des enjeux, de sa transversalité, du degré de complexité, de la culture en place et du nombre d'acteurs pouvant intervenir dans l'étape	
Risques	Complexifier les échanges entre les acteurs pouvant intervenir dans l'étape Favoriser un fonctionnement anarchique Rendre complexe la perception du projet et de son fonctionnement par le reste de l'entreprise Oublier les limites des rôles du chef de projet	
Livrables	Organigramme projet (Livrable 10) PowerPoint	
Questions	Le mode d'organisation choisi est-il adapté à l'entreprise et à la nature du projet ? Le mode d'organisation choisi favorise-t-il la communication ? Le mode d'organisation choisi tient-il compte du nombre d'acteurs ?	

L'organisation choisie pour gérer le projet est représentée graphiquement sous la forme d'un organigramme réalisé dans PowerPoint (Livrable 10). Il sera placé sur l'organigramme général de l'entreprise, afin de visualiser les circuits décisionnels et d'information, en vue de préparer la communication.

Un bel organigramme ne suffit malheureusement pas au bon fonctionnement d'une organisation. Les organisations complexes de type matriciel nécessitent un accompagnement au changement, avec une mise en place de nouvelles procédures de fonctionnement. C'est un travail de fond très important, dont l'implémentation peut requérir plusieurs années (entre trois et cinq ans pour les grosses entreprises). En outre, le fonctionnement matriciel implique une reconnaissance de la fonction avant celle du grade : c'est une organisation qui fonctionne mal dans les structures hautement hiérarchisées ou pyramidales, ou encore dans les entreprises fortement cloisonnées. Nous privilégierons donc une organisation par projet si l'entreprise n'est pas prête à la mise en place d'une organisation matricielle.

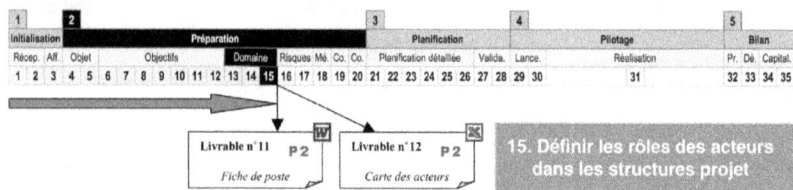

Lorsque la complexité du projet tient à une donnée humaine (résistances au changement), une cartographie des acteurs est élaborée afin de définir des stratégies de gestion des acteurs et de mettre en place une communication fédératrice. De la sorte, on évite de commettre des erreurs lors de la répartition des rôles (placer un opposant dans l'équipe projet par exemple).

Le système projet comprend deux types d'instances particulières :

- le comité de pilotage ;
- l'équipe projet.

Le comité de pilotage est une instance qui permet les prises de décision et les validations d'étapes du projet. De manière régulière, généralement une fois par mois, le chef de projet (qui ne fait pas partie du comité de pilotage, mais y collabore) lui présente l'état général du projet.

L'équipe projet est constituée de l'ensemble des acteurs qui assisteront le chef de projet dans les actes de gestion du projet. Ces acteurs doivent être présents pendant toute la durée du projet afin d'en assurer sa continuité. L'équipe projet comprend :

- le planificateur, le responsable de la communication, de la gestion de la documentation et de la gestion des ressources financières et matérielles.

	Phase 2	Fiche 15
Titre	**Définir les rôles des acteurs dans les structures projet**	
Définition	Action consistant à définir les instances et les acteurs chargés dans le cadre du projet d'élaborer, de valider, de décider, d'orienter, et de mettre en œuvre	
Acteurs	Commanditaire Chef de projet Cellule de coordination du projet Acteurs du projet	
Finalités	Définir les instances, les acteurs et leurs champs de responsabilité Lister les participants et répartir leurs rôles et responsabilités	
Conseils	Pour chaque instance, préciser le domaine de compétence, les objectifs délégués, les tâches-activités à accomplir La création d'instances dépend de la taille du projet, de ses enjeux et de sa complexité, de la structure du projet retenue Quelles qu'en soient les caractéristiques, le projet devra toujours disposer d'instances permettant d'élaborer, de valider, de décider, d'orienter, de mettre en œuvre Faire adhérer les acteurs au mode d'organisation et aux rôles définis	
Risques	Absence de cadrage ou de pilotage du projet Générer des conflits du fait de l'absence de transparence en matière de rôles et de responsabilités Hypothéquer la réussite du projet faute d'une identification claire du rôle et de la responsabilité des acteurs et des instances de décision	
Livrables	Fiche de poste (Livrable 11) Word Carte des acteurs (Livrable 12) Excel	
Questions	Les rôles et responsabilités des différents acteurs et instances sont-ils clairement définis ? Le rôle du chef de projet au sein de la structure projet est-il univoque ? Les rôles et responsabilités des différents acteurs et instances sont-ils acceptés par l'ensemble des acteurs ? Sait-on qui élabore ? Sait-on qui valide ? Sait-on qui décide ? Sait-on qui oriente ? Sait-on qui met en œuvre ?	

Les acteurs vont être positionnés dans une carte des acteurs (Livrable 12), qui permettra de définir leurs stratégies de gestion.

Pour les acteurs principaux, et notamment ceux qui font partie des instances, de l'équipe projet et du comité de pilotage, des fiches de poste seront élaborées (Livrable 11).

Bien souvent, les comités de pilotage sont déficients, le projet n'est donc pas piloté ! Ces carences se traduisent par plusieurs erreurs de construction de ces comités.

Premier cas : le comité de pilotage est alourdi par un certain nombre d'acteurs qui sont invités par complaisance et qui nuisent à la prise de décision, voire font de l'ingérence dans le système projet.

Deuxième cas : des instances sociales ou politiques sont placées dans le comité de pilotage, ce comité devient donc une tribune où l'on aborde certes des problématiques projet, mais aussi bien d'autres sujets inopportuns.

Troisième cas : les acteurs principaux surchargés se font représenter, mais ne donnent pas la part de pouvoir de décision ou de validation associée, de sorte que le comité de pilotage ne peut entériner les décisions.

Tous ces dysfonctionnements ralentissent la dynamique du projet et nuisent à la motivation des acteurs, notamment celle de l'équipe projet qui se demande si l'entreprise a une réelle volonté de faire avancer les projets.

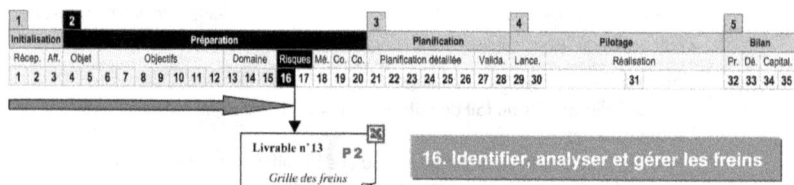

Livrable n° 13 — P 2 — Grille des freins

16. Identifier, analyser et gérer les freins

L'analyse des freins s'organise en groupes de travail avec l'équipe projet et le commanditaire, et se déroule en plusieurs temps :

▶ réaliser la liste la plus exhaustive possible des freins au projet ;

▶ répertorier les répercussions des freins sur le projet (effets sur le triangle qualité/temps/coût);

▶ classer les freins en fonction de leurs critères ;

▶ « assurer ou ne pas assurer » les freins ;

© Groupe Eyrolles

▶ dresser la liste des actions préventives destinées à enrayer l'apparition des freins ;

▶ établir la liste des actions curatives destinées à mettre en place des plans « Orsec » si les freins persistent en dépit des actions préventives.

	Phase 2	**Fiche 16**
Titre	**Identifier, analyser et gérer les freins**	
Définition	Action consistant à identifier les événements possédant une forte probabilité d'apparition, dont la survenue entraînerait des conséquences graves pour le projet, puis à engager des actions préventives afin d'éviter leur apparition, ou engager des actions curatives	
Acteurs	Commanditaire Chef de projet Équipe projet	
Finalités	Recenser les freins (environnementaux, structurels, réglementaires, humains, matériels…) pouvant se transformer en facteurs de risques Évaluer leur probabilité d'apparition et leur effet sur le projet Engager des actions préventives, afin d'éviter leur apparition Prévoir des solutions de repli en cas de survenue des freins identifiés	

Conseils	Identifier les principales sources de freins :
	  • facteur d'échelle (nombre d'acteurs, étendue du périmètre, durée…)
	  • innovation (côté novateur du projet…)
	  • complexité (dimension humaine, aspects stratégiques et politiques, jeux de pouvoirs…)
	Lister de manière exhaustive et classer les freins par thème
	Appliquer la loi de Pareto sur les freins que l'on souhaite assurer (identification des freins majeurs)
	Réaliser une classification des freins en fonction de la criticité
	Définir les actions préventives à mettre en œuvre en fonction des freins identifiés
	Intégrer au macroplanning les actions « lourdes » en charge, en durée, en coût
	Prévoir des solutions de repli en cas de survenue des freins majeurs identifiés
	Planifier à part les solutions de repli (ne pas les intégrer au macroplanning)
	S'assurer d'un soutien politique du projet par un « défenseur » ayant une influence stratégique suffisante pour soutenir et promouvoir le projet
	Communiquer au commanditaire pour validation la liste des freins identifiés, des actions préventives et des actions curatives	

Risques	Subir des événements qui entravent le déroulement du projet Ne pas avoir mis en place les actions préventives et les scénarios de secours appropriés Arrêter le projet en cas de survenance d'un frein majeur	

.../...

	Phase 2	Fiche 16
Titre	**Identifier, analyser et gérer les freins**	
Livrables	Grille des freins (Livrable 13) Excel	
Questions	Les freins majeurs identifiés ont-il été classés en fonction de leur répercussion ?	
	Les freins majeurs pesant sur les objectifs de charge, de temps, de qualité et de coût, et les objectifs complémentaires ont-ils été évalués ?	
	Les actions préventives à mettre en œuvre ont-elles été appréciées à l'aune des freins identifiés ?	
	Les scénarios de repli en cas de survenance de freins majeurs ont-ils été définis ?	
	Les actions lourdes ont-elles été intégrées au macroplanning ?	

La grille des freins (Livrable 13) est un tableau Excel qui reprend les différentes rubriques permettant de calculer la criticité (impact × probabilité × non-détection). Ce tableau est illustré par un graphe en radar.

Les actions préventives doivent être intégrées dans la planification détaillée de la phase 3, alors que les actions curatives doivent l'être dans une planification séparée, qui ne sera mise en place dans le planning détaillé du réalisé qu'en cas d'échec des actions préventives.

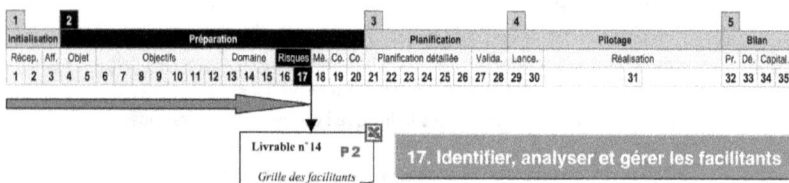

Livrable n° 14 — P 2
Grille des facilitants

17. Identifier, analyser et gérer les facilitants

L'analyse des facilitants est réalisée de la même façon que celle des freins, sous la forme d'un groupe de travail composé de l'équipe projet et du commanditaire. Elle comporte les étapes suivantes :

▶ dresser la liste des facilitants ;

▶ élaborer la liste des effets des facilitants sur le projet (sur le triangle qualité/temps/coût) ;

▶ classer les facilitants ;

▶ déterminer la liste des actions à entreprendre pour exploiter les facilitants.

	Phase 2	Fiche 17
Titre	**Identifier, analyser et gérer les facilitants**	
Définition	Action consistant à recenser les facteurs ayant un impact positif sur le déroulement du projet et sur la fabrication du produit fini, et les utiliser comme points d'appui	
Acteurs	Commanditaire Chef de projet Équipe projet	
Finalités	Favoriser la résolution des phases délicates (modifications, conflits…) Optimiser l'accomplissement des tâches du projet	
Conseils	Repérer et utiliser les facteurs et/ou les acteurs qui vont faciliter le déroulement du projet Lister de manière exhaustive et clarifier l'ensemble des facteurs facilitants Définir les actions qui permettront d'exploiter et d'entretenir les facteurs facilitants Intégrer au macroplanning les actions « lourdes » en charge, en durée, en coût	
Risques	Ne pas utiliser les atouts à la disposition du chef de projet Ne pas avoir anticipé des problèmes dont la solution se trouvait parmi les facteurs facilitants	
Livrables	Grille des facilitants (Livrable 14) Excel	
Questions	Les facteurs facilitants sont-ils identifiés ? Les actions permettant d'exploiter les facteurs facilitants ont-elles été listées ? Les actions lourdes ont-elles été intégrées au planning ?	

La grille des facilitants (Livrable 14) se présente sous la forme d'un tableau qui permet de classer les facilitants en fonction de leur impact sur le projet.

Si les facilitants sont souvent constatés, ils sont en revanche rarement exploités, notamment ceux concernant le facteur humain. Une mauvaise utilisation des acteurs conduit à une érosion de leur synergie.

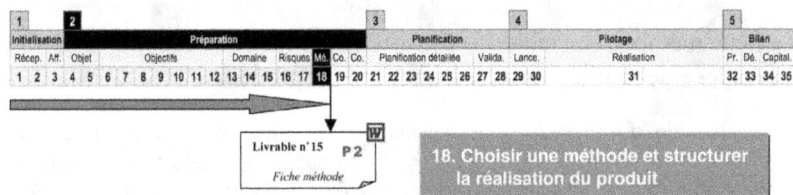

Lors de la fabrication d'un produit, le choix d'une méthodologie est déterminant pour la mise au point de la planification détaillée. La méthodologie peut apparaître dès l'élaboration du macroplanning. Mais c'est à ce niveau qu'il faut obligatoirement choisir la tactique employée pour réaliser le produit. Le choix de la méthodologie doit s'effectuer en accord avec les experts, surtout si le chef de projet n'est pas un spécialiste du produit.

	Phase 2	Fiche 18
Titre	**Choisir une méthode et structurer la réalisation du produit**	
Définition	Action consistant à choisir une méthode appropriée pour la réalisation du produit dans le cadre des objectifs définis par le commanditaire	
Acteurs	Chef de projet Équipe projet Experts	
Finalités	Optimiser l'accomplissement des tâches du projet Organiser et structurer les étapes de fabrication Préparer la phase de planification	
Conseils	Privilégier l'intervention des experts Réutiliser les expériences passées Vérifier que la méthode choisie permettra l'atteinte de l'ensemble des objectifs Privilégier des méthodes simples, fiables et compréhensibles par le plus grand nombre Préférer les méthodes comportant des outils directement opérationnels	
Risques	Réaliser le produit de manière empirique Choisir une méthode inapplicable	
Livrables	Fiche méthode (Livrable 15) Word	
Questions	Les experts ont-ils été associés au choix de la méthode ? La méthode est-elle claire, communicable ? La méthode comporte-t-elle des outils opérationnels ? La méthode est-elle connue du plus grand nombre ?	

La fiche méthode (Livrable 15) consiste en un fichier Word qui va décrire les étapes et les outils choisis pour fabriquer le produit.

Le choix de la méthodologie est déterminant, car il permet de limiter les combats d'experts sur le mode de fabrication du produit. On entend par méthode un ensemble d'étapes et leur déroulement. Pour être complète, une méthode doit être associée à des outils qui permettent de mettre en œuvre les techniques sur le terrain.

1	2				3		4		5	
Initialisation	Préparation				Planification		Pilotage		Bilan	
Récep. Aff.	Objet	Objectifs	Domaine	Risques Mé. Co. Co.	Planification détaillée	Valida. Lance.	Réalisation		Pr. Dé. Capital.	
1 2 3	4 5 6 7 8 9 10 11 12 13	14 15 16 17 18 19	20 21 22	23 24 25 26 27 28 29 30	31	32 33 34 35				

Livrable n°16 P 2	Livrable n°17 P 2	**19. Définir les axes, cibles et moyens de communication**
Charte graphique	*Plan de communication*	

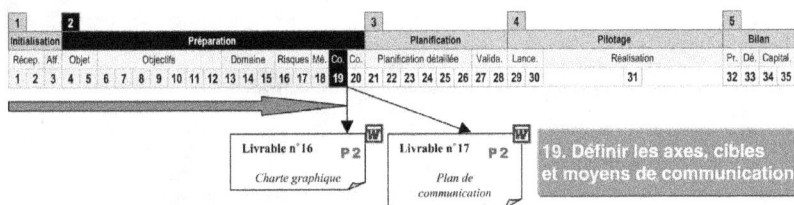

La communication est l'un des deux chapitres importants de la gestion de projet. Il s'agit ici de décliner les objectifs de communication en un plan d'action qui comportera deux volets :

◗ la détermination d'une charte graphique concernant tous les documents du projet, afin d'en assurer l'uniformité ;

◗ la construction du plan de communication, qui est la traduction de l'ensemble des actions de communication du projet.

Le plan de communication devra comporter les éléments suivants :

◗ les cibles de la communication (instances ou acteurs vers lesquels il faut communiquer) ;

◗ les objectifs de communication par cible ;

◗ les informations à communiquer ;

◗ le responsable de la communication vers la cible ;

◗ le moment où la communication doit avoir lieu ;

◗ les moyens employés pour effectuer la communication ;

◗ les lieux où la communication va se produire ;

◗ le nombre d'exemplaires de supports de communication ;

◗ le nombre d'acteurs concernés ;

◗ le nombre de communications de ce type.

	Phase 2	Fiche 19
Titre	**Définir les axes, cibles et moyens de communication**	
Définition	Action consistant à : • définir les moyens permettant de distinguer, de faire connaître et de légitimer le projet • identifier les cibles devant faire l'objet d'une communication et à mettre en place les moyens	
		.../...

	Phase 2	Fiche 19
Titre	**Définir les axes, cibles et moyens de communication**	
Acteurs	Chef de projet Équipe projet	
Finalités	Conférer une identité au projet et construire l'identité du groupe Informer et recueillir les réactions des cibles identifiées comme devant faire l'objet d'une communication Permettre la conservation, la lisibilité et l'archivage, la consultation de toutes les informations du projet Gérer le suivi de l'évolution des documents (révisions)	
Conseils	Identifier le projet par un logo et un nom Donner un nom simple et original (mémorisable) qui facilite le sentiment d'appartenance Laisser plutôt le chef de projet avec l'équipe projet choisir le nom du projet Utiliser un logo pour les projets impliquant un nombre important d'acteurs pouvant intervenir dans l'étape (logo sobre « portable » sur les outils informatiques) Utiliser des supports simples permettant l'appropriation par les cibles Chaque axe doit répondre aux questions : qui/quand/où/quoi/comment/pourquoi, combien ? Faire valider le plan de communication par le commanditaire	
Risques	Ne pas permettre une identification claire du projet à l'extérieur Empêcher une communication rapide et précise Laisser le projet dans l'anonymat, le laisser s'essouffler Considérer qu'une cible ne peut faire l'objet que d'une seule nature de communication	
Livrables	Charte graphique (Livrable 16) Word et plan de communication (Livrable 17) Word	
Questions	Le nom du projet a-t-il été choisi par l'équipe projet ou le chef de projet ? Le projet est-il doté d'un nom et d'un logo qui permettent de l'identifier ? Le nom et le logo sont-ils conformes à l'image que le chef de projet et l'équipe projet souhaitent véhiculer ? Toutes les cibles (acteurs impliqués dans le projet, personnel de l'entreprise, hiérarchie...) sont-elles prises en compte dans le plan de communication ? Les responsabilités des différentes actions de communication sont-elles clairement affectées ? Les outils, techniques employés et supports de communication sont-ils adaptés à chacune des cibles ? Le plan de communication est-il envisagé pour toute la durée du projet ? La périodicité des différents moyens de communication est-elle prévue ? Le plan de communication comporte-t-il un dispositif permettant de recueillir et traiter les réactions des cibles identifiées ? Le plan de communication a-t-il été validé par le commanditaire ?	

La charte graphique (Livrable 16) se présente sous la forme d'un document Word, qui détermine l'ensemble des éléments concernant la présentation des documents du projet.

Le plan de communication (Livrable 17) consiste en un document Word contenant un tableau qui expose le plan d'action de communication. Dans le cadre d'un grand projet, ce tableau est dupliqué par cible de communication.

Dans un projet, la communication doit être formalisée et respectée. Il ne sert à rien de préparer un plan de communication très complexe ou trop ambitieux, car sa mise en œuvre ne sera jamais effective et les acteurs ayant une part active dans le projet s'en trouveront décrédibilisés. En l'occurrence, un maître mot s'impose : la simplicité.

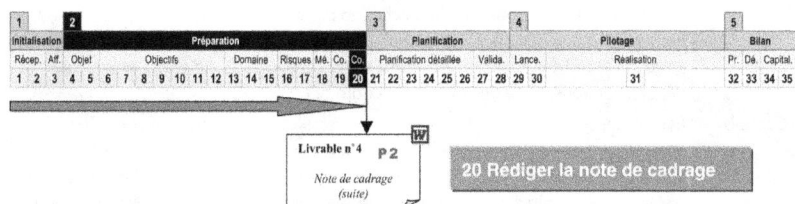

Cette fiche concerne la contractualisation de l'étape de préparation du projet. Cette contractualisation se présente sous la forme d'une note de cadrage, qui doit être signée entre le comité de pilotage (ou le commanditaire) et le chef de projet. Cette note peut être accompagnée des principaux livrables élaborés à ce niveau :

▶ la commande du commanditaire ;

▶ le macroplanning ;

▶ le plan de communication ;

▶ les grilles d'analyse des risques.

Ces documents peuvent être communiqués à l'ensemble des acteurs ayant une part active dans le projet, à savoir le comité de pilotage et l'équipe projet. Ils garantissent que les acteurs parleront le même langage et seront centrés sur les mêmes objectifs.

		Phase 2	Fiche 20
Titre	**Rédiger la note de cadrage**		
Définition	Action consistant à réaliser le document constituant l'aboutissement de la phase de « préparation du projet » et servant à contractualiser les relations entre le commanditaire et le chef de projet, et à définir la nature et les objectifs à atteindre dans la prestation attendue		
Acteurs	Chef de projet Commanditaire		
Finalités	Fixer d'un commun accord avec le commanditaire le contour et la démarche de fabrication du produit Contractualiser les critères de performance qui permettront au commanditaire de juger la qualité de la prestation du chef de projet Protéger le chef de projet en : • limitant dans le temps son intervention • précisant les conditions de son intervention • définissant précisément le rôle de chef de projet Permettre au commanditaire au travers de la formalisation de la note de cadrage du projet de prendre conscience de l'investissement nécessaire et d'entériner la démarche Récapituler l'ensemble du contenu du cadrage du projet		
Conseils	Synthétiser : • la compréhension du problème • la démarche de fabrication du produit utilisée : enchaînement des étapes, ressources nécessaires, points de décision, livrables à élaborer, les contraintes dont il faut tenir compte Bâtir la note de cadrage à l'issue de la démarche logique présentée dans la phase « préparer le projet » À l'issue de la note de cadrage du projet, officialiser le démarrage de la phase de planification en : • réunissant l'équipe projet • communiquant vers les cibles		
Risques	Démarrer un projet sans contractualiser la relation entre le commanditaire et le chef de projet		
Livrables	Note de cadrage (Livrable 4) Word		
Questions	Toutes les étapes constitutives de la phase « Préparer le projet » ont-elles été respectées, à savoir : • définition de l'objet • définition des objectifs • détermination du domaine et des listes des acteurs pouvant intervenir dans l'étape du projet • définition des moyens et des axes de communication • identification des risques Le projet est-il clair et formalisé dans une note de cadrage qui prévoit notamment un début et une fin, des responsabilités bien définies et des moyens adaptés ? Le dossier de gestion du projet permet-il de renseigner l'intégralité du modèle de note de cadrage ?		

La note de cadrage (Livrable 4) est complétée, puis imprimée et diffusée à l'intention des acteurs.

La formalisation écrite du projet permet de jouer la carte de la transparence. En outre, il faut partir du principe que « tout ce qui n'est pas écrit n'existe pas… ». La signature du chef de projet et du commanditaire au bas des documents atteste de leur volonté à promouvoir le projet.

Livrables de la phase de préparation

La phase de préparation génère les livrables suivants :

- la note de cadrage ;
- le macroplanning ;
- le macroplanning des charges ;
- le budget prévisionnel ;
- la stratégie de communication ;
- le fichier des acteurs ;
- l'organigramme projet ;
- la fiche de poste ;
- la carte des acteurs ;
- la grille des freins ;
- la grille des facilitants ;
- la fiche méthode ;
- la charte graphique ;
- le plan de communication.

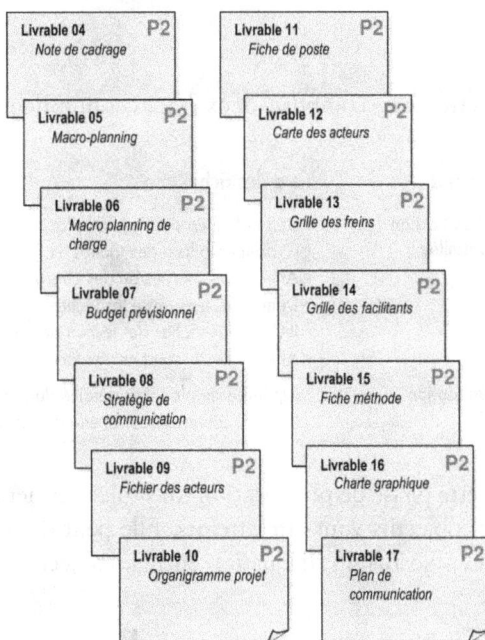

Livrable 04 — P2	Livrable 11 — P2
Note de cadrage	Fiche de poste
Livrable 05 — P2	Livrable 12 — P2
Macro-planning	Carte des acteurs
Livrable 06 — P2	Livrable 13 — P2
Macro planning de charge	Grille des freins
Livrable 07 — P2	Livrable 14 — P2
Budget prévisionnel	Grille des facilitants
Livrable 08 — P2	Livrable 15 — P2
Stratégie de communication	Fiche méthode
Livrable 09 — P2	Livrable 16 — P2
Fichier des acteurs	Charte graphique
Livrable 10 — P2	Livrable 17 — P2
Organigramme projet	Plan de communication

La planification

Cette phase comporte deux étapes et huit fiches :

Étapes	Titre des fiches	N° de fiche
Planification détaillée	• Définir l'environnement de planification	21
	• Ordonner la liste des tâches de fabrication du produit	22
	• Affecter des durées ou des charges aux tâches	23
	• Définir les liens entre les tâches	24
	• Intégrer les tâches de gestion de projet	25
	• Affecter les ressources aux tâches	26
Validation	• Optimiser le planning détaillé du prévu	27
	• Valider, communiquer et enregistrer le planning	28

Cette phase de planification du projet permet de détailler la manière dont les objectifs vont être atteints. Elle peut donner lieu à une renégociation des objectifs si l'adéquation entre les objectifs se révèle irréalisable.

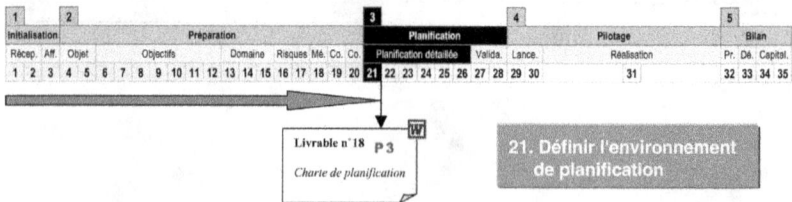

Livrable n° 18   P 3
Charte de planification

21. Définir l'environnement de planification

Tout comme la toile du peintre, le planning doit être préparé, et plus particulièrement son environnement. Il convient donc de définir un certain nombre de paramètres qui entrent dans les rubriques suivantes :

> définition des modes de représentation des plannings et de la codification des tâches figurant dans le planning ;

> définition du calendrier du projet, pour vérifier si le projet utilise les horaires standard de l'entreprise ou des horaires particuliers, et mettre en évidence les éventuelles périodes de pics d'activité de l'entreprise ;

> définition des calendriers des ressources, de leurs horaires de travail, de leurs jours de congés et de leurs modes de fonctionnement particuliers ;

> définition des unités de charge et de durée du planning et de leur niveau de précision souhaité.

Phase 3		Fiche 21
Titre	**Définir l'environnement de planification**	
Définition	Action consistant à arrêter l'ensemble des éléments concernant : • les paramètres de planification • le calendrier du projet • les modes de représentation des plannings	
Acteurs	Chef de projet Équipe projet Planificateur	
Finalités	Arrêter la disponibilité générale des ressources sur le projet Choisir le réseau (Gantt, Pert...) le plus adapté pour représenter les plannings Mettre en place des normes de planification applicables à toutes les étapes du projet (planning détaillé du prévu et planning détaillé du réalisé) Définir les unités de durée, de charge et les horaires de travail	
Conseils	Identifier tous les documents et plannings par leur nom, leur chemin (utilisation de la bureautique), leur numéro de version, le nom de l'auteur, la date de dernière révision, l'identification du projet (nom et logo) Identifier les versions des logiciels de planification utilisés S'appuyer sur le macroplanning de la phase « Préparer le projet » Préférer des réseaux de type « plan de charge » (Gantt) exploitables par tous Représenter les ressources impliquées dans le calendrier du projet (horaires, indisponibilités...)	
		.../...

	Phase 3	Fiche 21
Titre	**Définir l'environnement de planification**	
Conseils	Utiliser pour communiquer des plannings faciles à lire et à interpréter. À ce titre : • éviter les représentations graphiques non communicantes ou utilisées par une minorité • uniformiser les modes de représentation des plannings • adapter le niveau de détail et le mode de représentation des plannings en fonction des cibles poursuivies (instances de décision, de validation et de coordination, acteurs…) Choisir la journée comme unité de durée et de charge	
Risques	Travailler avec des plannings non adaptés aux cibles Négliger les plannings comme Méthodes, Outils, Techniques employés dans l'étape de communication Choisir des unités de charge et de durée non appropriées au suivi Se méprendre sur la disponibilité générale des ressources pour le projet Perdre du temps à gérer de la documentation non classée ou non identifiée	
Livrables	Charte de planification (Livrable 18) Word	
Questions	Une copie du macroplanning a-t-elle été conservée ? Les unités de charge et de durée sont-elles pertinentes ? La disponibilité des ressources sur le projet est-elle claire ? Les représentations graphiques retenues favorisent-elles la communication ? Le type de réseau choisi est-il connu de toutes les cibles ? Tous les documents de planification sont-ils clairement identifiés de manière logique et physique ?	

La charte de planification (Livrable 18) consiste en un document Word contenant la définition de tous les éléments impliqués dans l'environnement de planification.

Les représentations de type « réseau PERT » sont à proscrire, dans la mesure où le planning doit être communiqué à un grand nombre d'acteurs et que peu de personnes savent l'utiliser correctement. Le planning ne doit pas être le résultat du « délire » intellectuel ou mathématique du planificateur, mais un document exploitable par tous. Le diagramme de Gantt, dont la lecture ne requiert aucune formation, sera donc privilégié.

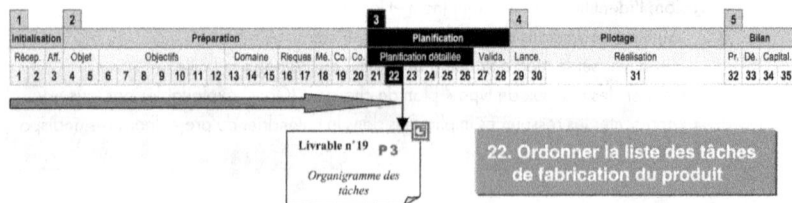

1	2																				3									4		5	
Initialisation				Préparation																	Planification									Pilotage		Bilan	
Récap.	Aff.	Objet		Objectifs						Domaine		Risques Mé.	Co.	Co.	Planification détaillée		Valida.	Lance.		Réalisation				Pr.	Dé.	Capital.
1	2	3	4	5	6	7	8	9	10	11	12	13	14	15	16	17	18	19	20	21	**22**	23	24	25	26	27	28	29	30	31		32	33	34	35

Livrable n° 19 P 3

Organigramme des tâches

22. Ordonner la liste des tâches de fabrication du produit

© Groupe Eyrolles

Un planning doit s'inscrire dans une logique de lots. La méthode choisie pour fabriquer le produit et celle qui permettra de gérer le projet déterminent le découpage du planning. Les lots de fabrication du produit sont agencés au moyen d'un organigramme permettant de visualiser les tâches à accomplir, et les livrables intérimaires et finaux qui résultent de ces tâches.

Le découpage du planning doit être effectué dans un maillage adapté qui répond aux critères suivants :

- une tâche par ressource humaine, sauf si les ressources effectuent exactement la même chose ;

- le niveau de découpage dépend du niveau de délégation souhaité (exemple pour les tâches sous-traitées) ;

- le niveau de découpage est fonction du niveau de détail du reporting souhaité en phase de réalisation.

En tout état de cause, la mise à jour d'un planning trop détaillé requiert une telle somme de travail en phase de réalisation qu'elle sera escamotée. Un planning à trop grandes mailles ne permettra pas un pilotage suffisant.

	Phase 3	Fiche 22
Titre	**Ordonner la liste des tâches de fabrication du produit**	
Définition	Action consistant à : • lister l'ensemble des actions concernant la fabrication du produit et la gestion du projet et à modéliser les actions et les livrables intermédiaires dans un organigramme • ordonner de manière chronologique les tâches de fabrication du produit, à les inscrire dans le planning, à mettre en place les jalons et les clignotants	
Acteurs	Chef de projet Planificateur Experts Équipe projet	
Finalités	Découper de manière détaillée l'ensemble des actions correspondant à l'accompagnement du projet (gestion du projet) Découper de manière détaillée l'ensemble des actions correspondant à la fabrication du produit Avoir une vue ordonnée de l'ensemble des actions, des états, des livrables dont le projet est constitué Inscrire dans le planning la liste des tâches de fabrication du produit de manière chronologique	
		.../...

	Phase 3	Fiche 22
Titre	**Ordonner la liste des tâches de fabrication du produit**	
Finalités	Regrouper ces tâches par grands thèmes et sous-thèmes Mettre en place les jalons et les clignotants	
Conseils	Définir une tâche par métier, par ressource humaine, par individu (sauf si les ressources accomplissent exactement le même travail en même temps) Découper les tâches pour permettre le contrôle de leur avancement afin de maîtriser la phase de suivi Favoriser l'exhaustivité dans la liste des tâches à accomplir Identifier les tâches élémentaires par des tâches subordonnées et par des tâches récapitulatives Chaque tâche élémentaire doit être décrite par un verbe d'action Faire valider par les experts la liste des tâches ainsi constituée	
Risques	Construire un planning sans logique de fabrication du produit Oublier les livrables intermédiaires Négliger la chronologie des tâches de fabrication du produit Oublier ou négliger les contraintes sur les dates	
Livrables	Organigramme des tâches (Livrable 19) PowerPoint	
Questions	Le WBS, le PBS et l'organigramme des tâches sont-ils construits ? L'ensemble des tâches figurant dans l'organigramme afférent a-t-il été intégré au planning ? Les tâches sont-elles toutes définies par des verbes d'action ? La chronologie des tâches est-elle respectée ? Les jalons et les clignotants ont-ils tous été identifiés ? Les jalons et les clignotants ont-ils été placés dans la liste des tâches ? Cette liste a-t-elle été validée par les experts ?	

L'organigramme des tâches (Livrable 19) est[1] réalisé avec PowerPoint, il est le fruit d'une collaboration entre les experts et le planificateur.

Le découpage de l'organigramme en logique de lots est déterminant, car il permettra ensuite de communiquer le planning en fonction de l'acteur à qui il est destiné. Le niveau de maillage sera établi en fonction de la décision à prendre, et les lots le seront en fonction de l'expertise de l'acteur à qui ils sont destinés.

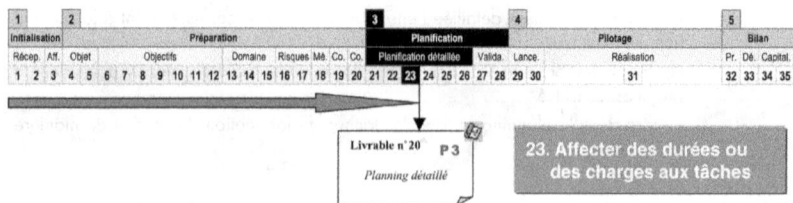

1		2				3					4		5	
Initialisation			Préparation						Planification			Pilotage		Bilan
Récep.	Aff.	Objet	Objectifs		Domaine	Risques	Mé.	Co.	Co.	Planification détaillée	Valida.	Lance.	Réalisation	Pr. Dé. Capital.
1	2	3 4 5	6 7 8 9 10 11 12	13 14 15 16 17 18 19	20	21 22 **23**	24 25 26	27 28	29 30					31	32 33 34 35

Livrable n° 20 P 3

Planning détaillé

23. Affecter des durées ou des charges aux tâches

Les tâches découlant de l'organigramme des tâches sont intégrées au planning. En regard de chacune, il faut indiquer :

◗ la durée estimée (exprimée en jours) ;

◗ la charge estimée (exprimée en jours/homme) ;

◗ les contraintes relatives aux dates de début et de fin de la tâche ;

◗ les délais imposés entre deux tâches.

	Phase 3	Fiche 23
Titre	**Affecter des durées ou des charges aux tâches**	
Définition	Action consistant à mettre en place les dates de début et de fin des tâches de fabrication du produit et/ou de leur affecter une charge	
Acteurs	Chef de projet Planificateur Experts Équipe projet	
Finalités	Estimer la durée et/ou la charge nécessaire à l'accomplissement de chaque tâche Faire apparaître la durée estimée et/ou la charge estimée sur chacune des tâches élémentaires	
Conseils	Affecter des durées ou des charges uniquement aux tâches élémentaires Ne pas confondre durée et charge Ne pas confondre durée et délai Faire apparaître les durées écoulées (délais) Faire valider les durées estimées ou les charges estimées par les experts	
Risques	Faire uniquement un planning de charge en oubliant les objectifs de temps Sous-estimer ou surestimer le temps nécessaire à l'accomplissement de chaque tâche Sous-estimer ou surestimer la charge nécessaire à l'accomplissement de chaque tâche	
Livrables	Planning détaillé (Livrable 20) Project	
Questions	La méthode de fabrication du produit indique-t-elle la durée des différentes étapes proposées ? Si le projet est complexe, a-t-on pris l'avis d'experts pour chaque tâche/métier ou s'est-on référé aux méthodes appropriées (exemple : Delphi) ? Les délais (durées écoulées) ont-ils été mis en place dans le planning ? Les tâches élémentaires, et elles seules, ont-elles été estimées ?	

Le planning détaillé (Livrable 20) consiste en un document Project qui va être utilisé et enrichi pendant les phases 3 et 4 de la méthodologie.

L'estimation de la charge et de la durée des tâches nécessite expérience et expertise. Il n'existe pas de formule « miracle » pour estimer ces éléments dans un projet. Seules les réunions d'experts permettant d'affiner la planification par itérations successives portent leurs fruits et fournissent des estimations solides (exemple : méthode DELPHI).

24. Définir des liens entre les tâches

La mise en place des liens entre les tâches permet d'en définir les conditions de réalisation. Dans un planning, toutes les tâches élémentaires doivent être liées.

Les liens peuvent prendre quatre formes :

- le lien Fin-Début qui doit être privilégié, car c'est le plus lisible, et notamment lorsque le planning est fortement découpé. (Le successeur ne peut commencer que lorsque le prédécesseur est terminé) ;

- le lien Début-Début qui permet la mise en parallèle de certaines tâches. (Le successeur ne peut commencer que si le prédécesseur a commencé) ;

- le lien Fin-Fin qui fonctionne lui aussi sur la mise en parallèle. (Le successeur ne peut se terminer que si le prédécesseur est terminé) ;

- le lien Début-Fin qui permet de mettre en place une notion dynamique dans la planification : une tâche ne s'arrêtera que s'il y a une « relève » de la tâche suivante. (Le prédécesseur se poursuit tant que le successeur n'a pas commencé.)

Les liens ne correspondent pas à des conditions temporelles mais logiques dans l'enchaînement des tâches ; ils constituent des contraintes techniques.

Lorsque le planning est terminé, à ce niveau, il est optimal et l'on considère que la date de fin estimée est la meilleure, puisqu'il a été fabriqué sans tenir compte des ressources, on considère dans cette démarche que l'on dispose de ressources infinies.

	Phase 3	**Fiche 24**
Titre	**Définir des liens entre les tâches**	

Définition	Action consistant à représenter les contraintes techniques qui existent entre les tâches de fabrication du produit de niveau élémentaire
Acteurs	Chef de projet Planificateur Experts Équipe projet
Finalités	Définir l'ensemble des enchaînements entre les tâches qui permettront de déterminer la date optimale de fin du projet indépendamment des ressources employées Construire l'enchaînement logique des tâches de fabrication du produit (réseau)
Conseils	Appuyer la réflexion sur la méthode de fabrication du produit choisie Ne tenir compte que des liens techniques (pas de liaisons en rapport avec la chronologie ou l'emploi des ressources) Faire apparaître les liens uniquement sur les tâches élémentaires Utiliser les 4 types de liens suivants : • FD : Fin-Début, le successeur ne peut commencer que quand le prédécesseur est terminé • FF : Fin-Fin, le successeur ne peut se terminer que quand le prédécesseur est terminé • DD : Début-Début, le successeur ne peut commencer que quand le prédécesseur a commencé • DF : Début-Fin, le prédécesseur se poursuit tant que le successeur n'a pas commencé Privilégier les liaisons Fin-Début Mettre des liens sur toutes les tâches élémentaires Mettre autant que nécessaire les liens sur les jalons et clignotants
Risques	Oublier les contraintes techniques liées à la fabrication du produit conduisant à : • surestimer la durée globale du projet en mettant en séquence des tâches qui pourraient être parallélisées • sous-estimer la durée globale du projet en parallélisant des tâches qui ne peuvent l'être
Livrables	Planning détaillé (Livrable 20) Project
Questions	La méthode retenue pour la fabrication du produit fournit-elle des indicateurs sur les enchaînements à réaliser entre les différentes étapes ? Les liens Fin-Début ont-ils été privilégiés ? Toutes les tâches élémentaires sont-elles liées ? Les liens sur les jalons et les clignotants ont-ils été établis chaque fois que cela s'imposait ?

Le planning détaillé (Livrable 20) est enrichi par les liens entre les tâches.

Le planning n'est pas une œuvre d'art. Le positionnement des tâches et des liens détermine sa lisibilité. Il ne faut pas hésiter à découper pour privilégier les liaisons Fin-Début.

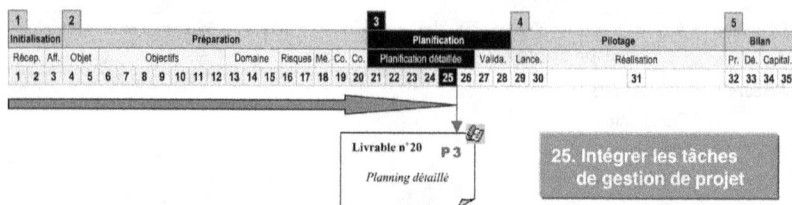

1	2					3		4		5
Initialisation	Préparation					Planification		Pilotage		Bilan
Récep. Aff.	Objet	Objectifs	Domaine	Risques Me. Co. Co.		Planification détaillée	Valida. Lance.	Réalisation		Pr. Dé. Capital.
1 2 3	4 5 6 7 8	9 10 11 12 13 14 15 16 17 18 19 20		21 22 23 24	25	26 27 28 29 30		31		32 33 34 35

Livrable n° 20 P 3
Planning détaillé

25. Intégrer les tâches de gestion de projet

Il est nécessaire d'intégrer l'ensemble des tâches de la gestion du projet dans la planification. Ces tâches étant liées à la mise en œuvre de la méthode elle-même, on retrouvera donc celles indispensables à la réalisation des phases méthodologiques, à savoir :

▶ initialiser le projet ;

▶ préparer le projet ;

▶ planifier le projet ;

▶ piloter le projet ;

▶ dresser le bilan du projet.

À ce stade, certaines tâches sont déjà réalisées, notamment celles relatives à l'initialisation et la préparation ; cependant, il est intéressant de les intégrer au planning, car elles nécessitent une dépense de ressources qu'il faudra comptabiliser à l'heure du bilan global.

Les tâches de pilotage sont répertoriées de la manière suivante :

▶ tâches de mise à jour du planning ;

▶ tâches de management des acteurs et de l'équipe ;

▶ tâches de mise à jour de la documentation projet ;

▶ tâches de mise en œuvre du plan de communication.

	Phase 3	Fiche 25
Titre	**Intégrer les tâches de gestion de projet**	
Définition	Action consistant à planifier l'ensemble des actions nécessaires à la gestion du projet conformément à la méthodologie de gestion de projet	
		.../...

Phase 3		Fiche 25
Titre	**Intégrer les tâches de gestion de projet**	
Acteurs	Chef de projet Planificateur Experts Équipe projet	
Finalités	Intégrer dans le planning les actions ainsi que le temps nécessaires à l'accomplissement des tâches inhérentes à la gestion du projet Mettre en place dans le planning les durées, les charges, les liens de ces tâches	
Conseils	Intégrer dans la planification détaillée l'ensemble des tâches liées à l'accomplissement des étapes définies lors des phases de gestion en reprenant le macroplanning existant : • initialisation • préparation • planification • pilotage • bilan Incorporer les tâches de gestion déjà réalisées au planning détaillé Positionner à part les tâches de gestion du projet sur le planning détaillé Les tâches de gestion ne doivent pas avoir de lien technique avec les tâches de fabrication du produit	
Risques	Ne pas dégager le temps et les ressources nécessaires à la gestion du projet et aux tâches associées Ne pas être en mesure de démontrer le savoir-faire et le professionnalisme du chef de projet Ne pas être en mesure d'apprécier l'investissement nécessaire à la gestion du projet	
Livrables	Planning détaillé (Livrable 20) Project	
Questions	Toutes les tâches liées à la gestion du projet sont-elles prises en compte : • initialisation • préparation • planification • pilotage • bilan Les tâches déjà réalisées ont-elles été intégrées au planning ? Les liens et les durées ont-ils été affectés à l'ensemble des tâches de gestion ? S'est-on assuré qu'il n'existe pas de liens entre les tâches de fabrication du produit et celles de gestion du projet ?	

Le planning détaillé (Livrable 20) est enrichi par les tâches de gestion du projet.

La gestion du projet représente 20 à 30 % du coût total d'un projet. Les tâches qui la composent doivent donc être clairement planifiées. Beaucoup de chefs de projet se plaignent de ne pas avoir le temps de mettre à jour le planning, mais ils ne planifient pas le temps nécessaire à cette mise à jour !

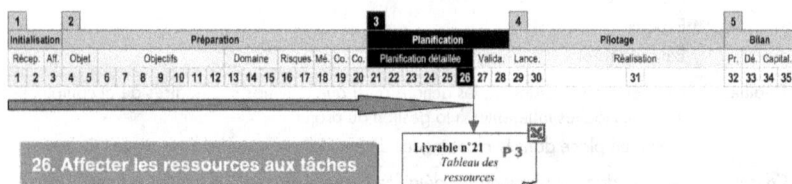

1		2										3								4						5		
Initialisation				Préparation										Planification								Pilotage				Bilan		
Récep.	Aff.	Objet			Objectifs				Domaine	Risques	Mé.	Co.	Co.	Planification détaillée					Valida.	Lance.		Réalisation				Pr.	Dé.	Capital.
1	2	3	4	5	6	7	8	9	10	11	12	13	14 15 16 17 18 19	20	21	22	23 24 25 **26**	27	28	29	30		31			32	33 34 35

26. Affecter les ressources aux tâches

Livrable n° 21 P 3
Tableau des ressources

Les ressources sont recensées à partir de la liste des acteurs, qui est alors complétée par les ressources matérielles nécessaires à l'accomplissement des tâches. Pour chaque ressource, il faut préciser :

- le nom ;
- la codification ;
- l'appartenance à un groupe de ressources ;
- l'appartenance à une expertise ;
- le coût d'utilisation ;
- le nombre de ressources disponibles ;
- le pourcentage d'affectation de la ressource pour le projet.

Les ressources sont ensuite affectées à chaque tâche du planning.

	Phase 3	Fiche 26
Titre	**Affecter les ressources aux tâches**	
Définition	Action consistant à affecter les moyens humains et matériels nécessaires à l'accomplissement de l'ensemble des tâches du projet (accompagnement et problématique)	
Acteurs	Chef de projet Planificateur Experts Service comptabilité Équipe projet	
		.../...

	Phase 3	Fiche 26
Titre	**Affecter les ressources aux tâches**	

Finalités	Décider des pourcentages d'utilisation des ressources humaines sur le projet Décider du pourcentage d'affectation à chaque tâche de ces ressources humaines Affecter les ressources humaines nécessaires à l'accomplissement des tâches élémentaires Calculer la charge et le coût élémentaires de chaque tâche et au niveau global du projet
Conseils	Mettre en œuvre la démarche suivante : • faire la liste des ressources humaines disponibles pour le projet • vérifier si ces ressources n'ont pas un emploi du temps particulier (temps de travail, pourcentage d'affectation au projet, horaires particuliers, congés...) • affecter ces ressources aux tâches élémentaires sans tenir compte des conflits d'affectation Ne pas oublier d'affecter des ressources aux tâches de gestion du projet Ne pas affecter de ressources sur les tâches subordonnées ou récapitulatives sauf s'il s'agit de tâches répétitives Si une tâche nécessite plusieurs ressources qui n'effectuent pas la même action, décomposer cette tâche en tâches de niveau inférieur Ne pas mettre de ressources humaines sur les tâches représentant seulement des délais et non pas des réalisations (durées écoulées, par exemple le séchage d'une couche de peinture) Ne pas oublier d'affecter les ressources matérielles (salles, matériels de projection...)
Risques	Sous-estimer la charge nécessaire à l'accomplissement du projet Sous-estimer le coût nécessaire à l'accomplissement du projet Oublier les contraintes d'emploi du temps des ressources humaines Sous-estimer la charge liée à la gestion du projet Sous-estimer le coût lié à la gestion du projet
Livrables	Tableau des ressources (Livrable 21) Excel
Questions	Les ressources disponibles pour le projet ont-elles été recensées ? Les contraintes concernant chacune des ressources sont-elles connues ? Pour toutes les tâches qui le requièrent, une ressource humaine est-elle affectée ? Les ressources matérielles sont-elles affectées ? La charge et le coût de chaque tâche ont-ils été évalués ? La charge de gestion du projet est-elle connue ? Le coût de gestion du projet est-il connu ?

Le tableau des ressources (Livrable 21) se présente sous la forme d'un tableau Excel contenant l'ensemble des acteurs saisis dans Outlook. Le planning détaillé (Livrable 20) est ensuite enrichi par l'affectation des ressources.

L'affectation des ressources nécessite leur validation par ces dernières en fonction de leurs disponibilités, qui doivent être définies dans leur calendrier. Ce travail exige une grande discipline de la part du planificateur et un engagement de la part des ressources à être transparentes par rapport à leur calendrier.

1		2						3				4			5	
Initialisation		Preparation						Planification				Pilotage			Bilan	
Récap.	Aff.	Objet	Objectifs		Domaine	Risques	Mé. Co. Co.	Planification détaillée	Valida.	Lance.		Réalisation			Pr. Dé. Capital.	
1 2 3	4 5	6 7	8 9 10 11	12	13 14 15	16 17 18 19	20 21 22 23 24 25 26	27	28 29 30			31			32 33 34 35	

27. Optimiser le planning détaillé du prévu

Livrable n° 20 p 3
Planning détaillé

L'optimisation se déroule en deux temps :

- régler les problèmes liés aux ressources ;
- comparer le planning aux contraintes données par le commanditaire.

Les problèmes de ressources peuvent consister en :

- une utilisation excessive des ressources par rapport à leur disponibilité pour le projet ;
- une sous-utilisation de certaines ressources.

Après avoir réglé les problèmes liés aux ressources, il convient de comparer les résultats obtenus sur le planning avec les contraintes données par le commanditaire dans le triangle qualité/temps/coût. Cette étape peut donner lieu à une renégociation des objectifs, voire à une remise en cause de l'objet ou, dans les cas extrêmes, à l'arrêt du projet.

	Phase 3	Fiche 27
Titre	**Optimiser le planning détaillé du prévu**	
Définition	Action consistant à optimiser l'ensemble des tâches, les interactions entre ces tâches et les ressources nécessaires à leur accomplissement	
Acteurs	Chef de projet Planificateur Experts Commanditaire Équipe projet	
		.../...

	Phase 3	Fiche 27
Titre	**Optimiser le planning détaillé du prévu**	
Finalités	Résoudre les conflits de ressources et limiter l'apparition de conflits d'emploi du temps pendant le déroulement du projet Comparer les contraintes sur objectifs avec la réalité du planning détaillé et trouver des solutions permettant d'optimiser la répartition de la charge et des coûts du projet Apprécier l'ensemble du planning détaillé du prévu	
Conseils	Employer la démarche suivante : • mettre en évidence les conflits de ressources (du projet et avec d'autres projets) • résoudre les conflits identifiés • prendre en compte les contraintes sur objectifs (notamment en termes de délai, de charge et de coût) • faire apparaître ces contraintes sur le planning détaillé Modifier si nécessaire les objectifs négociés Utiliser le chemin critique pour optimiser les délais Négocier en priorité sur les contraintes libres Penser à la possibilité d'externaliser certaines tâches Modifier le planning et le dossier de gestion du projet au terme des négociations	
Risques	Lancer un projet dont on sait pertinemment à l'origine que les objectifs ne seront pas atteints Avoir à gérer des conflits prévisibles, d'emploi du temps, pendant la fabrication du produit	
Livrables	Planning détaillé (Livrable 20) Project	
Questions	Les conflits de ressources dans le planning détaillé du prévu sont-ils mis en évidence ? Les solutions pour résoudre ces conflits ont-elles été identifiées ? Ces solutions sont-elles mises en place ? Les conflits entre les ressources de plusieurs projets sont-ils mis en évidence ? Les solutions pour résoudre ces conflits ont-elles été identifiées ? Ces solutions sont-elles mises en place ? Le commanditaire a-t-il validé les éventuelles modifications d'objectifs résultant de l'optimisation du planning ?	

Le planning détaillé (Livrable 20) est optimisé jusqu'à un accord avec le commanditaire du projet ou du comité de pilotage.

Le planning détaillé fournit avant tout une vue réaliste des ressources nécessaires à l'atteinte des objectifs de même qu'une vision claire et transparente du projet.

Le planning étant optimisé et validé, il faut à présent contractualiser la planification. Le planning va être ajouté aux documents issus de la phase de préparation, et notamment la note de cadrage. Il sera ensuite communiqué aux différents acteurs du projet, parmi lesquels doivent absolument figurer :

▶ le comité de pilotage ;

▶ l'équipe projet ;

▶ les experts ;

▶ les ressources.

Il convient alors de s'assurer que, dans la documentation du projet détenue par l'ensemble des acteurs, ce sont bien les dernières versions du planning qui sont communiquées.

	Phase 3	Fiche 28
Titre	Valider, communiquer et enregistrer le planning	
Définition	Action consistant à obtenir un consensus sur le planning détaillé du prévu afin d'engager la fabrication du produit	
Acteurs	Chef de projet Commanditaire Comité de pilotage Experts Équipe projet	
Finalités	Obtenir un accord de l'ensemble des ressources sur l'occupation de leur emploi du temps pendant le projet Informer l'ensemble des cibles du planning détaillé du prévu afin d'obtenir leur accord sur la planification	

.../...

	Phase 3	Fiche 28
Titre	**Valider, communiquer et enregistrer le planning**	
Conseils	Communiquer l'ensemble des tâches dans lesquelles chacune des ressources est impliquée Communiquer l'ensemble du planning aux instances du projet (cibles prévues dans le plan de communication) Faire valider le planning par le commanditaire et par le comité de pilotage	
Risques	Favoriser l'émergence de conflits de planification faute d'accord de certaines ressources impliquées sur le projet Lancer la réalisation sans accord des instances sur la planification	
Livrables	Contrat de planning (Livrable 22) Word	
Questions	L'ensemble des ressources est-il informé de sa contribution au projet ? Les instances du projet ont-elles connaissance du déroulement prévu du projet ? Le comité de pilotage a-t-il validé le planning du prévu et les tâches associées ? Le commanditaire a-t-il validé le planning détaillé du prévu ?	

Le contrat de planning (Livrable 22) consiste en un document Word qui scelle l'engagement contractuel entre le chef de projet et le commanditaire ou le comité de pilotage.

Il ne faut pas hésiter à prévoir des pénalités de retard pour le chef de projet ; elles seront précisées dans le contrat de planning. Un bon projet doit être doté d'un système de sanctions (en cas d'objectifs non atteints) et de récompenses (en cas d'objectifs dépassés).

Livrables de la phase de la planification

La phase de planification génère les livrables suivants :

- la charte de planification ;
- l'organigramme des tâches ;
- le planning détaillé ;
- le tableau des ressources ;
- le contrat de planning.

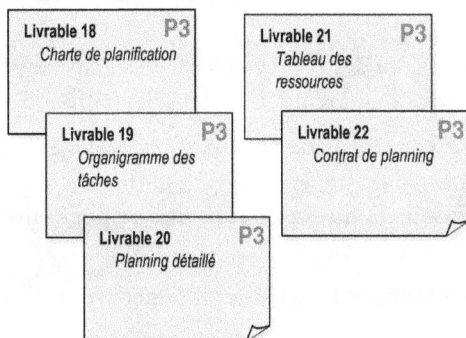

Livrable 18 P3		Livrable 21 P3
Charte de planification		Tableau des ressources

	Livrable 19 P3	Livrable 22 P3
	Organigramme des tâches	Contrat de planning

Livrable 20 P3
Planning détaillé

Le pilotage

Cette phase comporte deux étapes et trois fiches :

Étapes	Titre des fiches	N° de fiche
Lancement	• Lancer la réalisation • Mettre en œuvre le plan de communication	29 30
Réalisation	• Piloter la réalisation du produit	31

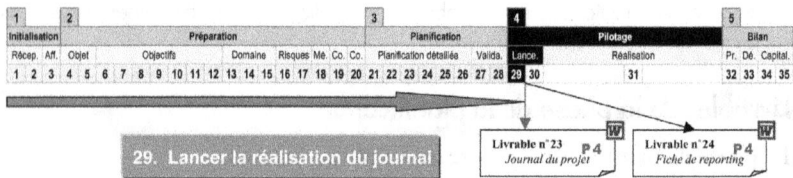

La durée des phases précédentes peut être très variable. Si elle est importante, il faut remobiliser les acteurs afin de mettre le projet en dynamique.

Le lancement de la réalisation peut s'effectuer *via* des médias comme le journal du projet. Il faut en outre définir précisément quels documents les ressources du projet vont utiliser pour effectuer le reporting, notamment pour mettre à jour la planification.

Les principaux actes de lancement sont :

▷ la mobilisation des acteurs ;

▶ la vérification de l'ensemble des documents détenus par les acteurs (dernières versions) ;

▶ la fourniture des documents nécessaires au reporting ;

▶ l'organisation d'une réunion de lancement.

	Phase 4	Fiche 29
Titre	**Lancer la réalisation**	
Définition	Action consistant à informer les instances et acteurs du projet du démarrage officiel de la « fabrication du produit »	
Acteurs	Chef de projet Cibles	
Finalités	Mobiliser les acteurs sur les objectifs et les indicateurs clés du projet (en termes d'activités, de délais, de qualité et de charges) Rappeler aux cibles les actions de reporting du plan de communication et mettre en place les moyens spécifiques du reporting	
Conseils	Organiser une réunion officialisant le lancement de la fabrication du produit Mettre en place les supports permettant le reporting vers les cibles, les instances décisionnelles Distinguer les dossiers de travail : « dossier de gestion » et dossier relatif à la « fabrication du produit »	
Risques	Ne pas tenir les cibles informées de l'état d'avancement du projet (opacité de la démarche pour le commanditaire) Lassitude des acteurs du projet qui ont besoin d'identifier clairement le démarrage du projet afin de favoriser leur mobilisation	
Livrables	Journal du projet (Livrable 23) Word Fiche de reporting (Livrable 24) Word	
Questions	L'ensemble des acteurs est-il informé du démarrage de la fabrication du produit ? Les différentes actions de reporting prévues dans le plan de communication ont-elles été rappelées aux cibles ? L'ensemble des acteurs est-il suffisamment mobilisé pour assurer la réussite du projet ?	

Le journal du projet (Livrable 23) consiste en un document Word qui permet de relater l'historique du projet de manière périodique. Il servira aussi de support pour une partie du plan de communication.

La fiche de reporting (Livrable 24) est un document par le biais duquel les ressources informeront l'équipe projet et le chef de projet de l'avancement des tâches, des problèmes rencontrés et des solutions proposées.

La communication sur les moyens de reporting est essentielle, car le reporting est déterminant dans la mise à jour du tableau de bord de pilotage du projet. Ce document doit être le même pour tous, l'unicité de la présentation des informations assurant leur consolidation dans le tableau de bord.

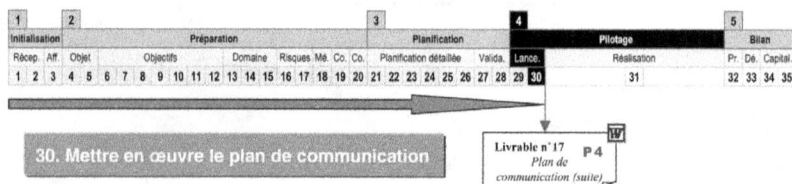

1 Initialisation	2			3 Planification		4	Pilotage	5 Bilan

30. Mettre en œuvre le plan de communication

Livrable n°17
Plan de communication (suite)
P 4

Le plan de communication sera mis à jour en fonction de la planification détaillée qui a été réalisée. Suivant la durée des autres phases, les comportements des acteurs peuvent avoir évolué ; il peut donc être nécessaire de réviser une partie du plan de communication. En outre, il convient de préparer l'ensemble des moyens de communication de façon à pouvoir les mettre en œuvre au moment opportun.

À ce stade, les différentes actions consisteront à :

- vérifier si la position des acteurs n'a pas changé ;
- mettre à jour le plan de communication ;
- intégrer les nouvelles actions de communication dans le planning détaillé ;
- préparer l'ensemble des supports de communication qui vont être utilisés tout au long du projet ;
- lancer les premières actions de communication prévues dans le plan de communication.

	Phase 4	Fiche 30
Titre	Mettre en œuvre le plan de communication	
Définition	Action consistant à mettre à jour le plan de communication et à préparer l'ensemble des actions de communication de la phase de pilotage	
Acteurs	Chef de projet Équipe projet Cibles	
		.../...

	Phase 4	Fiche 30
Titre	**Mettre en œuvre le plan de communication**	

Finalités	Intégrer tout changement en réajustant les objectifs de communication en fonction de l'évolution du comportement des acteurs Mettre en place tous les moyens de communication afin de déclencher les actions exactement au moment où elles ont été prévues dans le plan de communication
Conseils	Prendre en compte le comportement des acteurs en phase de lancement Mettre à jour le plan de communication en fonction des acteurs Vérifier la cohérence des mises à jour avec la politique de communication définie précédemment Faire valider le plan de communication par le commanditaire Préparer tous les documents nécessaires aux actions de communication Réunir les acteurs devant participer à la mise en œuvre du plan de communication
Risques	Mettre en œuvre un plan de communication en décalage avec la situation en phase de lancement Négliger le travail de préparation de chacune des actions Communiquer trop tard faute d'anticipation
Livrables	Plan de communication (Livrable 17) Word
Questions	Le comportement des acteurs a-t-il été pris en compte ? Le plan de communication a-t-il été mis à jour ? Les mises à jour sont-elles cohérentes avec la politique de communication ? Les mises à jour ont-elles été validées par le commanditaire ? Les documents nécessaires à la communication sont-ils prêts ? Les actions de communications sont-elles préparées ?

Le plan de communication (Livrable 17) sera mis à jour en fonction des éventuelles évolutions du projet.

La démarche projet est itérative, chacune des modifications apportées à un document ayant une action déterminante sur les autres. Toute la difficulté consiste à avoir une documentation projet à jour et à s'assurer que l'ensemble des acteurs dispose de la documentation « up to date », au risque sinon de piloter le projet avec un tableau de bord obsolète.

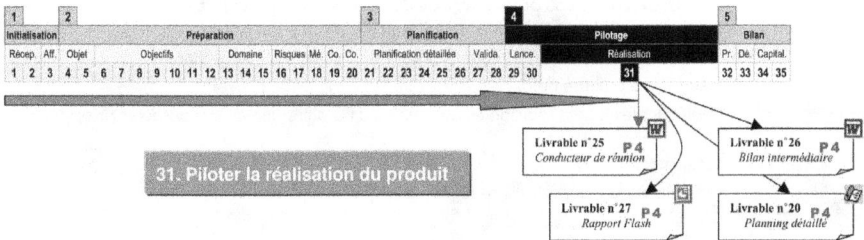

31. Piloter la réalisation du produit

Livrable n°25 P 4
Conducteur de réunion

Livrable n°26 P 4
Bilan intermédiaire

Livrable n°27 P 4
Rapport Flash

Livrable n°20 P 4
Planning détaillé

Le pilotage est une démarche en boucle, qui implique un certain nombre d'actions redondantes :

▶ prendre en compte le réalisé ;

▶ comparer le réalisé avec le prévu ;

▶ réajuster, si le réalisé est différent du prévu ;

▶ mettre à jour la documentation projet ;

▶ communiquer les réajustements aux différents acteurs du projet.

Ces tâches s'inscrivent en parallèle des tâches de gestion de projet :

▶ management des ressources et de l'équipe ;

▶ relations avec les instances du projet.

	Phase 4	Fiche 31
Titre	**Piloter la réalisation du produit**	
Définition	Action consistant à observer l'état du projet, à intégrer les actions réalisées, à comparer le réalisé avec le prévu, à enregistrer les modifications, à réajuster et à communiquer les réajustements	
Acteurs	Chef de projet Équipe projet Cibles	
Finalités	Intégrer tout changement en réajustant les objectifs en permanence et en informant l'ensemble des acteurs des modifications décidées ou subies Surveiller l'avancement de la réalisation du produit	
Conseils	Employer la démarche suivante : • faire un état des lieux quotidien du projet • récupérer toute l'information permettant l'élaboration d'un reporting • intégrer le réalisé dans le planning détaillé, mesurer les écarts et identifier leurs causes • mettre en œuvre ou proposer aux instances des mesures correctives • modifier si nécessaire l'énoncé des objectifs dans le dossier de gestion du projet et les documents associés (planning détaillé, plan de communication…) Ne jamais prendre de décisions hors de ses champs de pouvoir Déléguer les tâches réalisables par quelqu'un d'autre afin de se consacrer principalement au recentrage sur les objectifs, à la définition des priorités et à l'arbitrage des urgences Privilégier des rapports flashs légers et fréquents sur l'avancement du projet	
		…/…

	Phase 4	Fiche 31
Titre	**Piloter la réalisation du produit**	
Conseils	Organiser des rencontres courtes, régulières et fréquentes Maîtriser les dérapages majeurs en adoptant la démarche suivante : renégocier les objectifs de la note de cadrage du projet et replanifier le reste à faire	
Risques	Ne pas maîtriser le projet Ne pas être en mesure de consolider l'information et d'anticiper Altérer la qualité de la communication Ne pas être en mesure d'intégrer les « réactions du terrain» Aller trop ou pas assez vite par rapport au planning du prévu	
Livrables	Conducteur de réunion (Livrable 25) Word Bilan intermédiaire (Livrable 26) Word Rapport Flash (Livrable 27) PowerPoint Planning détaillé (Livrable 20) Project	
Questions	Dispose-t-on de toute l'information pour faire des points réguliers sur le projet ? Les cibles sont-elles informées régulièrement de l'état d'avancement du projet ? La planification est-elle mise à jour au minimum chaque semaine ? En cas de modification ou réajustement important, les cibles sont-elles rapidement informées ?	

Le conducteur de réunion (Livrable 25) consiste en un document Word qui sert à préparer et à diriger les réunions avec l'équipe projet et le comité de pilotage. Le bilan intermédiaire (Livrable 26) est un document Word qui permet de consigner les événements marquants du projet et d'assurer ainsi la traçabilité du projet. Le rapport Flash (Livrable 27) se présente sous la forme d'un document PowerPoint grâce auquel l'état d'avancement du projet sera périodiquement transmis au commanditaire et au comité de pilotage. Le planning détaillé (Livrable 20) est enrichi par les éléments qui proviennent du système de reporting.

À ce stade, il faut noter que l'ensemble des livrables de la gestion de projet est affecté par la vie du projet, c'est pourquoi leur mise à jour est essentielle ; elle peut se concrétiser par des additifs aux documents. En l'occurrence, l'utilisation des outils Office facilite la tâche tout en assurant un historique par les numéros de version.

Lors de la réalisation du produit, le pilotage du projet est souvent occulté. La difficulté consiste précisément à réserver le temps nécessaire à la gestion des documents et donc, à la mise à jour du tableau de bord. Ce défaut de mise à jour est souvent imputé au manque de temps, alors que c'est souvent une excuse pour masquer les insuffisances de l'équipe et du chef de projet, et pour permettre aux décideurs de se voiler la face sur les dérives du projet.

Livrables de la phase de pilotage

La phase de pilotage génère les livrables suivants :

- le journal du projet ;
- la fiche de reporting ;
- le conducteur de réunion ;
- le bilan intermédiaire ;
- le rapport Flash.

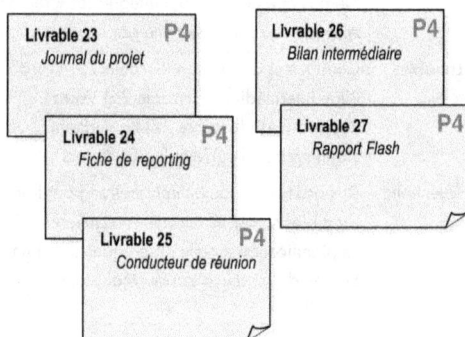

Le bilan

Cette phase comprend trois étapes et quatre fiches :

Étapes	Titre des fiches	N° de fiche
Promotion	• Vendre le projet	32
Désengagement	• Mettre un terme à l'engagement contractuel	33
Capitalisation	• Organiser les réunions de débriefing • Archiver les dossiers du projet	34 35

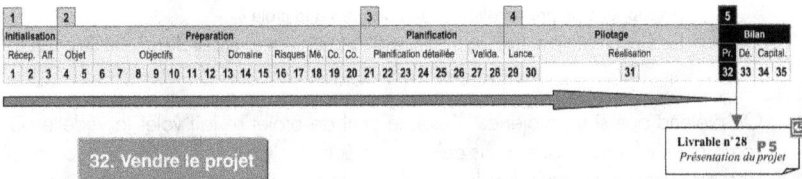

1	2			3		4		5
Initialisation	Préparation			Planification		Pilotage		Bilan
Récep. Aff. Objet	Objectifs	Domaine	Risques Mé. Co. Co.	Planification détaillée	Valida. Lance.	Réalisation		Pr. Dé. Capital.
1 2 3 4 5 6 7	8 9 10 11 12	13 14 15	16 17 18 19 20	21 22 23 24 25 26 27 28 29 30		31		32 33 34 35

32. Vendre le projet

Livrable n° 28 **P 5**
Présentation du projet

La clôture du projet permet de démontrer le professionnalisme du chef de projet au comité de pilotage et au commanditaire.

Cette clôture va déclencher toutes les opérations du bilan et évitera au projet de traîner en longueur. À cet effet, il conviendra de :

◗ mettre à jour toute la documentation du projet ;

◗ préparer la réunion de clôture ;

◗ mettre en œuvre la réunion de clôture.

La présentation de projet (Livrable 28) est un document PowerPoint qui contient la synthèse de l'ensemble des événements du projet.

		Phase 5	Fiche 32
Titre	**Vendre le projet**		
Définition	Action consistant à présenter officiellement les résultats du projet au commanditaire		
Acteurs	Commanditaire Équipe projet Chef de projet		
Finalités	Favoriser l'appropriation du livrable et de son environnement (recommandations, plans d'actions...) par le commanditaire Démontrer le professionnalisme du chef de projet au travers de sa capacité à satisfaire le besoin exprimé		
Conseils	Considérer cette phase comme essentielle car elle assure la crédibilité et démontre le savoir-faire du chef de projet et de l'équipe projet Faire valider les supports de même que les résultats du projet Travailler la forme des supports de présentation (la forme est aussi importante que le fond) Adapter le type de présentation à la cible (commanditaire, opérationnels...)		
Risques	Rendre vain l'investissement réalisé par le chef de projet sur le projet Dévaloriser la qualité du livrable par une présentation négligée		
Livrables	Présentation du projet (Livrable 28) PowerPoint		
Questions	Les règles de construction des supports de présentation ont-elles été respectées ? Les supports de présentation sont-ils adaptés à la cible ? Les supports de présentation reprennent-ils les éléments essentiels du rapport du projet ?		

On prétend que si un projet est réussi, le chef de projet se fait voler la vedette par son supérieur hiérarchique, mais qu'en cas d'échec, c'est bien lui qui est sanctionné. Une présentation officielle par le chef de projet permettra d'éviter ces effets pervers et démontrera sa maîtrise de l'ensemble du projet ; c'est le meilleur moyen de valoriser le travail réalisé et de récolter les fruits de ce travail.

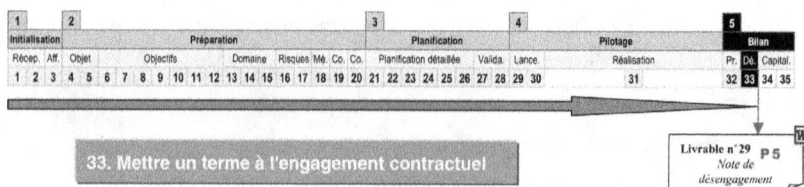

L'une des premières caractéristiques d'un projet, c'est d'avoir un début et une fin. Le mot « fin » n'est jamais facile à apposer, car il reste toujours des finitions – dans le meilleur des cas ! Il arrive que le projet et la fabrication du produit se soient si mal passés que le produit entre en maintenance dès sa sortie. Le chef de projet n'est pas systématiquement chargé de la suite du projet. Ce désengagement nécessite de :

▶ prévoir si nécessaire la suite du projet (un autre projet ou un responsable des finitions) ;

▶ contractualiser le départ du chef de projet.

Phase 5	Fiche 33

Titre	Mettre un terme à l'engagement contractuel
Définition	Action consistant à officialiser et à organiser le départ du chef de projet et de l'équipe projet
Acteurs	Chef de projet Commanditaire Comité de pilotage Équipe projet
Finalités	Libérer le chef de projet de ses obligations vis-à-vis du commanditaire Préparer les conditions d'archivage des dossiers du projet : • dossier de gestion • dossier de fabrication du produit • documents de référence (bibliographie, autres rapports…) Libérer l'équipe projet
Conseils	Rappeler au commanditaire la date de fin du projet mentionnée dans la note de cadrage et indiquer clairement la date de fin réelle Ne pas négliger cette étape qui constitue un préalable aux réunions de débriefing
Risques	Projet sans fin qui continue d'engager contractuellement le chef de projet Capitalisation et réutilisation difficiles de l'investissement réalisé faute d'organisation des dossiers du projet
Livrables	Note de désengagement (Livrable 29) Word
Questions	Le commanditaire est-il informé officiellement de la fin du projet ? L'ensemble des acteurs et des instances sont-ils informés officieusement de la fin du projet ? Les documents du projet sont-ils triés afin d'organiser l'archivage des dossiers ?

La note de désengagement (Livrable 29) consiste en un document Word qui contractualise le départ du chef de projet et permet de communiquer aux autres acteurs une date de fin de projet.

Si le chef de projet doit prendre en compte les finitions du produit, il est nécessaire qu'il obtienne à cet effet un budget temps de la part de sa hiérarchie, au risque sinon de se voir confier d'autres projets et d'effectuer parallèlement un travail non budgété et donc non compris par les autres acteurs.

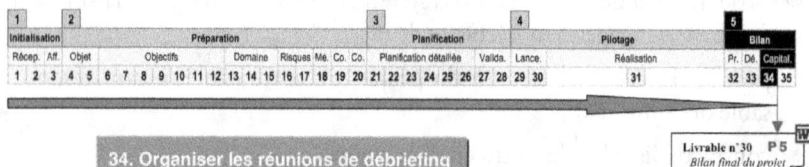

1		2				3			4		5	
Initialisation		Préparation				Planification			Pilotage		Bilan	
Récep.	Aff.	Objet	Objectifs	Domaine	Risques Mé. Co. Co.	Planification détaillée	Valida.	Lance.	Réalisation		Pr. Dé.	Capital.
1 2 3	4 5 6	7 8 9 10 11 12 13 14 15 16 17 18 19 20				21 22 23 24 25 26 27 28 29 30			31		32 33 34	35

34. Organiser les réunions de débriefing

Livrable n°30   P 5
Bilan final du projet

La mise en place de la démarche projet nécessite une « transversalité » dans l'entreprise et une capitalisation des savoirs acquis. Cette capitalisation se matérialise par des documents écrits qui permettront la communication des expériences passées. La réalisation du bilan comprend les étapes suivantes :

▷ dresser la liste des événements marquants positifs ;

▷ recenser les événements marquants négatifs ;

▷ analyser les événements (en comprendre le pourquoi) ;

▷ proposer un plan d'action pour les autres projets ;

▷ communiquer le plan d'action aux autres chefs de projet (ou chefs de projet potentiels).

Ce travail doit s'effectuer sous la forme d'une réunion avec l'équipe projet. C'est la dernière réunion de l'équipe : elle doit donner lieu à une clôture officielle et amicale (« pot » ou repas).

Dans l'idéal, il faudrait ensuite communiquer le bilan au reste de l'entreprise, afin d'accroître la capitalisation des expériences.

		Phase 5	Fiche 34
Titre	Organiser les réunions de défriefing		
Définition	Action consistant à préparer et organiser, dans un contexte participatif, des réunions permettant au commanditaire et aux acteurs du projet d'apprécier les résultats atteints		
Acteurs	Chef de projet Commanditaire Équipe projet		
			.../...

Phase 5	Fiche 34

Titre	Organiser les réunions de défriefing
Finalités	Permettre d'apprécier l'efficacité du projet sous deux angles : • vérifier l'atteinte des objectifs et mesure de la rentabilité du projet • vérifier le respect du contrat initial passé avec le commanditaire Calculer le retour sur investissement Utiliser des indicateurs de résultat (volume, CA, part de marché, nombre d'anomalies, turn-over...) Réaliser une enquête d'opinion auprès du commanditaire, du client, des acteurs, des groupes de travail, ou/et des équipes projet... Vérifier le respect des normes de gestion de projet de l'entreprise Vérifier la mise en œuvre des Méthodes, Outils, Techniques employés dans l'étape de fabrication du produit Contrôler l'application de la méthodologie de gestion du projet Capitaliser les compétences et le savoir-faire, et favoriser les échanges d'expériences
Conseils	Pour apprécier l'atteinte des objectifs et la rentabilité du projet, effectuer avec le commanditaire une évaluation dans les trois mois qui suivent la fin du projet Effectuer l'évaluation dans le mois suivant la fin du projet en associant les instances de l'entreprise Conclure en tirant de ces réunions des plans d'actions pour les projets futurs Diffuser le bilan de fin du projet afin de favoriser l'échange d'expériences Apprécier la rentabilité des projets et sensibiliser les commanditaires à cet aspect
Risques	Ne pas s'approprier les normes et ne pas favoriser la diffusion d'une culture projet Ne pas progresser et favoriser l'acquisition de nouveaux savoir-faire Ne pas favoriser les échanges d'expériences et la capitalisation des savoir-faire
Livrables	Bilan final de projet (Livrable 30) Word
Questions	Le respect des objectifs et/ou la rentabilité du projet ont-ils été appréciés ? Le respect des normes méthodologiques de l'entreprise ou de la cellule de coordination des projets a-t-il été considéré ? La réunion de débriefing concernant l'évaluation du respect des objectifs et/ou la rentabilité du projet est-elle planifiée et préparée dans les trois mois qui suivent la fin du projet ? Le bilan de fin du projet a-t-il été diffusé après validation ? Un plan d'actions pour les projets futurs a-t-il été mis en place ? La rentabilité du projet est-elle quantifiable et, dans ce cas, l'a-t-elle été ?

Le bilan final de projet (Livrable 30) se présente sous la forme d'un tableau réalisé dans Word.

La réunion de débriefing ne doit pas être un lieu de règlements de compte. Il faut s'intéresser aux faits et non aux acteurs. Dans cet esprit, sachez que les projets qui ont connu des difficultés de fonctionnement nécessitent tout particulièrement de faire l'objet d'un bilan détaillé et approfondi afin d'éviter la reproduction des erreurs. Cependant, on sait combien il est difficile pour les acteurs de communiquer sur l'échec ou de se livrer à une autocritique.

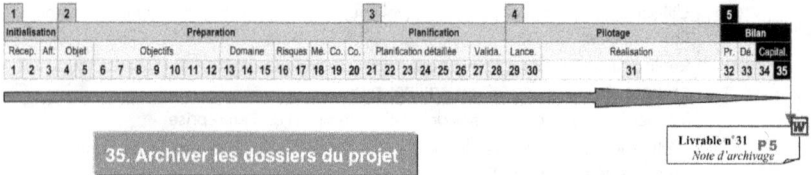

1	2					3			4			5
Initialisation	Préparation					Planification			Pilotage			Bilan
Récep. Aff.	Objet	Objectifs	Domaine	Risques Mé. Co. Co.		Planification détaillée	Valida. Lance.		Réalisation		Pr. Dé.	Capital.
1 2 3	4 5 6	7 8 9 10 11 12	13 14 15 16 17	18 19 20 21 22 23 24 25 26 27 28 29 30					31		32 33 34	35

35. Archiver les dossiers du projet

Livrable n°31 P 5
Note d'archivage

L'archivage n'est intéressant que s'il est possible de réutiliser les documents. Il consiste donc à :

- récupérer l'ensemble des documents papier concernant le projet ;
- rassembler tous les documents informatiques liés au projet ;
- centraliser les documents papier et informatiques ;
- référencer ces documents en fonction de leur importance ;
- communiquer ce recensement référencé et le lieu d'archivage aux acteurs concernés.

Aujourd'hui, les intranets documentaires nous permettent, *via* les messageries et notamment Exchange, de disposer d'un archivage dynamique des éléments projets. L'interrogation d'une base de données documentaire permet à un nouveau projet de tirer parti des expériences précédentes et de ne pas réinventer ce qui a déjà été réalisé par d'autres. En cela, la plate-forme Office permet d'effectuer des économies extrêmement importantes.

	Phase 5	Fiche 35
Titre	Archiver les dossiers du projet	
Définition	Action consistant à organiser le classement physique et logique de l'information	
Acteurs	Chef de projet Équipe projet	
		.../...

	Phase 5	Fiche 35
Titre	**Archiver les dossiers du projet**	
Finalités	Permettre un accès aisé à l'information Favoriser les échanges d'expérience	
Conseils	Appliquer les règles d'archivage physique et logique en vigueur dans l'entreprise	
Risques	Ne pas permettre un accès aisé à l'information Ne pas pouvoir capitaliser les expériences Investir à perte sur des domaines déjà explorés	
Livrables	Note d'archivage (Livrable 31) Word	
Questions	La méthode d'archivage utilisée respecte-t-elle les règles en vigueur dans l'entreprise, tant au niveau logique que physique ?	

La note d'archivage (Livrable 31) est un document Word permettant de référencer les documents du projet et de communiquer ce recensement aux autres acteurs de l'entreprise.

Personne n'est propriétaire du travail réalisé sinon l'entreprise dans son ensemble ; c'est cette dernière qui en acquiert les droits. Chacun se doit donc de communiquer aux autres le travail réalisé et de leur faire profiter du temps investi. La mise en œuvre des outils Office favorise ces échanges et cette communication. Plus vous donnerez aux autres acteurs, et plus vous recevrez d'eux, c'est une dynamique d'échange et de « transversalité » qui correspond entièrement à l'état d'esprit de la gestion de projet.

Livrables de la phase de bilan

La phase de bilan génère les livrables suivants :

- une présentation du projet ;
- une note de désengagement ;
- un bilan final du projet ;
- une note d'archivage.

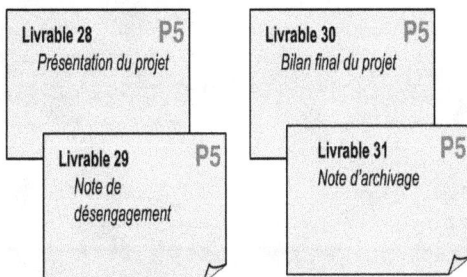

Livrable 28	P5
Présentation du projet	

Livrable 30	P5
Bilan final du projet	

Livrable 29	P5
Note de désengagement	

Livrable 31	P5
Note d'archivage	

Organisation des documents

La méthodologie génère un nombre important de livrables ; ces derniers pouvant exister en plusieurs versions, il est nécessaire au bout d'un certain temps de les organiser.

En ce qui concerne les documents papier, il convient de les placer dans un classeur comprenant un certain nombre d'intercalaires, définis par les rubriques décrites plus loin.

Pour les documents informatiques, une organisation rigoureuse s'impose : ils doivent être regroupés sur un seul et même support (disque dur de la machine du chef de projet ou serveur, dans le cas d'un réseau).

En outre, il faut respecter le caractère confidentiel de certains documents (carte des acteurs ou plan de communication, par exemple) en limitant leur accès aux acteurs autorisés.

En matière d'organisation des documents, l'approche suivante est optimale, et peut être utilisée tant sur le plan informatique que dans la mise en place d'intercalaires dans un classeur.

```
PROJET X
  Bilans
    Final                          30 Bilan final              31 Note d'archivage
    Intermédiaires                 26 Bilan intermédiaire
  Communication
    Plans                          8 Stratégie de communication   16 Charte graphique       17 Plan de communication
    Présentations                  23 Journal du projet           28 Présentation de projet
    Réunions
      Autres réunions              25 Conducteur de réunion
      Comité de pilotage           25 Conducteur de réunion       27 Rapport flash
      Equipe projet                25 Conducteur de réunion
  Contrats
    Fiches de poste                11 Fiche de poste              12 Carte des acteurs       10 Organigramme projet
    Nominations                    3 Note d'affectation           9 Fichier des acteurs      29 Note de désengagement
  Définition du projet
    Cadrage                        4 Note de cadrage              15 Fiche méthode
    Commande                       1 Demande de projet            2 Réponse à la demande
    Risques                        13 Grille des freins           14 Grille des facilitants
  Finances
    Prévu                          7 Budget prévisionnel
    Réalisé                        24 Fiche de reporting
  Planification
    Eléments                       18 Charte de planification     19 Organigramme des tâches  21 Tableau des ressources
    Prévu                          5 Macro-planning               6 Macro planning de charge  20 Planning détaillé
    Réalisé                        22 Contrat de planning         20 Planning détaillé        24 Fiche de reporting
```

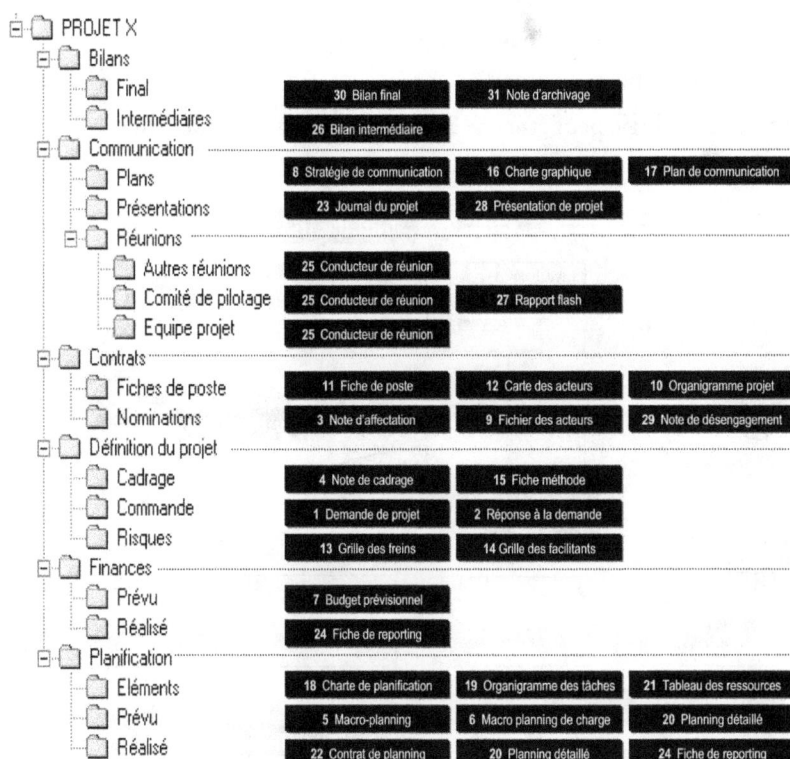

Synthèse réalisée grâce aux livrables

Une première synthèse peut être réalisée par l'intermédiaire des principaux livrables et leur cadrage dans les phases méthodologiques.

Ces livrables sont :

▶ la commande du commanditaire ;

▶ la note de cadrage ;

▶ le macroplanning ;

▶ le plan de communication ;

▶ la grille d'analyse des freins ;

- le planning détaillé ;
- les comptes rendus de suivi de projet ;
- la grille de bilan de projet.

La méthodologie peut être vue à travers ses livrables principaux :

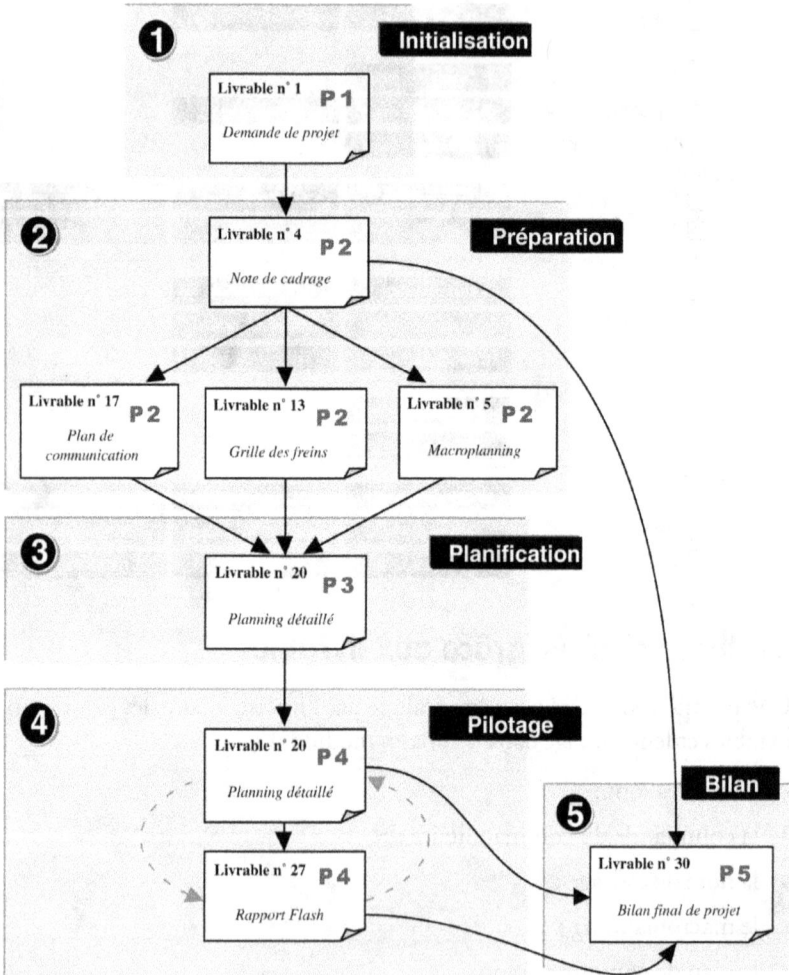

Résumé de la méthode

Il tient en trois mots : les phases ; les étapes ; les fiches.

Initialisation	Réception	Réceptionner la demande de projet du commanditaire
		Examiner la demande du commanditaire
	Affectation	Officialiser la nomination du chef de projet

Préparation	Objet	Définir l'objet précis du projet
		Lister les motifs et définir le contexte
	Objectifs	Définir les objectifs de qualité
		Définir les objectifs de temps
		Définir les objectifs de charge et de coûts
		Définir les objectifs de communication
		Définir les objectifs complémentaires
		Préciser les contraintes liées aux objectifs
		Vérifier l'adéquation entre les objectifs
	Domaine	Identifier le périmètre et les acteurs
		Définir la structure choisie pour la gestion du projet
		Définir les rôles des acteurs dans les structures projet
	Risques	Identifier, analyser et gérer les freins
		Identifier, analyser et gérer les facilitants
	Méthode	Choisir une méthode et structurer la réalisation du produit
	Communication	Définir les axes, cibles et moyens de communication
	Contractualisation	Rédiger la note de cadrage

Planification	Planification détaillée	Définir l'environnement de planification
		Ordonner la liste des tâches de fabrication du produit
		Affecter des durées ou des charges aux tâches
		Définir les liens entre les tâches
		Intégrer les tâches de gestion de projet
		Affecter les ressources aux tâches
	Validation	Optimiser le planning détaillé du prévu
		Valider, communiquer et enregistrer le planning

Pilotage	Lancement	Lancer la réalisation
		Mettre en œuvre le plan de communication
	Réalisation	Piloter la réalisation du produit

Bilan	Promotion	Vendre le projet
	Désengagement	Mettre un terme à l'engagement contractuel
	Capitalisation	Organiser les réunions de débriefing
		Archiver les dossiers du projet

TROISIÈME PARTIE

Application concrète

1

Présentation du cas étudié

La société

La société anonyme Ponant Loisirs est située à Perros-Guirec, dans les Côtes-d'Armor, en Bretagne. Elle distribue du matériel de nautisme. Ponant Loisirs a une situation géographique privilégiée, sur le port, avec l'implantation d'un magasin d'environ 200 m². Le magasin a fait l'objet d'une récente reconstruction, ce qui a permis d'augmenter la surface de vente.

Ses produits

Les articles vendus se divisent en deux catégories :

▶ Le matériel de nautisme, principalement centré sur les activités de funboard (planche à voile) ; la société commercialise également des kayaks de mer, des surfs et leurs accessoires.

▶ Le sportswear, centré sur des marques de vêtements marins ou marques connues dans le milieu du surf et du funboard.

L'activité suit le rythme saisonnier d'un commerce de bord de mer, une grande partie du chiffre d'affaires est réalisée pendant les périodes de vacances, et notamment en juillet et en août.

La société est gérée par Henri et Patrick qui s'occupent du contact avec les fournisseurs jusqu'à la vente aux clients.

Son activité

L'activité saisonnière et la vente de ces articles présentent des difficultés de gestion des stocks.

En effet, aussi bien sur les vêtements que dans le domaine des matériels de funboard, les phénomènes de mode, donc de collection, sont très importants.

La gestion du stock est donc essentielle, d'autant que le stock présent en magasin représente un quart du chiffre d'affaires annuel. Les invendus en fin de saison sont difficiles à écouler et peuvent nécessiter des remises importantes réduisant considérablement la marge.

D'autre part, l'arrivée de sites Internet de ventes peuvent venir concurrencer une partie de l'activité en magasin, notamment auprès des clients à la recherche d'un prix ou éventuellement d'une autre forme de service.

Une partie de la clientèle n'est pas locale. Cette clientèle n'hésite pas à passer commande auprès du magasin par téléphone, avant de venir le week-end chercher cette même commande.

Dans le domaine du funboard, la vente de matériel d'occasion est une activité importante car elle permet aux clients de faire « tourner » leur matériel afin de faire de nouvelles acquisitions.

Actuellement, Ponant Loisirs assume pour certains clients un système de dépôt-vente pour ceux qui désirent racheter du matériel neuf.

Le projet

Patrick et Henri voudraient mettre en place un projet permettant de réaliser une gestion des stocks en temps réel, que ce soit pour le matériel d'occasion, neuf, ou pour les vêtements.

Ils voudraient profiter de cette informatisation pour mettre en place un site Internet qui permette d'assurer la vente des matériels d'occasion confiés par les clients (dépôt-vente) ou en magasin (reprises éventuelles de matériel d'occasion pour achat de neuf). Le site doit permettre la visualisation des articles et la commande en ligne de ces articles, ainsi que le suivi par le client de sa commande.

La surface de stockage actuelle des matériels sera insuffisante, il faudra rechercher un local proche permettant de stocker les matériels d'occasion. Il faudra éventuellement envisager l'embauche d'une personne à temps partiel pour la gestion de ce stock. Le projet sera baptisé « Polo ».

Organisation du projet

Patrick et Henri souhaitent associer à ce projet deux prestataires de service. Un prestataire situé au Mans, la société CAPS – pour la partie informatique du projet, développement du logiciel de gestion du stock et construction du site (maîtrise d'œuvre) –, un prestataire situé à Paris, la société PO, pour assurer la gestion et la coordination du projet (assistance à la maîtrise d'ouvrage).

Ils souhaitent également faire partie intégrante du projet en tant qu'experts dans la vente, leur connaissance du marché et de la concurrence leur permettant d'apporter un éclairage technique au projet.

Un de leurs clients, Philippe, accepte lui aussi de les aider pour leur amener le regard extérieur au système qu'ils vont construire.

2

L'étude de cas

Présentation

Vous retrouverez en face de chaque fiche le même schéma que dans le chapitre 2 afin de vous repérer dans la méthode.

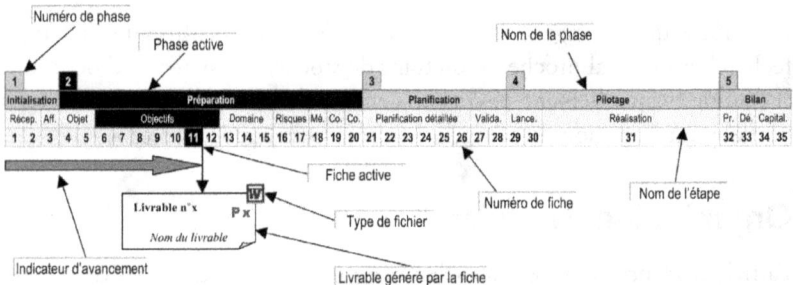

Ensuite vous trouverez un tableau comprenant les éléments suivants :

		Phase X	Fiche Y
Titre	X		
Étude de cas	• Éléments décrivant les événements de l'étude de cas au fur et à mesure de l'avancement du projet		
Conseils de réalisation du document	• Conseils permettant de réaliser le document indépendamment du logiciel utilisé pour le réaliser		
Conseils de mise en œuvre du document	• Conseils pratiques sur la mise en œuvre des documents dans les différents logiciels utilisés (Word, Excel, PowerPoint, Project…)		

Enfin vous trouverez un extrait des livrables réalisés pendant toute l'étude de cas :

N°	Liste des freins	Effet sur les objectifs	Impact	Probabilité	Détection	Criticité	Décision	Mesures préventives	Mesures curatives
1	Disponibilité de Patrick	Retard dans l'étude de la gestion des stocks	2	3	5	30	NON	Sans objet	Sans objet
2	Concurrence (même type de site)	Remise en cause des fonctionnalités du site	4	1	5	20	NON	Sans objet	Sans objet
3	Démission programmeur 1	Retard sur le développement de la partie	5	3	3	45	OUI	Mettre l'accent sur le dossier de programmation	Prendre un
4	Refus des marques	Remise en cause des fonctionnalités du site	4	1	1	4	NON	Sans objet	Sans
5	Augmentation de l'activité (comm)	Moins de disponibilités de Philippe	3	3	5	45	OUI	Faire un planning entre Henri et Patrick pour le magasin	Embaucher un intérimaire pendant le projet
6	Surcharge de Karen	Moins de productivité dans le management	3	5	2	30	OUI	Impliquer Christophe dans le management du projet	Confier le management à Christophe
7	Surcharge de Christophe	Plan de communication moins performant	4	3	4	48	OUI	Impliquer Henri dans le plan de communication	Demander l'appui ponctuel d'une agence de communication
8	Désintérêt de Philippe	Analyse moins pointue	3	1	3	9	NON	Sans objet	Sans objet
9	Mauvais choix techniques	Rallonge des temps de développement	4	2	1	8	OUI	Faire valider les choix techniques par une autre entité	Sans objet
10	Difficultés dans l'interface site	Retours en arrière nombreux	4	4	1	16	NON	Sans objet	Sans objet

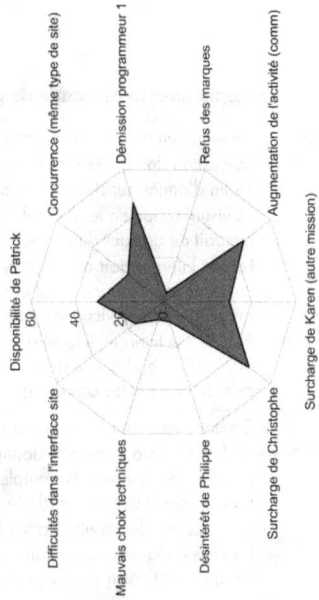

Les livrables

1	2		3		4		5
Initialisation	Préparation		Planification		Pilotage		Bilan
Récep. Aff Objet	Objectifs	Domaine	Risques Mé.Co. Co.	Planification détaillée	Valida. Lance.	Réalisation	Pr. Dé. Capital.
1 2 3 4 5 6 7	8 9 10 11 12 13 14 15 16	17 18 19 20	21 22 23 24 25 26 27 28 29 30		31		32 33 34 35

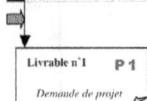

Livrable n°1   P 1

Demande de projet

1. Réceptionner la demande de projet du commanditaire

	Phase 1	**Fiche 1**
Titre	**Réceptionner la demande de projet du commanditaire**	
Étude de cas	• Un entretien avec Henri permet de préciser la commande • La gestion des stocks est un élément crucial à régler rapidement car les pertes en fin d'année sur des articles démodés sont importantes • La visualisation en temps réel de la marge réalisée sur les articles en vente permettrait de décider d'une éventuelle remise à faire au client • Le site Internet doit avoir un système de paiement sécurisé. Il faut pouvoir le mettre à jour facilement, et cette mise à jour ne doit pas être réalisée par un prestataire de service mais par quelqu'un de la société • Pour le site Internet, il faudra faire des photos, avec un appareil numérique, du matériel à vendre et ensuite intégrer ces photos facilement sur le site avec le prix de vente et les caractéristiques de ce matériel	
Conseils de réalisation du document	• Ce document est rédigé par le commanditaire du projet • Si des détails doivent être donnés sur les résultats attendus, il est préférable de joindre des documents complémentaires, du type cahier des charges fonctionnel, plutôt que d'alourdir le document de demande de projet • La rédaction des résultats attendus par le commanditaire est essentielle car elle l'oblige à clarifier sa demande, cela permet aussi au chef de projet de savoir sur quels critères il va être jugé en fin de projet	
Conseils de mise en œuvre du document	• Pas de difficultés particulières dans la mise en œuvre de ce document Word qui est présenté sous la forme d'un tableau • Les rubriques sans objet peuvent être supprimées en sélectionnant une ligne du tableau • L'accès aux en-têtes et pieds de page se réalise en effectuant un double clic sur ces zones qui doivent être renseignées afin de faciliter la gestion documentaire	

Polo – Demande de projet	Livrable N°01

Description de la demande

Objet de la demande

Mettre en place un système de gestion des stocks et réaliser un site commercial sur Internet permettant de vendre du matériel de funboard

Contexte de la demande

La gestion des stocks pose un véritable problème par les produits liés à l'activité de la société.

La société n'a pas de tableau de bord permettant des prises de décision relatives au répprovisionnement.

Le calcul de la marge n'est pas réalisé en temps réel.

La société Ponant Loisirs souhaite développer son activité à travers la mise en place de l'informatique.

Résultats attendus

Un logiciel de gestion du stock permettant de visualiser en temps réel les articles en stock, la marge réalisée sur chaque vente, des tableaux de marge par produit et par période.

Un site internet permettant aux clients de commander en ligne avec un paiement sécurisé des articles. Le site doit pouvoir aisément être mis à jour par les personnes de la société, il faut donc prévoir une interface facile à mettre en œuvre et qui prévoit l'intégration des photos du matériel à mettre en vente.

Références du demandeur

Nom

Henri

Coordonnées

Ponant Loisirs, Perros-Guirec, Côtes d'armor

Références des destinataires de la demande

Noms

Patrick, Christophe, François

Coordonnées

Ponant loisirs (Perros-Guirec), PO (Paris), CAPS (Le Mans)

Références des documents joints à la demande

Liste des documents

Sans objet

Signature du demandeur

1	2				3			4		5	
Initialisation	Préparation				Planification			Pilotage		Bilan	
Récap.	Aff.	Objet	Objectifs	Domaine	Risques Mé. Co. Co.	Planification détaillée	Valida.	Lance.	Réalisation	Pr. Dé.	Capital.
1 2	3 4 5 6 7	8 9 10 11 12	13 14 15 16 17 18 19 20	21 22 23 24 25 26	27 28 29 30				31		32 33 34 35

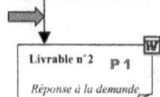

Livrable n° 2 P 1

Réponse à la demande

2. Examiner la demande du commanditaire

	Phase 1	**Fiche 2**
Titre	**Examiner la demande du commanditaire**	
Étude de cas	• Pour l'entreprise, c'est le premier projet technique qui est mené, il fait cependant suite à la reconstruction du magasin • Henri et Patrick souhaitent s'impliquer pleinement dans le projet, sans aucune réticence apparente • L'évaluation des ressources nécessaires à la réalisation du projet sera faite par les cabinets CAPS et PO • Patrick et Henri peuvent consacrer 25 % de leur temps au projet ; cependant, si c'est nécessaire en cours de projet, il sera possible de prendre un intérimaire pour les remplacer si leur présence est requise sur certaines tâches du projet • Les cabinets souhaitent s'engager sur ce projet, mais veulent qu'une planification précise soit effectuée ainsi qu'une évaluation des coûts exhaustive avant de signer le contrat définitif	
Conseils de réalisation du document	• Ce document est rédigé par les responsables qui vont engager les ressources dans le projet, il peut être le fruit d'une réunion de concertation • Il faut, à ce niveau, bien préciser les éventuels « télescopages » du projet avec d'autres projets aussi bien en matière de ressources disponibles, qu'en matière de périmètre du projet • L'estimation des ressources n'est qu'une évaluation grossière, cependant si le projet a fait l'objet d'une étude préalable ou d'une étude de faisabilité ces documents peuvent être joints à la réponse à la demande de projet	
Conseils de mise en œuvre du document	• Pas de difficultés particulières dans la mise en œuvre de ce document Word qui est présenté sous la forme d'un tableau • Les rubriques sans objet peuvent être supprimées en sélectionnant une ligne du tableau • L'accès aux en-têtes et pieds de page se réalise en effectuant un double clic sur ces zones qui doivent être renseignées afin de faciliter la gestion documentaire	

Polo – Réponse à la demande de projet	Livrable N°02

Description de la réponse à la demande

Articulation du projet avec les autres projets

Ce projet est indépendant des autres projets, il fait cependant suite à la reconstruction du magasin, actuellement terminée

Typologie du projet

Projet à caractère technique, résistances humaines au changement faibles a priori

Rôle du chef de projet

Le chef de projet sera responsable de la fédération de l'ensemble des ressources, il sera garant du respect de l'ensemble des objectifs

Il est responsable du suivi du budget du projet

Ressources nécessaires à la réalisation du projet

Attention : Les données concernant l'estimation des ressources ne sont qu'indicatives et globales, et ne peuvent en aucun cas être considérées comme des données définitives

Humaines

2 consultants PO à mi-temps sur le projet

2 consultants CAPS à mi-temps sur le projet

1 ingénieur Internet CAPS à mi-temps sur le projet

3 développeurs CAPS à mi-temps sur le projet

Patrick à 25% de son temps

Henri à 25% de son temps

Philippe pour 0,5 jour par semaine

Matérielles

Bureau pour les réunions

Machines de développement

Financières

Budget d'environ 100 K€ au total (estimation à affiner)

Ce budget ne tient compte que des coûts externes

Temporelles

Date de fin proposée pour le 31 décembre

Décision sur la suite de la demande

Le projet est accepté par les 2 sociétés de service, sous réserve d'une planification précise et d'une évaluation exhaustive des coûts

Ce document est communiqué aux autres acteurs du projet

Références des documents joints à la réponse

Liste des documents

Compte rendu de réunion entre la société CAPS/PO et le commanditaire Henri

1	2							3					4		5	
Initialisation		Préparation						Planification					Pilotage		Bilan	
Récap.	Aff.	Objet	Objectifs		Domaine	Risques	Mé. Co. Co.	Planification détaillée		Valida.	Lance.		Réalisation		Pr. Dé.	Capital.
1 2	3	4 5 6 7	8 9 10 11 12	13 14	15 16 17	18 19	20	21 22 23 24 25 26	27 28	29 30			31		32 33	34 35

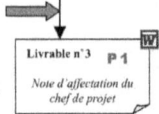

Livrable n° 3 P 1 W

Note d'affectation du chef de projet

3. Officialiser la nomination du chef de projet

	Phase 1	**Fiche 3**
Titre	**Officialiser la nomination du chef de projet**	
Étude de cas	• Le cabinet PO décide de prendre comme chef de projet Karen • Karen a déjà managé un grand nombre de projets d'organisation, d'autre part elle porte un vif intérêt à tous les projets contenant une composante Internet • Sa date de nomination sera le 17 avril et c'est cette date qui correspondra à la date de début de projet • Karen aura la responsabilité du planning et du suivi des coûts du projet, elle pourra éventuellement s'appuyer sur un des consultants du cabinet PO pour la partie communication du projet • En cas de nécessité, elle pourra, sous réserve de la validation du comité de pilotage, engager des dépenses, sous réserve que la totalité des dépenses engagées sous sa propre responsabilité pendant toute la durée du projet ne dépasse pas 10 K€	
Conseils de réalisation du document	• La partie essentielle de ce document réside dans les pouvoirs du chef de projet • Il faut préciser les conditions de la mise en œuvre de ces pouvoirs, la durée et la marge de manœuvre laissée au chef de projet pour la décision et la validation • Si nécessaire, la rédaction de la fiche de poste du chef de projet (Livrable 11) peut être anticipée dans la méthodologie afin d'être jointe à ce document • La signature entre le commanditaire et le chef de projet est un élément déterminant car il scelle véritablement le contrat entre 2 personnes physiques • Ce document est d'autre part un « laissez-passer » vis-à-vis des autres acteurs du projet qui légitime la position du chef de projet	
Conseils de mise en œuvre du document	• Pas de difficultés particulières dans la mise en œuvre de ce document Word qui est présenté sous la forme d'un tableau • Les rubriques sans objet peuvent être supprimées en sélectionnant une ligne du tableau • L'accès aux en-têtes et pieds de page se réalise en effectuant un double clic sur ces zones qui doivent être renseignées afin de faciliter la gestion documentaire	

Polo – Note d'affectation du chef de projet	Livrable N° 03

Affectation du chef de projet

Nom du chef de projet

Karen

Références du chef de projet

Service
Société PO, service organisation
Coordonnées
Tél : 06 88 10 88 45
E-mail : karen@po.com

Dates

Date de nomination
17 avril
Date de début de projet
17 avril

Pouvoirs du chef de projet

Pouvoirs de décision
Pouvoir d'engagement de finances jusqu'à 10 K€
Représentante de la maîtrise d'ouvrage (côté client)
Placée sous la coupe du comité de pilotage
Pouvoirs de validation
Les solutions financières choisies
Le planning et ses mises à jour

Signature du commanditaire du projet   *Signature du chef de projet*

1	2								3				4			5	
Initialisation	Préparation								Planification				Pilotage			Bilan	
Récep.	Aff.	Objet	Objectifs	Domaine	Risques	Mé. Co. Co.	Planification détaillée	Valida.	Lance.	Réalisation						Pr. Dé. Capital.	
1 2 3	4	5 6 7	8 9 10 11 12	13 14 15	16 17 18 19	20	21 22 23 24 25 26 27	28 29 30		31						32 33 34 35	

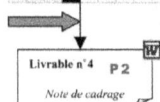

Livrable n° 4   P 2
Note de cadrage

4. Définir l'objet précis du projet

	Phase 2 **Fiche 4**
Titre	**Définir l'objet précis du projet**
Étude de cas	• Le projet se subdivise en fait en trois parties distinctes : – une première partie qui constitue la mise en place d'un système de gestion des stocks et ses composantes associées, à savoir les différents tableaux de bord permettant de suivre l'activité – une deuxième qui constitue la réalisation d'un site Internet permettant de réaliser des ventes et des règlements de matériel de funboard – une troisième qui consiste à organiser la gestion physique des stocks. Cette troisième partie peut être prise entièrement en compte par Henri et Patrick, et notamment la recherche et la mise en place des locaux nécessaires. L'étude de la gestion des stocks réalisée pour le logiciel servira d'étude organisationnelle préalable à la rédaction des procédures
Conseils de réalisation du document	• Ici commence la rédaction de la note de cadrage, document qui va « vivre » jusqu'à la fiche 20 où cette note va être signée et servir de contractualisation projet • La rédaction de l'objet est une phase délicate car il s'agit en quelques mots de résumer le projet • La qualité de la définition de l'objet dépend de plusieurs facteurs : – la disponibilité du commanditaire qui va affiner son besoin – la complexité du besoin – le niveau de détail des études réalisées précédemment à la mise en œuvre du projet • En tout état de cause, le chef de projet doit être « force de proposition dans la rédaction de l'objet » quitte à proposer plusieurs « moutures » de cet objet
Conseils de mise en œuvre du document	• Pas de difficultés particulières dans la mise en œuvre de ce document Word qui est présenté sous la forme d'un tableau • Les rubriques sans objet peuvent être supprimées en sélectionnant une ligne du tableau • L'accès aux en-têtes et pieds de page se réalise en effectuant un double clic sur ces zones qui doivent être renseignées afin de faciliter la gestion documentaire • Attention, ce document qui va vivre pendant toute la phase de préparation nécessite souvent plusieurs versions, il est utile de conserver toutes les versions de la note de cadrage et donc tous les fichiers la contenant (à gérer aussi dans les pieds de page)

Polo – Stratégie de communication	Livrable N° 04

Objet du projet

Objet

Réaliser et mettre en place un système de gestion des stocks

Réaliser et mettre en place un site Internet commercial

Organiser la gestion physique des stocks

Motifs et contexte

Déclencheurs du projet

Externes

Arrivée de concurrents sur le Net

Développement de l'activité intenationale sur le Net

Internes

Nécessité d'une optimisation de la gestion

Volonté de développement des ventes du matériel d'occasion

Contexte

Politique

La volonté est d'asseoir le positionnement de spécialistes pour contrer l'arrivée de généralistes sur le marché de type grandes surfaces d'articles de sport

Technique

Le matériel de funboard est diversifié, il n'est pas possible d'avoir tous les matériels en stock. Une bonne gestion des stocks et des statistiques permet d'avoir des prévisions fiables et de s'approvisionner en conséquence pour aborder la saison

Humain

Henri est familiarisé avec l'informatique, Patrick est néophyte en ce domaine

Les clients jeunes sont de plus en plus familiarisés avec les outils Internet

Concurrentiel

La concurrence dans le domaine du funboard est peu présente, les places doivent être prises maintenant

Travaux ou études déjà réalisés

Travaux

Seule une adresse Internet a été retenue

Etudes

Visualisation des sites des concurrents

Références

Exemples de site :

www.vaguevent.com

www.newway-Lille.fr.st

www.ultra-fun.com

1	**2**			3		4		5	
Initialisation	Préparation			Planification		Pilotage		Bilan	
Récep. Aff. **Objet**	Objectifs	Domaine	Risques Mo. Co. Co.	Planification détaillée	Valida. Lance.	Réalisation		Pr. Dé. Capital.	
1 2 3 4 **5**	6 7 8 9 10 11 12	13 14 15 16	17 18 19 20	21 22 23 24 25 26	27 28 29 30	31		32 33 34 35	

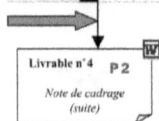

Livrable n° 4 **P 2**

*Note de cadrage
(suite)*

5. Lister les motifs et définir le contexte

	Phase 2	Fiche 5
Titre	**Lister les motifs et définir le contexte**	
Étude de cas	• Un certain nombre de concurrents, magasins de taille similaire, mettent en place des sites Internet. Dans la plupart des cas, ces sites sont seulement des vitrines, ils sont assez peu ergonomiques et souvent réalisés avec des moyens réduits ce qui en altère la qualité • D'autre part, il est nécessaire de démontrer un fort professionnalisme dans le métier de la vente des articles de sport au niveau d'un petit magasin, car l'arrivée de généralistes sous la forme de grandes surfaces nuit aux résultats commerciaux • Les résultats commerciaux sont liés aussi à l'optimisation de la gestion qui nécessite de se doter d'outils performants permettant la prise de décision même si l'expérience de « l'acheteur » est un élément déterminant dans le choix des articles • Le domaine du funboard reste un métier passion, l'ouverture vers de nouveaux services et une certaine professionnalisation des méthodes et des outils de travail peut permettre de se démarquer de la concurrence • Henri, à la différence de Patrick, est familier des outils bureautiques ; l'ouverture vers un système de gestion des stocks et vers un site est une suite logique de l'informatisation du magasin • La diversité des matériels dans le magasin nécessite maintenant des tableaux statistiques • La clientèle souvent jeune est familière des outils Internet • Enfin l'environnement lannionnais où gravitent de nombreuses entreprises touchant aux télécoms est un facteur positif pour la mise en place de tels outils	
Conseils de réalisation du document	• La réalisation de cette partie de la note de cadrage nécessite un élargissement du périmètre du projet pour bien comprendre le contexte • Les éléments rassemblés peuvent être le résultat d'un « benchmark » de la concurrence • Toutefois, il ne s'agit pas là de refaire une étude de faisabilité, la décision de mettre en œuvre le projet est déjà prise à ce niveau	
Conseils de mise en œuvre du document	• Pas de difficultés particulières dans la mise en œuvre de ce document Word qui est présenté sous la forme d'un tableau • Les rubriques sans objet peuvent être supprimées en sélectionnant une ligne du tableau • L'accès aux en-têtes et pieds de page se réalise en effectuant un double clic sur ces zones qui doivent être renseignées afin de faciliter la gestion documentaire	

Polo – Stratégie de communication	Livrable N° 04

Objet du projet

Objet Réaliser et mettre en place un système de gestion des stocks

Réaliser et mettre en place un site Internet commercial

Organiser la gestion physique des stocks

Motifs et contexte

Déclencheurs du projet

Externes

Arrivée de concurrents sur le Net

Développement de l'activité intenationale sur le Net

Internes

Nécessité d'une optimisation de la gestion

Volonté de développement des ventes du matériel d'occasion

Contexte

Politique

La volonté est d'asseoir le positionnement de spécialistes pour contrer l'arrivée de généralistes sur le marché de type grandes surfaces d'articles de sport

Technique

Le matériel de funboard est diversifié, il n'est pas possible d'avoir tous les matériels en stock. Une bonne gestion des stocks et des statistiques permet d'avoir des prévisions fiables et de s'approvisionner en conséquence pour aborder la saison

Humain

Henri est familiarisé avec l'informatique, Patrick est néophyte en ce domaine

Les clients jeunes sont de plus en plus familiarisés avec les outils Internet

Concurrentiel

La concurrence dans le domaine du funboard est peu présente, les places doivent être prises maintenant

Travaux ou études déjà réalisés

Travaux

Seule une adresse Internet a été retenue

Etudes

Visualisation des sites des concurrents

Références

Exemples de site :

www.vaguevent.com

www.newway-Lille.fr.st

www.ultra-fun.com

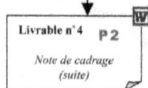

1	2					3		4		5	
Initialisation	Préparation					Planification		Pilotage		Bilan	
Récap. Aff. Objet	Objectifs		Domaine	Risques Mé. Co. Co.		Planification détaillée	Valida. Lance.	Réalisation		Pr. Dé. Capital.	

1 2 3 4 5 **6** 7 8 9 10 11 12 13 14 15 16 17 18 19 20 21 22 23 24 25 26 27 28 29 30   31   32 33 34 35

Livrable n° 4   **P 2**
Note de cadrage
(suite)

6. Définir les objectifs de qualité

	Phase 2	**Fiche 6**
Titre	**Définir les objectifs de qualité**	
Étude de cas	• En ce qui concerne la gestion des stocks, Henri souhaite : – connaître en temps réel la quantité d'un article en stock – connaître la marge brute lors d'une vente d'un article à un client, même si on applique une remise – avoir des tableaux de synthèse qui lui permettent de prendre des décisions de réapprovisionnement mais aussi d'avoir des historiques sur les articles vendus par période • Pour le site : – il faut pouvoir visualiser par un système de photographies les articles en vente avec un descriptif sommaire de ces mêmes articles – pouvoir commander les articles en ligne – avoir un accès sécurisé des paiements • Pour la gestion physique des stocks : – pouvoir mettre tous les matériels d'occasion sur un même lieu physique – formaliser la gestion des stocks – embaucher le personnel nécessaire à cette gestion des stocks • Les données chiffrées concernant ces éléments sont : – 50 fournisseurs, 2 500 articles en référence, 5 000 articles en stock – pour le site il faut pouvoir visualiser 250 articles (photos et libellés), 10 personnes doivent pouvoir se connecter simultanément – la surface du local doit être d'environ 150 m²	
Conseils de réalisation du document	• Il ne s'agit pas à ce niveau de réécrire le cahier des charges du produit qui va sortir du projet, mais de faire ressortir les points importants des objectifs de qualité • À ce niveau, dans le document, il faut au minimum faire la liste des résultats (produits) qui seront réalisés et qualifier ces produits par des critères mesurables qui permettront d'apprécier la satisfaction du commanditaire et des clients du projet • Cette rubrique de la note de cadrage doit être complétée par plusieurs cahiers des charges fonctionnels qui décrivent en détail les résultats attendus	
Conseils de mise en œuvre du document	• Pas de difficultés particulières dans la mise en œuvre de ce document Word qui est présenté sous la forme d'un tableau • Les rubriques sans objet peuvent être supprimées en sélectionnant une ligne du tableau • L'accès aux en-têtes et pieds de page se réalise en effectuant un double clic sur ces zones qui doivent être renseignées afin de faciliter la gestion documentaire	

Polo– Note de cadrage	Livrable N° 04

Objectifs de qualité

Produits du projet	Gestion des stocks en temps réel Site Internet commercial Une organisation permettant de gérer les stocks d'occasion

Fonctions des produits	Gestion des stocks en temps réel

Connaître le niveau des stocks en instantané sur n'importe quel type d'article

Bénéficier d'une liaison avec les ventes permettant notamment de visualiser en instantané la marge brute dégagée lors de la vente aux clients

Disposer des tableaux de synthèse hebdomadaires, mensuels et annuels des mouvements de stock et des marges brutes par article

Site Internet commercial

Visualiser les photos des articles d'occasion en vente

Disposer d'un court descriptif des articles en vente

Permettre la commande sécurisée de ces articles

Organisation permettant de gérer les stocks d'occasion

Bénéficier d'un local permettant la gestion des stocks d'occasion

Disposer du personnel nécessaire à cette gestion

Mettre en place des procédures de gestion formalisées

Performances des produits	Gestion des stocks en temps réel

50 fournisseurs

200 références d'articles différentes

5 000 références en stock

5 000 clients

Site Internet commercial

250 articles en visualisation

250 libellés

10 accès simultanés

Organisation permettant de gérer les stocks d'occasion

Local de 250 m^2

Références	Cahier des charges fonctionnelles détaillé

1	2			3		4		5
Initialisation	Préparation			Planification		Pilotage		Bilan
Récep. Aff. Objet	Objectifs		Domaine Risques Mé. Co. Co.	Planification détaillée	Valida. Lance.	Réalisation		Pr. Dé. Capital.
1 2 3 4 5 6 **7**	8 9 10 11 12 13 14 15 16 17 18 19 20 21 22 23 24 25 26 27 28 29 30					31		32 33 34 35

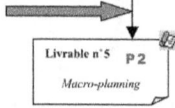

Livrable n° 5   P 2
Macro-planning

7. Définir les objectifs de temps

	Phase 2	**Fiche 7**

Titre	**Définir les objectifs de temps**
Étude de cas	• Après réflexion, Henri souhaite reporter dans le temps la troisième partie du projet, à savoir la mise en place physique de la gestion des stocks, il estime que cette mise en place pourra être effectuée lorque les ventes sur le site auront un historique de 3 mois • Karen réalise une réunion avec les responsables techniques des différentes parties du projet ce qui lui permet de définir la planification suivante en terme de durées : – 7 jours d'initialisation, de préparation, de planification du projet – la réalisation débutera le 24 avril et le site pourra être opérationnel le 18 juillet – 2 jours seront consacrés au bilan du projet • La réalisation sera découpée de la manière suivante : – étude de la gestion des stocks : 5 jours – mise en place de la gestion des stocks : 20 jours – étude du site Internet : 15 jours (en parallèle de la mise en place de la gestion des stocks) – réalisation du site : 20 jours – mise en production du site : 20 jours • Le projet débute le 17 avril et se termine le 20 juillet
Conseils de réalisation du document	• La réalisation du macroplanning se fait avec les experts, elle nécessite une première approche de la démarche choisie pour aboutir au résultat • Aucun engagement ne doit être pris en matière de dates après un macroplanning car l'estimation n'est pas suffisamment fine pour devenir contractuelle • Cette réflexion oblige les experts à une première structuration des grandes phases du projet • Un macroplanning doit pouvoir être lu par un novice, sa lisibilité et sa clarté sont des éléments déterminants, il n'est néanmoins pas suffisant en matière de détails pour assurer un pilotage convenable ; c'est pour cela qu'il est complété par un planning détaillé
Conseils de mise en œuvre du document	• Saisir les phases de gestion du projet (en vert dans la matrice), ces phases correspondent aux phases que l'on trouve dans la méthode • Saisir les phases et étapes de la fabrication du produit (en bleu dans la matrice) • Saisir les différents jalons ou livrables intermédiaires (en rouge dans la matrice) ; ces éléments sont le résultat de la mise en œuvre des tâches, ils permettent en outre d'améliorer la lisibilité du document • Saisir les durées estimées de chacune des tâches (par défaut les unités sont en jours, les jalons ou livrables doivent avoir une durée de x jour) • Lier les tâches entre elles en effectuant un « cliquer-glisser » de la tâche prédécesseur vers la tâche successeur

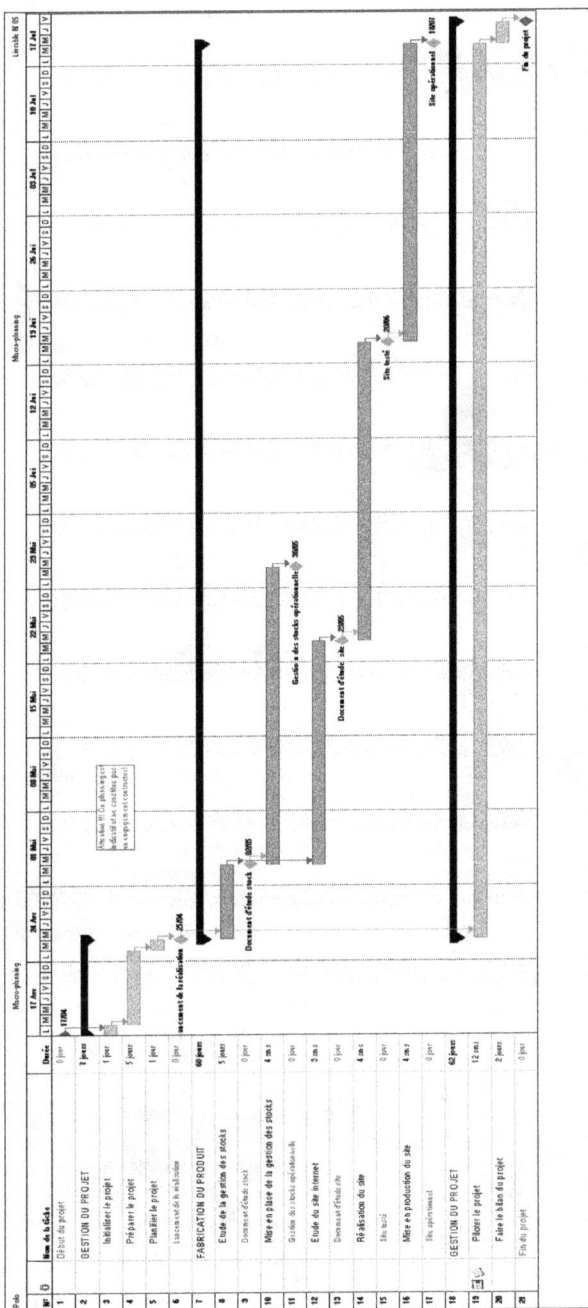

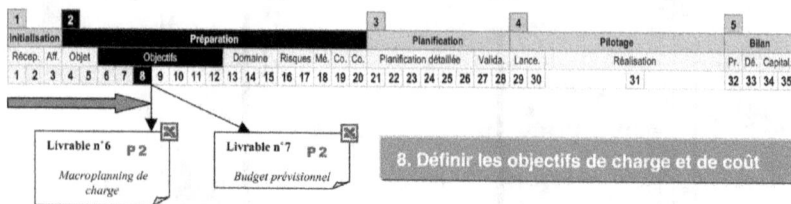

1	2				3		4		5	
Initialisation	Préparation				Planification		Pilotage		Bilan	
Récep. Aff. Objet	Objectifs	Domaine	Risques Mé. Co. Co.	Planification détaillée	Valida. Lance.	Réalisation	Pr. Dé. Capital.

| 1 | 2 | 3 | 4 | 5 | 6 | 7 | 8 | 9 | 10 | 11 | 12 | 13 | 14 | 15 | 16 | 17 | 18 | 19 | 20 | 21 | 22 | 23 | 24 | 25 | 26 | 27 | 28 | 29 | 30 | 31 | 32 | 33 | 34 | 35 |

Livrable n° 6 P 2
Macroplanning de charge

Livrable n° 7 P 2
Budget prévisionnel

8. Définir les objectifs de charge et de coût

	Phase 2	**Fiche 8**

Titre	**Définir les objectifs de charge et de coûts**
Étude de cas	• Les charges globales estimées pour les différentes phases du projet sont les suivantes (exprimées en jour x homme) : – initialiser le projet : 1 – préparer le projet : 2 – planifier le projet : 1 – étude de la gestion des stocks : 4 – mise en place de la gestion des stocks : 10 – étude du site Internet : 10 – réalisation du site Internet : 40 – mise en production du site : 10 – piloter le projet : 15 – faire le bilan du projet : 1 • Les coûts moyens des ressources humaines sont : – 1 000 € par jour pour toutes les tâches de gestion du projet – 800 € par jour pour les études – 700 € par jour pour les mises en place – 500 € par jour pour le développement du site – les coûts d'utilisation des ressources matérielles sont essentiellement liés à des coûts d'impression des documents – les coûts de sous-traitance sont liés pour la gestion des stocks à l'achat du module central de gestion des stocks (base de données et matériel informatique), et pour le site aux coûts liés à l'hébergement • Le coût global du projet se situe dans une fourchette de 80 à 100 K€
Conseils de réalisation du document	• Là encore il s'agit d'une approximation réalisée par les experts qui permet une première approche des coûts du projet et de la charge • Ce document permettra aussi de voir à quel moment les ressources financières devront être libérées et ainsi assurer une gestion de la trésorerie du projet • La répartition de la charge et des coûts du projet entre la gestion et la fabrication du produit doit rester dans des proportions de 25 % pour la gestion et 75 % pour la fabrication
Conseils de mise en œuvre du document	• Insérer ou supprimer les lignes nécessaires au projet • Reporter les différentes tâches du macroplanning dans les 2 tableaux Excel • Renseigner les charges d'une part et les coûts sur le deuxième tableau • Réactualiser s'il y a lieu les graphiques en fonction du nombre de lignes • Respecter les codes couleur (vert pour la gestion du projet, bleu pour la fabrication du produit)

GESTION DU PROJET		Charge estimée
GESTION DU PROJET	Initialiser le projet	1
	Préparer le projet	2
	Planifier le projet	1
FABRICATION DU PRODUIT	Étude de la gestion des stocks	4
	Mise en place de la gestion des stocks	10
	Étude du site Internet	10
	Réalisation du site Internet	40
	Mise en production du site	10
GESTION DU PROJET	Piloter le projet	15
	Faire le bilan du projet	1

Total charge gestion du projet	20
Total charge fabrication du produit	74

		Charge estimée	Coût RH	Coût des RM	Coût de la sous-traitance	Totaux
GESTION DU PROJET	Initialiser le projet	1	1000	100	100	1200
	Préparer le projet	2	1000	200	100	2300
	Planifier le projet	1	1000	100	100	1200
FABRICATION DU PRODUIT	Étude de la gestion des stocks	4	800	80	200	3480
	Mise en place de la gestion des stoc	10	700	80	600	7680
	Étude du site Internet	10	800	80	200	8280
	Réalisation du site Internet	40	500	80	200	20260
	Mise en production du site	10	700	80	10000	17080
GESTION DU PROJET	Piloter le projet	15	1000	100	100	15200
	Faire le bilan du projet	1	1000	100	100	1200

Total coût gestion du projet	21 100,00 €
Total coût fabrication du produit	56 800,00 €

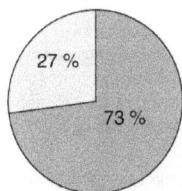

27 %

73 %

☐ Total coût gestion du projet
▨ Total coût fabrication du produit

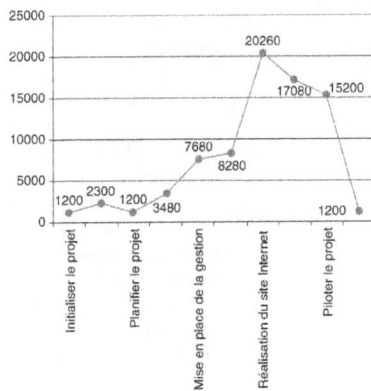

25000

20000 — 20260

15000 — 17080 15200

10000 — 7680

5000 — 8280

1200 2300 1200 3480 1200

0

Initialiser le projet
Planifier le projet
Mise en place de la gestion
Réalisation du site Internet
Piloter le projet

1	2			3		4		5
Initialisation	Préparation			Planification		Pilotage		Bilan
Récap.	Aff.	Objet	Objectifs	Domaine	Risques Mé. Co. Co.	Planification détaillée	Valida. Lance.	Réalisation	Pr. Dé. Capital.

`1 2 3 4 5 6 7 8 9 10 11 12 13 14 15 16 17 18 19 20 21 22 23 24 25 26 27 28 29 30    31    32 33 34 35`

Livrable n° 8   P 2   W

Stratégie de communication

9. Définir les objectifs de communication

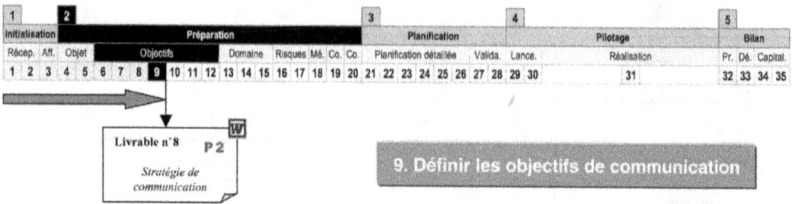

	Phase 2	**Fiche 9**
Titre	**Définir les objectifs de communication**	

Étude de cas	• La communication souhaitée par Henri porte sur les points suivants : – communiquer sur l'arrivée du site et des services associés – faire des points hebdomadaires simples sur l'avancée du projet – la communication doit être ludique mais haut de gamme – il faut regarder ce qu'ont fait les concurrents notamment dans la presse spécialisée • Karen émet les souhaits suivants : – faire un point hebdomadaire entre les sociétés CAPS et PO – avoir un appui d'un consultant de PO qui serait responsable de la communication • La communication en interne sur le projet se fera de manière très informelle, l'accent sera mis sur la communication externe, on veillera donc à communiquer au bon moment par rapport notamment aux dates où le site sera réellement opérationnel
Conseils de réalisation du document	• Le contenu de ce document nécessite une bonne maîtrise de la communication et notamment la différenciation entre la notion de stratégie et les messages à faire passer • La stratégie doit être définie avec le commanditaire ; les messages peuvent être définis par le chef de projet (ou responsable de communication s'il est déjà nommé) et être validés par le commanditaire • Les messages découlent de la stratégie adoptée • Il faut faire attention dans ce document à ne pas trop raisonner en terme de moyens de communication (cela fait partie du plan de communication), c'est plutôt une réflexion préalable à l'élaboration du plan de communication • Ce document oblige le commanditaire à avoir une réflexion sur la manière dont il souhaite communiquer dans son projet • Ce document doit être signé par le commanditaire et le chef de projet • Il faut aussi faire attention à ne pas systématiquement assimiler communication à communication externe ; dans un projet de changement (organisationnel par exemple), c'est souvent avec une bonne communication interne que l'on réussit le changement • Si le projet est vraiment complexe en matière de communication, l'aide d'experts en la matière peut s'avérer indispensable (agence de communication...)
Conseils de mise en œuvre du document	• Pas de difficultés particulières dans la mise en œuvre de ce document Word qui est présenté sous la forme d'un tableau • Les rubriques sans objet peuvent être supprimées en sélectionnant une ligne du tableau • L'accès aux en-têtes et pieds de page se réalise en effectuant un double clic sur ces zones qui doivent être renseignées afin de faciliter la gestion documentaire

© Groupe Eyrolles

Polo – Stratégie de communication	Livrable N° 08

Prise en compte de la communication

Entreprise

Communication habituelle

Relationnel et mailings vers certains clients

Quelques mails

En interne essentiellement orale

Références

Mailing de promotion sur les voiles, en novembre

Acteurs

Commanditaire

Henri souhaite une communication simple mais illustrant l'idée du haut de gamme, notamment au niveau du matériel funboard

La démarche devra se centrer sur l'atteinte de clients nouveaux, à travers la communication concernant la mise en place du site

Pas de communication spécifique relative à la gestion des stocks

Henri souhaite un point hebdomadaire simple sur l'avancée du projet et un point mensuel plus élaboré avec l'ensemble des acteurs participant au projet

Un point hebdomadaire sera réalisé entre les 2 prestataires CAPS et PO

Clients

Les clients souhaitent une communication orientée produits

La communication doit avoir un caractère ludique

Mettre en avant la notion de service (nouveau service aux clients)

Références

Voir les communications effectuées par les concurrents sur les sites dans *Wind* et *PlancheMag* (Presse spécialisée)

Produit

Communication courante

Pas de communication sur la gestion des stocks

Accentuer la communication relative à l'adresse du site

Références

Communications effectuées sur l'ensemble des sites Internet

Presse nautique

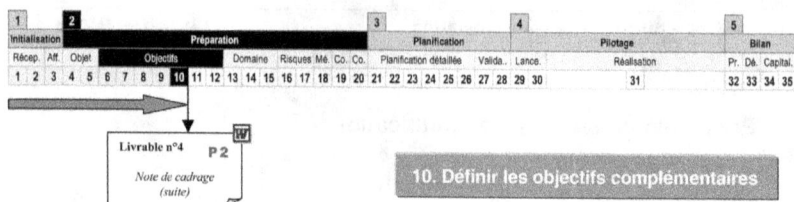

1	2				3			4		5	
Initialisation	Préparation				Planification			Pilotage		Bilan	
Récep.	Aff.	Objet.	Objectifs	Domaine	Risques Mé. Co. Co.	Planification détaillée	Valida.	Lance.	Réalisation	Pr. Dé. Capital.	
1 2 3	4 5 6 7	8 9 **10** 11	12 13 14 15 16	17 18 19 20 21 22 23	24 25 26 27 28 29 30				31	32 33 34 35	

Livrable n°4 P 2

Note de cadrage
(suite)

10. Définir les objectifs complémentaires

		Phase 2	Fiche 10
Titre	**Définir les objectifs complémentaires**		
Étude de cas	• Patrick souhaite à l'occasion du projet se former à la micro-informatique en général ; en effet c'est lui qui sera chargé de la mise à jour du site avec les matériels mis en vente • Il faudra prévoir pour lui une formation de 4 jours maximum comprenant 2 jours sur la micro en général (hard et soft) et 2 jours sur les outils bureautiques • Il sera intégré bien sûr aux formations qui seront effectuées sur l'utilisation du logiciel de gestion des stocks et sur la mise en œuvre du site, mais ces formations sont incluses dans le planning du projet • Le budget pour sa formation générale à la micro-informatique est de 2 K€		
Conseils de réalisation du document	• Ces objectifs sont généralement fixés par le commanditaire • Le chef de projet doit limiter les objectifs complémentaires à ceux qui ont un lien direct avec le sujet du projet car il en prend la responsabilité comme les autres objectifs • Il est nécessaire d'être précis sur les objectifs à atteindre et de bien mesurer le niveau d'implication du commanditaire • Si ces objectifs sont importants, ils peuvent nécessiter une gestion de projet à part entière • Il faut aussi faire préciser au commanditaire s'il souhaite que ces objectifs soient intégrés en terme de coût/charge/planification au planning détaillé ; dans ce cas, il faudra à chaque mesure dissocier ce qui concerne les objectifs propres du projet de ce qui concerne les objectifs complémentaires		
Conseils de mise en œuvre du document	• Reprendre la dernière version de la note de cadrage en cours • Pas de difficultés particulières dans la mise en œuvre de ce document Word qui est présenté sous la forme d'un tableau • Les rubriques sans objet peuvent être supprimées en sélectionnant une ligne du tableau • L'accès aux en-têtes et pieds de page se réalise en effectuant un double clic sur ces zones qui doivent être renseignées afin de faciliter la gestion documentaire		

Polo– Note de cadrage	Livrable N° 04

Objectifs de communication

Cf

Consulter la stratégie de communication du projet joint à cette note de cadrage

Livrable 8

Fichier Word

Objectifs complémentaires

Humains

Description

Sans objet

Charge et coûts

Sans objet

Méthodes

Description

Sans objet

Charge et coûts

Sans objet

Formation

Description

Initiation de Patrick à la micro-informatique

Charge et coûts

4 jours de formation

1 500 euros

Autres objectifs

Description

Sans objet

Charge et coûts

Sans objet

1	2						3						4			5		
Initialisation	Préparation						Planification						Pilotage			Bilan		
Récep. Aff. Objet	Objectifs		Domaine	Risques Mé. Co. Co.			Planification détaillée		Valida. Lance.			Réalisation			Pr. Dé. Capital.			

1 2 3 4 5 6 7 8 9 10 **11** 12 13 14 15 16 17 18 19 20 21 22 23 24 25 26 27 28 29 30   31   32 33 34 35

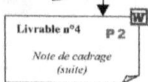

Livrable n°4 P 2
Note de cadrage (suite) W

11. Préciser les contraintes sur objectifs

	Phase 2	**Fiche 11**

Titre	**Préciser les contraintes sur objectifs**
Étude de cas	• Compte tenu des priorités, la décision a été prise de confier intégralement à Henri la partie de gestion physique des stocks • Cette partie du projet sort donc du périmètre confié à Karen et n'apparaîtra pas dans le projet ; la dernière rubrique de l'objet est donc à supprimer • La marge de manœuvre sur le planning est de 1 mois et demi, en tout état de cause le projet devra être terminé le 1er septembre • Philippe, qui va participer au projet en tant que représentant des clients, ne pourra consacrer plus de 0,5 jour par semaine au projet • En revanche, Henri pourra libérer 1 dimanche sur 2 si nécessaire pour le projet • La marge de manœuvre sur les dépenses est de 40 K€, toutefois le budget ne pourra être supérieur à 120 K€
Conseils de réalisation du document	• Le commanditaire doit préciser les marges de manœuvre sur le projet sur chacun des objectifs. La fixation de ces marges peut être effectuée à la suite d'une négociation avec le chef de projet • Il est essentiel que les maxima soient connus et écrits car ils permettront d'aider à l'analyse des risques et de vérifier en fin de phase de préparation la faisabilité du projet • Tous les critères du triangle qualité/temps/coût doivent être renseignés, leur poids doit être identique • Cette partie du document ne doit en aucun cas être le résultat de supputations du chef de projet ; il est généralement utile que cela soit ultérieurement validé par les membres du comité de pilotage • Dans certains cas il est possible à ce niveau de fixer des pénalités pour non-atteinte des objectifs • Les critères et conditions de mesure de l'atteinte des objectifs doivent tous être écrits et communiqués aux acteurs du projet
Conseils de mise en œuvre du document	• Reprendre la dernière version de la note de cadrage en cours • Pas de difficultés particulières dans la mise en œuvre de ce document Word qui est présenté sous la forme d'un tableau • Les rubriques sans objet peuvent être supprimées en sélectionnant une ligne du tableau • L'accès aux en-têtes et pieds de page se réalise en effectuant un double clic sur ces zones qui doivent être renseignées afin de faciliter la gestion documentaire

Polo– Note de cadrage	Livrable N°04

Contraintes sur objectifs

Qualité

Marge de manœuvre

La recherche des locaux et de personnel associé peut être entièrement assumée par Henri

Contraintes bloquées

La gestion en temps réel des stocks avec ses tableaux de bord constitue une priorité, ainsi que les tableaux de bord sur les marges

Temps

Marge de manœuvre

De 1,5 mois sur la durée du projet

Contraintes bloquées

Date de fin le 1er septembre

Charge

Marge de manœuvre

Eventuellement Henri peut consacrer 1 dimanche sur 2 pendant toute la durée du projet

Contraintes bloquées

La charge pour Philippe ne peut excéder 0,5 jour par semaine, compte tenu de ses activités professionnelles

Coûts

Marge de manœuvre

Une marge d'environ 40 000 euros

Contraintes bloquées

Le budget global ne pourra excéder 120 000 euros hors locaux et personnel

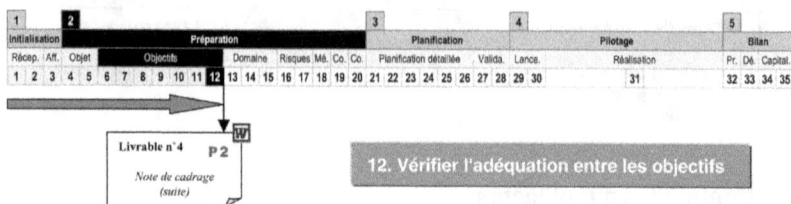

	Phase 2	Fiche 12
Titre	**Vérifier l'adéquation entre les objectifs**	
Étude de cas	• La contrainte impérative concerne la date de fin du projet qui est maintenue au 1er septembre • Il est accepté que le chiffrage définitif des coûts ne soit réalisé qu'à l'issue de la phase de planification détaillée • Le planning sera signé par un représentant de PO, de CAPS et le commanditaire • Le projet dans l'état semble réalisable compte tenu des marges de manœuvre possibles sur les objectifs • Un compte rendu de réunion sera joint à cette étape afin de sceller les conditions de poursuite du projet	
Conseils de réalisation du document	• Cette phase peut donner lieu à plusieurs négociations successives, il est alors nécessaire de garder trace des différentes négociations dans le compte rendu de réunion • Dans la note de cadrage, il suffit de noter de manière synthétique les dates des différentes négociations, ainsi que leurs conclusions succinctes • Cette étape pouvant être très étalée dans le temps, il est nécessaire de gérer de manière la plus fine possible les versions informatiques de la note de cadrage s'il y a lieu • Dans certains cas, ces négociations peuvent aboutir à l'arrêt du projet ; il est alors nécessaire de réaliser une note de désengagement du chef de projet (Livrable 29)	
Conseils de mise en œuvre du document	• Reprendre la dernière version de la note de cadrage en cours • Pas de difficultés particulières dans la mise en œuvre de ce document Word qui est présenté sous la forme d'un tableau • Les rubriques sans objet peuvent être supprimées en sélectionnant une ligne du tableau • L'accès aux en-têtes et pieds de page se réalise en effectuant un double clic sur ces zones qui doivent être renseignées afin de faciliter la gestion documentaire	

Polo– Note de cadrage	Livrable N° 04

Adéquation entre les objectifs

Triangle coût qualité temps

Objectifs à maintenir

Le calendrier et notamment la date impérative du 1er septembre

Objectifs à négocier

La validation du coût total du projet ne pourra se faire qu'à l'issue de la planification détaillée

Résultats de la négociation

La négociation se terminera à la signature du contrat de planning

Date de validation

25 avril

Finalisation de la note de cadrage

Eléments de finalisation

Documents joints en référence

Cahier des charges fonctionnel

Documents de gestion de projet en références

Liste des acteurs ayant reçu la note de cadrage

Henri

Patrick

Karen

Date de validation de la note de cadrage définitive

25 avril

Signature du commanditaire du projet   *Signature du chef de projet*

1			2											3								4								5			
Initialisation			Préparation											Planification								Validation	Lance.			Pilotage				Bilan			
Recep.	Aff.	Objet		Objectifs				Domaine	Risques	Me.	Co.	Co.		Planification détaillée												Réalisation				Pr.	Dé.	Capital.
1	2	3	4	5	6	7	8	9	10	11	12	**13**	14	15	16	17	18	19	20	21	22	23	24	25	26	27	28	29	30	31		32	33	34	35

Livrable n° 9   **P 2**
Fichier des acteurs

13. Identifier le périmètre et les acteurs

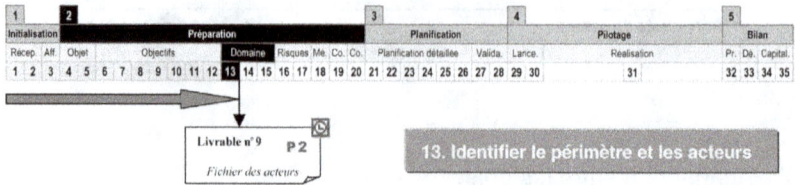

	Phase 2	Fiche 13
Titre	**Identifier le périmètre et les acteurs**	

Étude de cas	La liste des acteurs est la suivante :
	• Pour Ponant Loisirs : – Henri
	                                    – Patrick
	• Pour CAPS : – Claudio
	                                    – François
	                                    – infographiste
	                                    – programmeurs 1 et 2
	• Pour PO : – Karen
	                                    – Christophe
	• Pour les externes : – Philippe	

Conseils de réalisation du document	• L'objectif est d'avoir une liste actualisée contenant toutes les informations majeures pour chacun des acteurs à savoir : – nom et prénom – adresse professionnelle, personnelle éventuellement – téléphone bureau, mobile, personnel éventuellement – adresse e-mail • Ces informations doivent être saisies dans un produit logiciel accessible par le plus grand nombre ; si un système de messagerie n'est pas partagé il faut alors utiliser un fichier de type Access ou Excel permettant une mise à jour facile • En dernier recours, un répertoire papier peut être utilisé, ce sera le responsable de la documentation qui le mettra à jour • Dans un gros projet, la constitution de ce type de fichier pourrait nécessiter une déclaration à la CNIL	
Conseils de mise en œuvre du document	• Le fichier joint est un composant de Outlook • L'utilisation de ce composant permet une consultation de manière autonome (sans connexion à un réseau) ou partagée • Ces données sont immédiatement utilisables pour le travail en groupe avec une messagerie de type Exchange • L'utilisation en groupe de travail permet un gain de temps significatif, notamment lors d'échanges de documents qui doivent être validés par plusieurs acteurs du projet • La mise à jour doit être confiée à une seule et même personne, au besoin certaines coordonnées peuvent être protégées pour des raisons de confidentialité	

M. Hugues MARCHAT
Auteur

(06) 88 10 88 45 Bureau
(06) 88 10 83 45 Mobile
(06) 88 10 88 45 Domicile
huguesmarchat@orange.fr

Notes

Hugues MARCHAT

Consultant
Conduite de projets
Stratégie
Organisation

Nom complet...   M. Hugues MARCHAT

Société:

Titre :   Auteur

Classer sous :   MARCHAT, Hugues

Internet

Adresse de messagerie...   huguesmarchat@orange.fr

Afficher comme :   Hugues MARCHAT (huguesmarchat@orange.fr)

Page Web :

Adresse de messagerie instantanée :

Numéros de téléphone

Bureau...   (06) 88 10 88 45

Domicile...   (06) 88 10 88 45

Télécopie (bureau)... (06) 88 10 88 45

Téléphone mobile...   (06) 88 10 88 45

Adresses

Bureau...

☑ Adresse postale

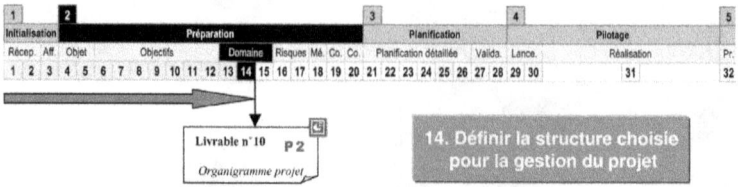

1 Initialisation	2 Préparation	3 Planification	4 Pilotage	5

14. Définir la structure choisie pour la gestion du projet

	Phase 2	Fiche 14
Titre	Définir la structure choisie pour la gestion de projet	
Étude de cas	• Les rôles sont répartis de la manière suivante : – Henri, commanditaire, payeur et direction, expert – Philippe, client, expert – Karen, chef de projet, planificatrice, responsable des ressources – Christophe, responsable de la communication et de la documentation – François, expert pour la partie Internet – Claudio, expert pour la partie stock (logiciel) – Patrick, expert pour la partie stock (procédures) – infographiste, ressource – programmeurs 1 et 2, ressources • L'organisation choisie est de type Task Force, les acteurs ne sont impliqués que dans un seul projet compte tenu de la durée restreinte du projet et de son enjeu	
Conseils de réalisation du document	• L'organigramme doit permettre de visualiser les connexions entre le mode de fonctionnement de tous les jours et le fonctionnement projet • Dans le cas de grands projets impliquant un grand nombre d'acteurs, il peut être nécessaire de décomposer l'organigramme en plusieurs éléments • Il peut être nécessaire de préciser si les liens sont fonctionnels ou hiérarchiques, notamment dans le cas d'une organisation de type matricielle • Ne pas hésiter à utiliser les organigrammes de l'entreprise, s'ils existent, ce qui permettra aux acteurs de mieux retrouver leur positionnement	
Conseils de mise en œuvre du document	• La duplication des cases contenant les acteurs se réalise par la combinaison des touches Ctrl+d • Les liaisons entre les acteurs peuvent être réalisées avec des connecteurs dans les formes automatiques, ce qui permet un déplacement des boîtes et des flèches simultanément • Attention à ne pas multiplier les couleurs qui alourdiraient le schéma • Ce schéma peut être réalisé sous Word et sous Excel • L'utilisation de PowerPoint permet la projection de l'organigramme notamment lors d'une réunion de validation du positionnement des acteurs, ou tout simplement pour réaliser un transparent	

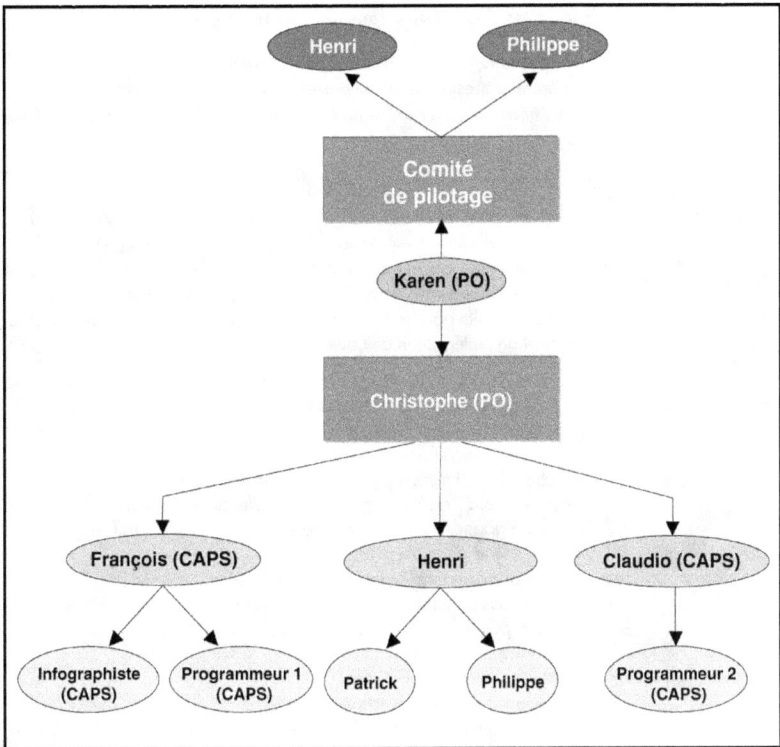

1	2		3		4		5
Initialisation	Préparation		Planification		Pilotage		Bilan
Récep. Aff. Objet	Objectifs	Domaine Risques Mé. Co. Co.	Planification détaillée	Valida. Lance.	Réalisation		Pr. Dé. Capital.
1 2 3 4 5 6 7	8 9 10 11 12 13 14 15	16 17 18 19 20	21 22 23 24 25 26 27 28 29 30		31		32 33 34 35

Livrable n° 11 P 2
Fiche de poste

Livrable n° 12 P 2
Carte des acteurs

15. Définir les rôles des acteurs dans les structures projet

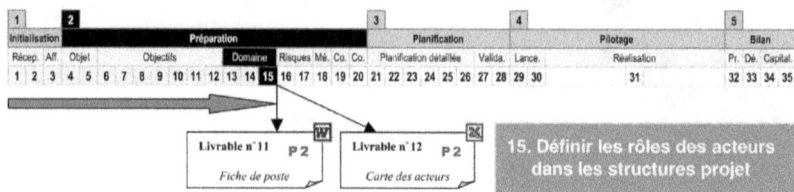

	Phase 2	**Fiche 15**

Titre	Définir les rôles des acteurs dans les structures projet
Étude de cas	• Le comité de pilotage du projet est restreint et composé de Henri et de Philippe • L'équipe projet est restreinte et composée de Karen et de Christophe • Les acteurs suivants sont inconditionnels pour le projet : Henri, Philippe, François, Claudio • Les acteurs suivants sont importants pour le projet mais gardent un certain recul et un esprit critique : Karen, Christophe • Les acteurs suivants manifestent parfois leur mécontentement mais cependant effectuent le travail qui leur est demandé : programmeur 2, infographiste • L'acteur suivant s'oppose au projet d'autant plus qu'il a été désigné et qu'il désire quitter la société dans laquelle il travaille : programmeur 1 • L'acteur suivant hésite parfois, le projet lui fait un peu peur car il ne voit pas toujours l'apport de l'intégration de l'outil informatique : Patrick
Conseils de réalisation du document	• Pour les fiches de poste pas de problème particulier, pour la carte des acteurs suivre le processus indiqué ; les acteurs sont cotés suivant 2 paramètres : L'antagonisme : manière dont va négocier un acteur lorsqu'il n'est pas d'accord avec un élément du projet – 1. Cherche l'accord mais n'a pas de position personnelle – 2. Cherche l'accord mais fait usage de sa compétence pour obtenir un bon accord – 3. Cherche à gagner mais se soumet lorsqu'il n'est pas le plus fort – 4. Cherche à gagner quoi qu'il lui en coûte La synergie : manière dont l'acteur va prendre des initiatives – 1. Ne prend pas d'initiatives et ne suit pas nos initiatives – 2. Ne prend pas d'initiatives mais suit nos initiatives – 3. Prend des initiatives mais s'arrête si on ne le suit pas – 4. Prend des initiatives quelle que soit notre réaction • Chaque acteur va avoir une cotation suivant les 2 paramètres et va être reporté dans un graphe qui permettra de lui donner 1 des 8 typologies ; chaque typologie va permettre de déterminer une stratégie de gestion de cet acteur • Faire attention à la confidentialité des données
Conseils de mise en œuvre du document	• Supprimer les données dans les cellules Acteurs, Antagonisme, Synergie • Renseigner les données pour les acteurs du projet • Vérifier le positionnement du projet par rapport aux pourcentages de référence • À lire : *La stratégie du projet latéral* (Herbemont et César)

Polo – Fiche de poste	Livrable N° 11

Chef de projet

Identification

Nom

Karen

Contact

Société PO, service organisation

Date de prise de fonction

17 avril

Rôles

Rattachement hiérarchique

Hugues, Directeur société PO

Rattachement fonctionnel

Comité de pilotage du projet et commanditaire

Pouvoirs de décision

Voir Note d'affectation du CP (Livrable 03)

Pouvoirs de validation

Voir Note d'affectation du CP (Livrable 03)

Références

Mission

Responsable de l'atteinte des objectifs du projet

Fédérateur de l'ensemble des ressources, des experts et de l'équipe projet

Activités

Piloter le projet

Manager l'équipe

Rendre compte aux instances

Coordonner la sous-traitance et le client

Compétences techniques

Experte en gestion de projets

Compétences dans le management de la qualité

Compétences personnelles

Exigence et minutie

Capacité à valoriser les documents

Sécurité

Accès aux documents papier

Accès autorisé à tous les documents du projet

Accès aux fichiers informatiques

Accès autorisé à tous les fichiers concernant le projet

Polo – Fiche de poste	Livrable N° 11

Comité de pilotage

Identification

Noms des acteurs

Henri et Philippe

Rôle des acteurs

Henri pour les rôles de commanditaire, de payeur et de responsable de la direction

Philippe en tant que représentant des clients

Rôles

Pouvoirs de décision

Engagement de budget supérieur à 10 000 euros

Déplacement des dates jalons du projet

Pouvoirs de validation

Valide les grandes orientations techniques après validation des experts

Valide les éléments de gestion de projet présentés par le chef de projet

Références

Missions

Arbitre entre les solutions proposées par le chef de projet en cas de problèmes lors de la phase de pilotage

S'assure du respect des engagements pris par le chef de projet

S'assure de la cohérence du projet avec le reste du fonctionnement de l'entreprise

Equipe projet

Planificateur

Nom

Karen

Coordonnées

Voir coordonnées du chef de projet

Mission

Réalise, en collaboration avec les experts, le planning prévisionnel et met à jour le planning du réalisé

Pouvoir de décision

Décide de l'affectation des ressources (emploi du temps)

Pouvoir de validation

Valide les solutions d'optimisation de la planification

Auteur : Karen
Nom du fichier : 11-Fiche de poste
Emplacement : C:\polo\contrats\fiches de poste

Date de création : 20/04/2000
Date de modification : 20/04/2000
N° de version : 1

Page 2

182

Références : La stratégie du projet latéral HERBEMONT et CESAR
Conduire un projet dans les services CHAMBON et PEROUZE

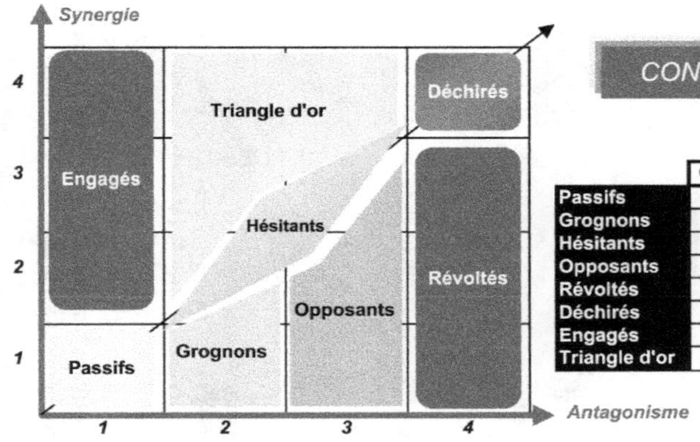

CONFIDENTIEL

Acteurs	Antagonisme	Synergie	Typologie
Henri	1	3	Engagé
Patrick	3	3	Hésitant
Philippe	1	2	Engagé
Karen	2	4	Triangle d'or
Christophe	2	3	Triangle d'or
François	1	2	Engagé
Infographiste	2	1	Grognon
Programmeur 1	3	2	Opposant
Programmeur 2	2	1	Grognon
Claudio	1	3	Engagé

	Calculé	Référence
Passifs	0%	20%
Grognons	20%	20%
Hésitants	10%	20%
Opposants	10%	10%
Révoltés	0%	5%
Déchirés	0%	1%
Engagés	40%	10%
Triangle d'or	20%	5%

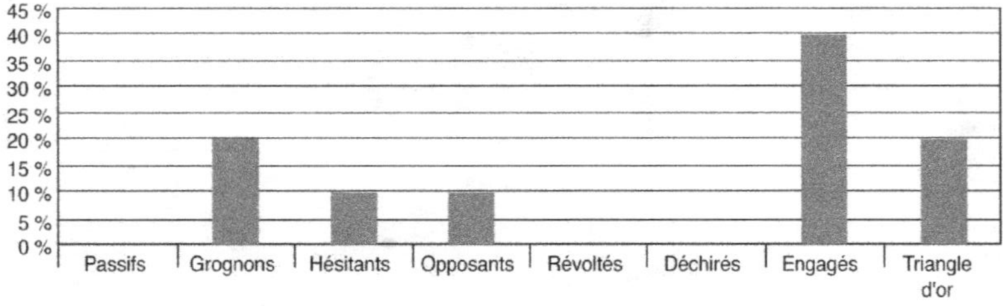

Synergie — Antagonisme

Déchirés — Triangle d'or — Engagés — Hésitants — Opposants — Révoltés — Grognons — Passifs

Bar chart axis: 0 % – 45 %
Passifs | Grognons | Hésitants | Opposants | Révoltés | Déchirés | Engagés | Triangle d'or

1	2					
Initialisation	Préparation		Planification		Pilotage	Bilan
Récep. Aff. Objet	Objectifs	Domaine Risques Me. Co. Co.	Planification détaillée Valida. Lance.		Réalisation	Pr. Dé. Capital.
1 2 3 4 5 6 7 8	9 10 11 12 13 14 15 **16**	17 18 19 20 21 22 23 24 25 26 27 28 29 30			31	32 33 34 35

Livrable n° 13 P 2
Grille des freins

16. Identifier, analyser et gérer les freins

Phase 2	**Fiche 16**

Titre	**Identifier, analyser et gérer les freins**
Étude de cas	• Ce qui peut freiner le projet : – la disponibilité de Patrick pendant la saison – un concurrent qui déciderait de développer un site identique – la démission du programmeur 1 – le refus de certaines marques d'apparaître sur le site – l'augmentation non contrôlée de l'activité – la surcharge de Karen et de Christophe (autres missions) – le désintérêt de Philippe – des mauvais choix techniques (pour le site) – des difficultés à construire une interface ergonomique
Conseils de réalisation du document	• Organiser un groupe de travail avec l'équipe projet, le chef de projet et les experts • Faire un brain storming sur la liste des freins au projet et remplir le tableau • Effectuer une cotation de chaque frein de 1 à 5 • Impact sur les objectifs (1 impact très faible à 5 impact très fort) • Probabilité d'apparition du frein (1 probabilité très faible à 5 probabilité très forte) • Détection, capacité à anticiper l'arrivée du frein (1 détection forte à 5 détection faible) • Multiplier les 3 paramètres entre eux pour trouver la criticité, classer les freins par criticité décroissante • Décider d'assurer les freins ou de ne pas assurer • Pour les risques assurés, indiquer les mesures préventives (afin de limiter l'arrivée du frein) et les mesures curatives (à mettre en place si le frein arrive quand même) • Prévoir de planifier les actions préventives dans le planning détaillé prévisionnel • Prévoir de planifier les actions curatives dans des scénarios à part qui pourront être injectés en phase de pilotage • Faire attention à la confidentialité éventuelle des données
Conseils de mise en œuvre du document	• Supprimer les données dans les colonnes suivantes : – liste des freins – effets sur les objectifs – impact – probabilité – détection – criticité • Renseigner les 5 premières colonnes • Il est possible d'effectuer un tri sur la criticité afin d'avoir les risques classés par criticité décroissante

N°	Liste des freins	Effet sur les objectifs	Impact	Probabilité	Détection	Criticité	Décision	Mesures préventives	Mesures curatives
1	Disponibilité de Patrick	Retard dans l'étude de la gestion des stocks	2	3	5	30	NON	Sans objet	Sans objet
2	Concurrence (même type de site)	Remise en cause des fonctionnalités du site	4	1	5	20	NON	Sans objet	Sans objet
3	Démission programmeur 1	Retard sur le développement de la partie	5	3	3	45	OUI	Mettre l'accent sur le dossier de programmation	Prendre un
4	Refus des marques	Remise en cause des fonctionnalités du site	4	1	1	4	NON	Sans objet	Sans
5	Augmentation de l'activité (comm)	Moins de disponibilités de Philippe	3	3	5	45	OUI	Faire un planning entre Henri et Patrick pour le magasin	Embaucher un intérimaire pendant le projet
6	Surcharge de Karen	Moins de productivité dans le management	3	5	2	30	OUI	Impliquer Christophe dans le management du projet	Confier le management à Christophe
7	Surcharge de Christophe	Plan de communication moins performant	3	4	4	48	OUI	Impliquer Henri dans le plan de communication	Demander l'appui ponctuel d'une agence de communication
8	Désintérêt de Philippe	Analyse moins pointue	3	1	3	9	NON	Sans objet	Sans objet
9	Mauvais choix techniques	Rallonge des temps de développement	4	2	1	8	OUI	Faire valider les choix techniques par une autre entité	Sans objet
10	Difficultés dans l'interface site	Retours en arrière nombreux	4	4	1	16	NON	Sans objet	Sans objet

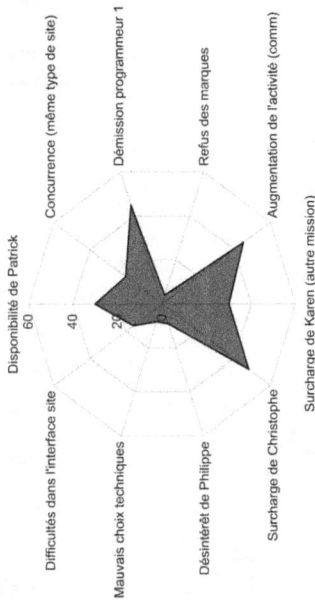

1			2				3			4		5	
Initialisation			Préparation				Planification			Pilotage		Bilan	
Récep.	Aff.	Objet	Objectifs	Domaine	Risques	Mé. Co. Co.	Planification détaillée	Valida.	Lance.	Réalisation		Pr. Dé. Capital.	
1 2	3 4 5 6 7	8 9 10 11 12 13 14 15 16	**17**	18 19 20	21 22 23 24 25 26 27 28 29 30					31		32 33 34 35	

Livrable n° 14 **P 2**

Grille des facilitants

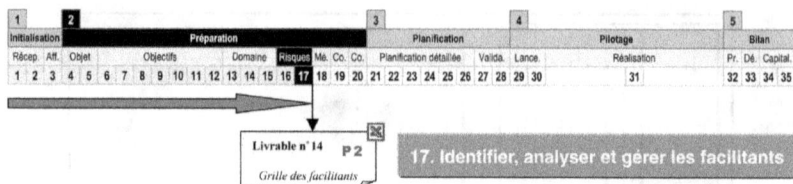

17. Identifier, analyser et gérer les facilitants

	Phase 2	**Fiche 17**

Titre	**Identifier, analyser et gérer les facilitants**
Étude de cas	Les facilitants suivants ont été identifiés par grandes rubriques : • Humain – une grande majorité des acteurs adhère au projet – les procédures de gestion sont bien maîtrisées – Philippe a une excellente connaissance des concurrents • Technique – il est possible de faire un « benchmarking » des sites en création dans le même domaine – l'interface du site est simple – la gestion des stocks ne nécessite que peu de spécificités • Environnemental – de nombreux clients de Ponant Loisirs utilisent la micro-informatique – la région est en avance en matière de télécommunications – le fait que la majorité des acteurs adhère au projet permettra de gagner du temps en communication interne et de se consacrer à la communication externe
Conseils de réalisation du document	• Utiliser le même groupe de travail que pour la liste des freins • Faire un brain storming sur l'ensemble des facilitants du projet • Classer éventuellement les facilitants par type • Définir les effets du facilitant sur l'atteinte des objectifs du projet (qualité/temps/coût) • Définir les actions qui vont permettre d'utiliser ces facilitants comme des bras de levier • Prévoir de planifier les actions d'exploitation dans le planning prévisionnel détaillé • Certains freins peuvent aussi être des facilitants, il faut donc reprendre la liste des freins pour valider celle des facilitants
Conseils de mise en œuvre du document	• Pas de difficultés particulières dans la mise en œuvre de ce document simple sous Excel • Une cotation similaire peut être mise en place dans le document Excel en fabriquant par exemple une matrice multicritères avec un calcul automatique des résultats de chaque critère • Il est préférable de réaliser l'impression sur une seule page afin de faciliter la gestion des documents et la lecture • L'ajustement des colonnes peut s'effectuer en réalisant un double clic entre 2 colonnes (ajustement automatique)

© Groupe Eyrolles

Polo	Grille des facilitants	Livrable N° 14

Type de facilitant	Liste des facilitants	Effet du facilitant sur le projet	Actions d'exploitation du facilitant
HUMAIN	La plupart des acteurs adhèrent au projet	Permet de gagner du temps en communication interne	Ne pas hésiter à donner de la surcharge de travail aux acteurs
TECHNIQUE	De nombreux sites sont en création	Permet de bénéficier des expériences en cours	Consulter les PME qui ont vécu ce type d'expérience
TECHNIQUE	L'interface du site est simple	Gain de temps car nombre de pages réduit	Mettre l'accent sur l'ergonomie
TECHNIQUE	La gestion des stocks est classique	Permet l'achat d'un progiciel paramétrable au lieu d'un développement	Consulter les magasins faisant le même type d'activité
HUMAIN	Les procédures de gestion sont bien maîtrisées	La rédaction du cahier des charges va être simplifiée	Impliquer fortement Henri dans l'écriture du cahier des charges
HUMAIN	Philippe a une bonne connaissance de la concurrence	Permet de connaître les progiciels de la concurrence	Demander à Philippe de faire une enquête discrète sur la concurrence
ENVIRONNEMENTAL	Beaucoup de clients utilisent la micro-informatique	Permet de connaître les habitudes des clients en matière d'informatique	Réaliser une mini-enquête auprès des clients sur leurs habitudes
ENVIRONNEMENTAL	La région est en avance en matière de télécommunications	Avoir un système de communication performant pour l'accès au site	Consulter les moyens de communication

1	2					3		4		5	
Initialisation	Préparation					Planification		Pilotage		Bilan	
Recep. Aff. Objet	Objectifs	Domaine	Risques Mé.	Co. Co.	Planification détaillée	Valida. Lance.	Réalisation		Pr. Dé. Capital.

1 2 3 4 5 6 7 8 9 10 11 12 13 14 15 16 17 **18** 19 20 21 22 23 24 25 26 27 28 29 30 · · · 31 · · · 32 33 34 35

Livrable n° 15 — P 2
Fiche méthode

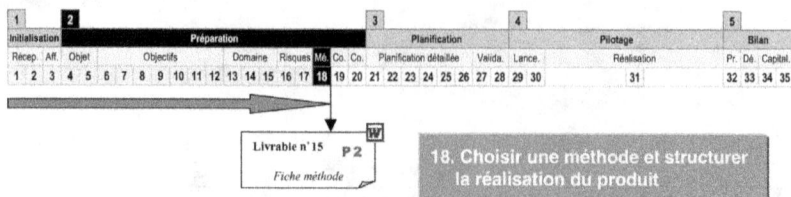

18. Choisir une méthode et structurer la réalisation du produit

	Phase 2	Fiche 18
Titre	**Choisir une méthode et structurer la réalisation du produit**	
Étude de cas	• L'étude des besoins va être réalisée avec une méthode analytique qui permettra soit de mettre à plat les procédures de gestion pour la gestion des stocks, soit de définir les procédures pour la mise en œuvre du site • La méthode choisie est la méthode AROC qui comprendra les phases suivantes : – analyse de l'existant – critique de l'existant – propositions et choix de solutions – rédaction du cahier des charges • Pour la gestion des stocks, une démarche classique de recherche d'un progiciel sera réalisée, elle comprendra les étapes suivantes : – recherche des progiciels du marché – étude comparative des logiciels – choix du progiciel – paramétrage du progiciel – formation du personnel • Pour le développement du site, une méthode de type RAD sera utilisée afin de coller au plus près aux besoins, et aussi afin d'impliquer Patrick dans toute la phase de développement du site en lui montrant du concret et en lui faisant valider le système • Les étapes de développement en boucle du site sont les suivantes : – élaboration du prototype *n* – mise en test et validation du prototype *n* – formation du personnel	
Conseils de réalisation du document	• S'appuyer sur les experts et notamment sur ceux qui vont élaborer le planning détaillé prévisionnel puisque ce document est préalable à la phase 3 • Ne pas rechercher nécessairement à désigner toutes les tâches du planning dans ce document, indiquer les tâches récapitulatives et éventuellement les principaux jalons s'ils sont liés à la mise en œuvre de la méthode	
Conseils de mise en œuvre du document	• Pas de difficultés particulières dans la mise en œuvre de ce document Word qui est présenté sous la forme d'un tableau • Les rubriques sans objet peuvent être supprimées en sélectionnant une ligne du tableau • L'accès aux en-têtes et pieds de page se réalise en effectuant un double clic sur ces zones qui doivent être renseignées afin de faciliter la gestion documentaire	

Polo – Fiche méthode	Livrable N° 15

Experts

Nom des experts	François pour le site Web
	Claudio pour la gestion des stocks partie technique
	Henri pour l'expression et la validation des besoins

Méthode

Nom de la méthode	En RAD pour le site
	AROC pour l'expression des besoins
Démarche	Down, Top Down pour la partie organisationnelle
	Systémique pour le développement du site
Outils	Outils d'analyse pour AROC (Feuille d'analyse et organigrammes fonctionnels
	Outils de maquettage pour le site (à définir)

Etapes

Liste des étapes	Expression des besoins
	Analyse de l'existant
	Critique de l'existant
	Propositions et choix de solutions
	Rédaction du cahier des charges
	Gestion des stocks
	Recherche de progiciels
	Etude comparative
	Choix d'un progiciel
	Paramétrage du progiciel
	Formation du personnel
	Développement du site (n boucles de prototypage (à définir))
	Elaboration du prototype n
	Mise en tests et validation
	Formation du personnel
Tâches	Voir détail dans le planning détaillé

Documents

Références	Cahier des charges fonctionnel

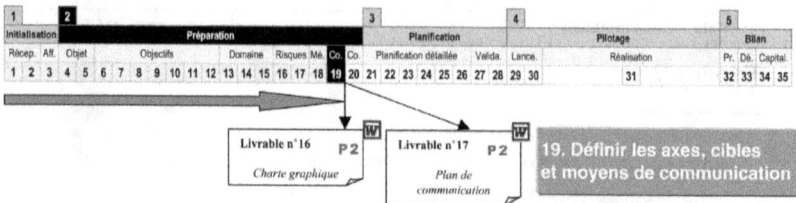

1	2			3		4		5	
Initialisation	Préparation			Planification		Pilotage		Bilan	
Récep. Aff. Objet	Objectifs	Domaine Risques Mé. Co. Co.		Planification détaillée Valida. Lance.		Réalisation		Pr. Dé. Capital.	
1 2 3 4 5 6 7 8 9 10 11 12 13 14 15 16 17 18 **19**	20 21 22 23 24 25 26 27 28 29 30			31		32 33 34 35			

Livrable n° 16 — P 2 — *Charte graphique*

Livrable n° 17 — P 2 — *Plan de communication*

19. Définir les axes, cibles et moyens de communication

	Phase 2 **Fiche 19**
Titre	**Définir les axes, cibles, moyens de communication**
Étude de cas	• Pas de charte spécifique pour les documents, celle de la méthode sera utilisée telle quelle • Pas de logo pour le projet • Les versions bureautiques choisies sont le Pack Office, Project, Publisher, Outlook • Pour la communication, des accords ont été définis entre Henri, Karen et Christophe pour les 3 types de communication Communication opérationnelle : – pour CAPS, point journalier pendant les phases de développement – pour PO, point hebdo pendant toute la durée du projet – avec le commanditaire, rendez-vous hebdo informels le vendredi Communication informative : – pour le comité de pilotage, réunions formelles le premier lundi de chaque mois pendant toute la durée du projet – pour Philippe, afin de conserver sa motivation, pots informels à l'occasion de sa venue au magasin – pour Patrick, afin de le rassurer, réunions informelles pendant tout le projet avec Henri Communication promotionnelle : – vers les clients et prospects par voie de presse, à synchroniser avec la mise en œuvre du site et à préparer en amont – vers les clients par mailing pour les informer de la mise en œuvre du site – vers les clients par oral, par Patrick pendant leur visite au magasin afin de les informer des nouveaux services qui vont leur être offerts
Conseils de réalisation du document	• Pour la charte graphique pas de difficultés particulières • Pour le plan de communication, reprendre le livrable 8 Stratégie de communication et valider si des changements majeurs de stratégie ne sont pas intervenus • Attention à toujours réaliser un plan de communication qui soit simple à mettre en œuvre • Les mots employés ne doivent avoir aucune ambiguïté
Conseils de mise en œuvre du document	• Pas de difficultés particulières dans la mise en œuvre de ce document Word qui est présenté sous la forme d'un tableau • Les rubriques sans objet peuvent être supprimées en sélectionnant une ligne du tableau • L'accès aux en-têtes et pieds de page se réalise en effectuant un double clic sur ces zones qui doivent être renseignées afin de faciliter la gestion documentaire

Polo – Charte graphique	Livrable N° 16

Présentation des documents

Règles	Bandeau en haut des documents
	Bandeau en bas des documents

Types d'informations	Informations obligatoires :
	Nom de l'auteur, Nom du fichier, Date de création, Date de modification, N° de version, Emplacement de stockage informatique, Nom du projet, N° du livrable

Nom	Nom du projet : Polo
	Venant de **PO**nant **LO**isirs

Logos	Pas de logos

Utilisation de la bureautique

Word	Office

Excel	Office

Power Point	Office

Project	Project

Autres	Plublisher
	Outlook
	Visio pour la modélisation du cahier des charges
	NB : Pour tout autre échange de documents bureautiques, demander la validation du chef de projet

Polo – Plan de communication	**Livrable N° 17**

Rappels

Cibles	Henri, Patrick, CAPS (Claudio, François, Programmeur 1, Programmeur 2, Infographiste), EFII (Karen, Christophe), Philippe, Clients, Comité de pilotage du projet, Equipe projet
Messages	**ACTEURS** **Internes** Concernant l'avancement du projet Concernant les difficultés rencontrées **Externes** Concernant l'avancement du projet Pour les clients : « Un nouveau service vous est proposé » **INSTANCES** **Internes** Concernant l'avancement du projet **Externes** Concernant la réalisation du logiciel et du site

Communication opérationnelle

Cibles	CAPS PO Henri

	CAPS reporting	PO reporting	Henri reporting
Pourquoi	Informer de l'avancement des travaux	Informer de la mise en œuvre du plan de communication	Informer de l'avancement du projet
Quoi	Fait Reste à faire Problèmes rencontrés	Fait Reste à faire Problèmes rencontrés	Fait Reste à faire Problèmes rencontrés
Qui	Programmeur 1 et infographiste vers François Programmeur 2 vers Claudio	Christophe vers Karen	Karen vers Henri
Comment	Messagerie interne	Messagerie interne	Rendez-vous informels
Quand	Tous les soirs, pendant les phases de réalisation et de développement	1 fois par semaine le jeudi soir	Tous les vendredis matins
Où	François@CAPS.com Claudio@CAPS.com	Karen@PO.com	Au magasin
Combien	Autant de jours que la réalisation	Pendant toute la durée du projet	Pendant toute la durée du projet

Polo – Plan de communication	Livrable N° 17

Communication informative

Cibles   Comité de pilotage, Philippe, Patrick

	Comité de pilotage	Philippe	Patrick
Pourquoi	Informer de l'avancement des travaux	Conserver la motivation sur le projet	Persuader du bien-fondé du projet
Quoi	Fait Reste à faire Problèmes rencontrés	État de l'avancement synthétique sur le projet	Détails de l'avancement, points positifs du projet Choix organisationnels pour la gestion du stock et pour le site
Qui	Karen vers le comité de pilotage	Henri vers Philippe	Henri vers Patrick
Comment	Réunions formelles	« Pots » informels	Réunions informelles
Quand	Tous les premiers lundis de chaque mois	À l'occasion de la venue de Philippe au magasin Après les comités de pilotage	1 fois au début du projet Au minimum 1 fois par semaine Tous les jours pendant la phase d'élaboration du site et de la gestion des stocks
Où	Dans les bureaux de PO	Au bar des Pêcheurs	Au magasin
Combien	Pendant toute la durée du projet, soit environ 4 fois Réunions d'une heure maximum	Au moins 6 fois Réunions d'1/4 d'heure	Autant que nécessaire Suivant le volume d'informations à communiquer

Communication promotionnelle

Cibles   Clients externes

	Clients presse	Clients mailing	Clients journal
Pourquoi	Assurer la promotion du site Assurer la promotion du nouveau service	Informer de la mise en place du site	Expliquer les nouveaux services
Quoi	Une page complète A4 dans Wind et dans PlanchMag	Un fax synthétique ou un e-mail ou un courrier	Explication des avantages du nouveau service
Qui	Henri et Patrick avec Christophe	Henri et Patrick	Patrick
Comment	Confier la réalisation d'une maquette par Christophe avec l'appui éventuel d'une agence de pub	Réaliser une maquette qui puisse être transmise par fax/courrier/e-mail	Si un client veut du matériel d'occasion ou acquérir, lui expliquer le nouveau service (argumentaire) et lui remettre le journal du projet
Quand	Préparer 2 mois avant la fin du projet Envoyer 1 mois avant la fin du projet	Préparer 2 mois avant la fin du projet Envoyer une fois le site opérationnel	Pendant toute la durée du projet Le numéro 0 sera suivi, à compter du 1er septembre, de 6 autres numéros hors projet
Où	Diffusion au niveau national	Vers chaque client, adresse personnelle de préférence, ou professionnelle si pas d'autre solution	Dans le magasin Journal à disposition sur le comptoir
Combien	Pendant 2 mois et ensuite tous les 2 mois	1 seule fois Environ 500 envois	Chaque fois que possible

Signature du chef de projet   *Signature du commandataire*

1	2								3			4		5
Initialisation	Préparation								Planification			Pilotage		Bilan
Récep.	Aff.	Objet	Objectifs		Domaine	Risques	Mé.	Co.	Co.	Planification détaillée	Valida.	Lance.	Réalisation	Pr. Dé. Capital.
1 2	3	4 5	6 7	8 9 10 11	12 13 14	15 16 17 18	19	20	21	22 23 24 25 26	27 28	29 30	31	32 33 34 35

Livrable n°4 **P 2**

Note de cadrage
(suite)

20 Rédiger la note de cadrage

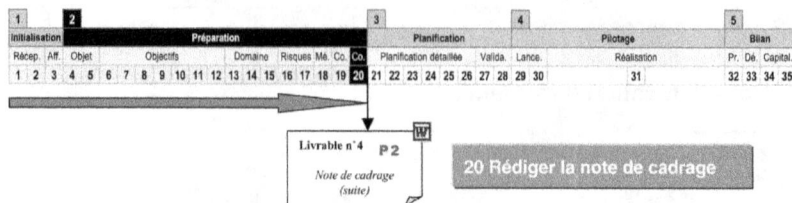

	Phase 2	**Fiche 20**

Titre	**Rédiger la note de cadrage**
Étude de cas	• L'ensemble des étapes et des différents accords a pu se réaliser rapidement et facilement dans la mesure où les acteurs principaux, à savoir Henri, Patrick, Karen ont pu rester en contact permanent pendant la réalisation de la phase de préparation • Les négociations sur les objectifs ont été réduites à l'abandon momentané de l'installation des stocks physiques dans des locaux plus grands avec du personnel supplémentaire • La validation définitive de la note de cadrage a été réalisée le 25 avril, une seule version a été réalisée • La note de cadrage sera accompagnée de l'ensemble des documents précités à savoir les livrables 1 à 17 ; aucun document n'a été jugé confidentiel pour l'ensemble des acteurs du projet, toutefois il a été décidé qu'aucun document ne sera communiqué aux clients sauf le journal du projet
Conseils de réalisation du document	• La note de cadrage est finalisée et relue, tous les éléments doivent être vérifiés ainsi que leur historisation • On préférera une historisation des événements dans la note de cadrage à la réalisation de plusieurs versions, notamment en matière de capitalisation et réutilisation qui restera ainsi toujours plus facile avec l'archivage d'un seul document électronique • Cette note sera signée au minimum par le chef de projet et par le commanditaire ; dans certains cas il est préférable qu'elle soit signée par l'ensemble du comité de pilotage, notamment s'il y a des risques de conflits entre les membres de ce même comité
Conseils de mise en œuvre du document	• Pas de difficultés particulières dans la mise en œuvre de ce document Word qui est présenté sous la forme d'un tableau • Les rubriques sans objet peuvent être supprimées en sélectionnant une ligne du tableau • L'accès aux en-têtes et pieds de page se réalise en effectuant un double clic sur ces zones qui doivent être renseignées afin de faciliter la gestion documentaire

Polo– Note de cadrage	Livrable N° 04

Adéquation entre les objectifs

Triangle coût qualité temps

Objectifs à maintenir

Le calendrier et notamment la date impérative du 01/09/2000

Objectifs à négocier

La validation du coût total du projet ne pourra se faire qu'à l'issue de la planification détaillée

Résultats de la négociation

La négociation se terminera à la signature du contrat de planning

Date de validation

25 avril

Finalisation de la note de cadrage

Eléments de finalisation

Documents joints en référence

Cahier des charges fonctionnel

Documents de gestion de projet en références

Liste des acteurs ayant reçu la note de cadrage

Henri

Patrick

Karen

Date de validation de la note de cadrage définitive

25 avril

Signature du commanditaire du projet   *Signature du chef de projet*

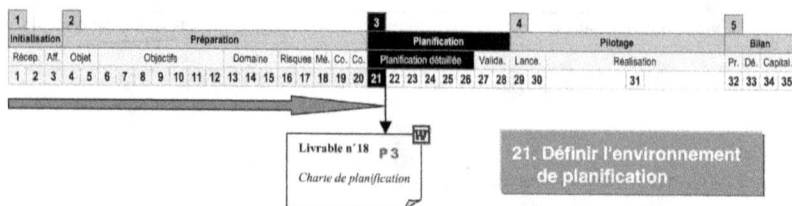

Livrable n'18 P 3
Charte de planification

21. Définir l'environnement de planification

	Phase 3	Fiche 21

Titre	Définir l'environnement de planification
Étude de cas	• Les décisions pour l'utilisation des ressources sont les suivantes : – horaires de travail normaux de 8 h par jour, de 8 h à 17 heures avec 1 h de pause déjeuner – les heures supplémentaires éventuellement effectuées seront récupérées – la charge au magasin pour Henri et Patrick est importante aux mois de juillet et août avec un pic d'activité entre le 14 juillet et le 15 août (certaines tâches où ils sont impliqués pourront être effectuées le dimanche, jour de fermeture du magasin) • Les représentations graphiques sont définies de la manière suivante : – diagramme de Gantt pour le planning – tâches de gestion de projet en vert – tâches de réalisation du produit en bleu – jalons, clignotants et livrables en rouge – police de caractère : Arial – délais et durées en jours – charges en heures
Conseils de réalisation du document	• Tous ces éléments lorsqu'ils sont notés dans la charte de planification sont alors entrés dans Project ou dans le logiciel de planification choisi • Attention à ne pas fixer des normes trop contraignantes en termes de planification car elles alourdiraient la mise en œuvre des plannings, et notamment du logiciel de planification utilisé • De préférence utiliser les normes couramment utilisées dans la planification
Conseils de mise en œuvre du document	• Pas de difficultés particulières dans la mise en œuvre de ce document Word qui est présenté sous la forme d'un tableau • Les rubriques sans objet peuvent être supprimées en sélectionnant une ligne du tableau • L'accès aux en-têtes et pieds de page se réalise en effectuant un double clic sur ces zones qui doivent être renseignées afin de faciliter la gestion documentaire • Les éléments concernant les horaires de travail sont à paramétrer dans le menu Outils/Modifier le temps de travail • Les éléments concernant les unités de durée/charge se trouvent dans le menu Outils/Options dans l'onglet prévisions • Pour le paramétrage des couleurs des différents éléments des tâches utiliser le menu Format/Style du texte, faire ensuite les modifications en sélectionnant les éléments à modifier dans la boite à liste • La charge dans Project s'appelle Travail

© Groupe Eyrolles

Polo – Charte de planification	Livrable N° 18

Calendrier du projet

Horaires	8 h-12 h et 13 h-17 h soit 8 heures par jour
Jours chômés	Pas de ponts
	Les jours fériés sont conservés : 1er mai, 8 mai, Ascension, Pentecôte
Saisonnalité	Attention en juillet et en août la charge de travail est maximale pour Henri et Patrick

Présentation des plannings

Représentation	Diagramme de Gantt et tableaux de synthèse
Normes	**Tâches récapitulatives**
	En bleu et gras pour la réalisation du produit
	En vert et gras pour la gestion du projet
	Tâches élémentaires
	En bleu pour la réalisation du produit
	En vert pour la gestion du projet
	En noir pour les tâches répétitives
	Jalons
	En rouge ainsi que pour les livrables
	Clignotants
	En rouge
	Police
	Arial

Unités

Délais	En jours
Durées	En jours
Charges	**Tâches**
	En heures
	Ressources
	En heures

| 1 | | 2 | | | | | | | | | | | | | | | | | | | 3 | | | | | | | | | | 4 | | | | | 5 | | | |
| Initialisation | | Préparation | | | | | | | | | | | | | | | | | | | Planification | | | | | | | | | | Pilotage | | | | | Bilan | | | |

| Récep. | Aff. | Objet | | Objectifs | | | Domaine | | Risques | Mé. | Co. | Co. | Planification détaillée | | Valida. | Lance. | Réalisation | | Pr. | Dé. | Capital. |

| 1 | 2 | 3 | 4 | 5 | 6 | 7 | 8 | 9 | 10 | 11 | 12 | 13 | 14 | 15 | 16 | 17 | 18 | 19 | 20 | 21 | 22 | 23 | 24 | 25 | 26 | 27 | 28 | 29 | 30 | 31 | 32 | 33 | 34 | 35 |

Livrable n° 19 P 3

Organigramme des tâches

22. Ordonner la liste des tâches de fabrication du produit

	Phase 3	**Fiche 22**
Titre	**Ordonner la liste des tâches de fabrication du produit**	

Étude de cas	Le découpage choisi par les experts est le suivant :
	• Étude de la gestion des stocks
	  – étude opérationnelle
	  – étude fonctionnelle
	• Mise en place de la gestion des stocks
	  – recherche progiciels
	  – choix progiciels
	  – mise en place
	  – paramétrage
	  – tests
	  – recette
	  – formation
	• Étude du site Internet
	  – définir les fonctions
	  – définitions des interfaces
	• Mise en place du site
	  – développements
	  – installation
	• Mise en production du site
	  – tests finaux
	  – recette
	  – formation	

Conseils de réalisation du document	• Seuls les experts sont habilités à effectuer un découpage très fin de l'organigramme des tâches • Les tâches de dernier niveau doivent commencer par des verbes d'action • Le niveau de découpage (nombre d'étages de découpage) doit être homogène pour toutes les grandes rubriques afin de faciliter la lecture	
Conseils de mise en œuvre du document	• La duplication des boîtes peut être effectuée avec la touche Ctrl+d • Les boîtes peuvent être liées par des connecteurs que l'on peut trouver dans les formes automatiques • L'alignement des boîtes peut être effectué par sélection puis par le menu Dessin/Aligner ou Répartir	

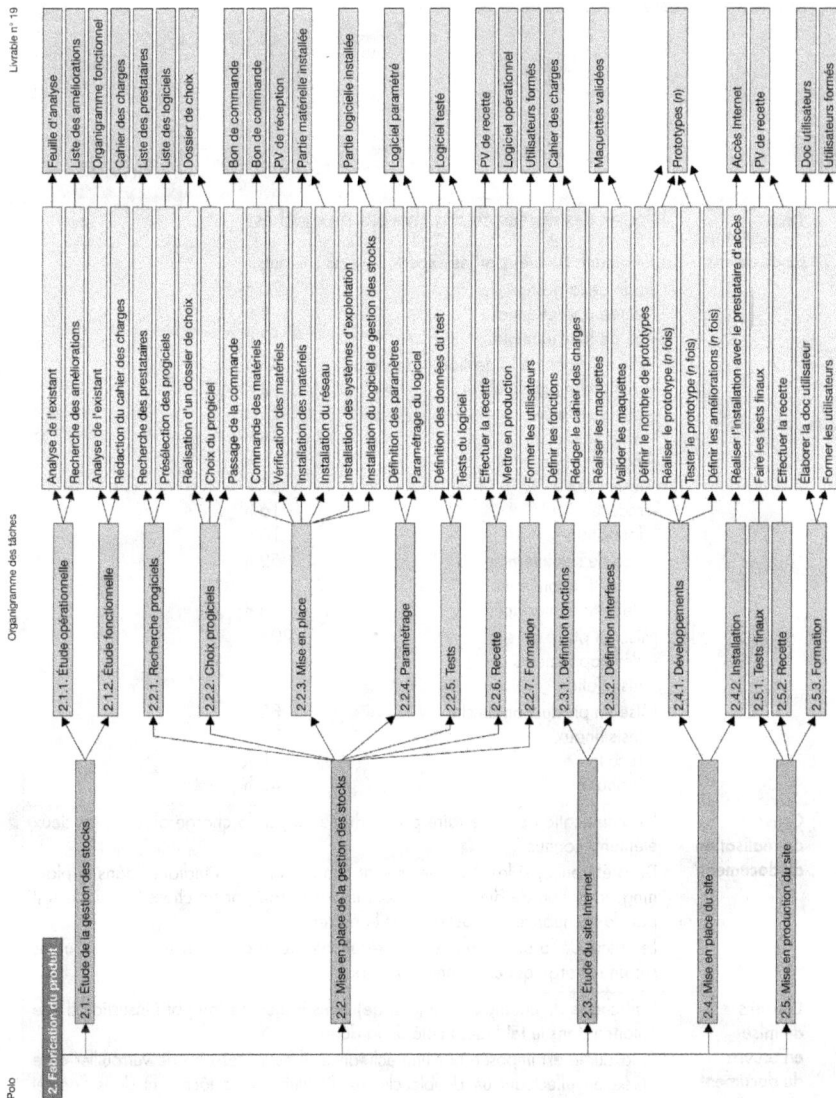

2. Fabrication du produit

- **2.1. Étude de la gestion des stocks**
  - 2.1.1. Étude opérationnelle
    - Analyse de l'existant → Feuille d'analyse
    - Recherche des améliorations → Liste des améliorations
  - 2.1.2. Étude fonctionnelle
    - Analyse de l'existant → Organigramme fonctionnel
    - Rédaction du cahier des charges → Cahier des charges

- **2.2. Mise en place de la gestion des stocks**
  - 2.2.1. Recherche progiciels
    - Recherche des prestataires → Liste des prestataires
    - Présélection des progiciels → Liste des logiciels
  - 2.2.2. Choix progiciels
    - Réalisation d'un dossier de choix → Dossier de choix
    - Choix du progiciel
    - Passage de la commande → Bon de commande
    - Commande des matériels → Bon de commande
    - Vérification des matériels → PV de réception
  - 2.2.3. Mise en place
    - Installation des matériels → Partie matérielle installée
    - Installation du réseau
    - Installation des systèmes d'exploitation
    - Installation du logiciel de gestion des stocks → Partie logicielle installée
  - 2.2.4. Paramétrage
    - Définition des paramètres
    - Paramétrage du logiciel → Logiciel paramétré
  - 2.2.5. Tests
    - Définition des données du test
    - Tests du logiciel → Logiciel testé
  - 2.2.6. Recette
    - Effectuer la recette → PV de recette
    - Mettre en production → Logiciel opérationnel
  - 2.2.7. Formation
    - Former les utilisateurs → Utilisateurs formés

- **2.3. Étude du site Internet**
  - 2.3.1. Définition fonctions
    - Définir les fonctions → Cahier des charges
    - Rédiger le cahier des charges
  - 2.3.2. Définition interfaces
    - Réaliser les maquettes → Maquettes validées
    - Valider les maquettes

- **2.4. Mise en place du site**
  - 2.4.1. Développements
    - Définir le nombre de prototypes
    - Réaliser le prototype (n fois) → Prototypes (n)
    - Tester le prototype (n fois)
    - Définir les améliorations (n fois)
  - 2.4.2. Installation
    - Réaliser l'installation avec le prestataire d'accès → Accès Internet

- **2.5. Mise en production du site**
  - 2.5.1. Tests finaux
    - Faire les tests finaux → PV de recette
  - 2.5.2. Recette
    - Effectuer la recette
  - 2.5.3. Formation
    - Élaborer la doc utilisateur → Doc utilisateurs
    - Former les utilisateurs → Utilisateurs formés

1			2																	3			4							5		
Initialisation			Préparation																	Planification										Pilotage		Bilan
Récep.	Aff.	Objet	Objectifs						Domaine				Risques	Mé.	Co.	Co.		Planification détaillée		Valida.	Lance.		Réalisation							Pr.	Dé.	Capital.
1	2	3	4	5	6	7	8	9	10	11	12	13	14	15	16	17	18	19	20	21	22	23	24	25	26	27	28	29	30	31	32 33 34 35

Livrable n°20 P 3
Planning détaillé

23. Affecter des durées ou des charges aux tâches

	Phase 3	Fiche 23

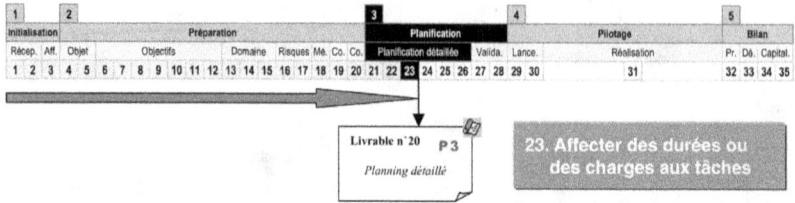

Titre	**Affecter des durées ou des charges aux tâches**

Étude de cas	Les éléments donnés par les experts sont les suivants :
	
	• Étude de la gestion des stocks 20 h
	   – étude opérationnelle 8 h
	   – étude fonctionnelle 12 h
	• Mise en place de la gestion des stocks 146 h
	   – recherche progiciels 12 h
	   – choix progiciel 10 h
	   – mise en place 36 h
	   – paramétrage 36 h
	   – tests 20 h
	   – recette 16 h
	   – formation 16 h
	• Étude du site Internet 52 h
	   – définition fonctions 16 h
	   – définition interfaces 36 h
	• Mise en place du site 204 h
	   – développements 196 h
	   – installation 8 h
	• Mise en production du site 88 h
	   – tests finaux 32 h
	   – recette 8 h
	   – formation 48 h

Conseils de réalisation du document	• La planification peut se faire par la durée ou par la charge ou avec les deux éléments connus • De préférence, si les 2 éléments sont connus il faut les indiquer dans le planning, la notion de durée étant alors imposée soit par un choix technique soit par des échéances imposées dans le projet • Le calcul de la durée peut être la résultante de la disponibilité des ressources sur une charge qui est donnée au départ
Conseils de mise en œuvre du document	• L'affichage du champ travail (charge) dans Project se fait par l'insertion d'une colonne dans le tableau à côté de la durée • Si la durée est imposée par une échéance, il est nécessaire de verrouiller cette durée en effectuant un double clic sur l'intitulé de la tâche, et dans l'onglet Confirmé mettre le type de tâche en durée fixe, cette manipulation évitant le recalcul de la durée lors de l'affectation d'une ou plusieurs ressources sur la tâche

Polo			Planning détaillé		Livrable n° 20

N°	●	Nom de la tâche	Durée	Charge	Avril / Mai
134		Utilisateurs formés	0 jour	0 h	◆17/04
135		**Étude du site Internet**	**5 jours**	**52 h**	
136		**Définition des fonctions**	**3 jours**	**16 h**	
137		Définir les fonctions	3 jours	8 h	
138		Rédiger le cahier des charges	2 jours	8 h	
139		Cahier des charges	0 jour	0 h	◆17/04
140		**Définition des interfaces**	**5 jours**	**36 h**	
141		Faire les maquettes	5 jours	32 h	
142		Valider les maquettes	1 jour	4 h	
143		Maquettes validées	0 jour	0 h	◆17/04
144		**Mise en place du site**	**15 jours**	**204 h**	
145		**Développements**	**15 jours**	**196 h**	
146		Définir le nombre de prototypes	1 jour	4 h	
147		Réaliser le prototype (*n* fois)	15 jours	64 h	
148		Tester le prototype (*n* fois)	15 jours	64 h	
149		Définir les améliorations (*n* fois)	15 jours	64 h	
150		Prototypes (*n*)	0 jour	0 h	◆17/04
151		**Installation**	**2 jours**	**8 h**	
152		Réaliser l'installation avec le prestataire d'accès	2 jours	8 h	

1	2															3								4						5			
Initialisation		Préparation														Planification									Pilotage					Bilan			
Récep.	Aff.	Objet	Objectifs						Domaine		Risques	Mé. Co. Co.			Planification détaillée				Valida.	Lance.		Réalisation					Pr. Dé. Capital.		
1	2	3	4	5	6	7	8	9	10	11	12	13	14	15	16	17	18	19	20	21	22	23	24	25	26	27	28	29	30	31	32	33	34	35

Livrable n° 20   P 3

Planning détaillé

24. Définir des liens entre les tâches

	Phase 3	Fiche 24
Titre	**Définir des liens entre les tâches**	
Étude de cas	• L'analyse des besoins est commune à la partie stock et site, c'est elle qui conditionne le démarrage des 2 autres parties qui pourront être parallélisées • Les autres tâches se déroulent d'une manière générale séquentiellement • L'établissement des liens doit permettre les dates de début et de fin suivantes : – rédaction du cahier des charges : début mai – gestion des stocks terminée : fin juin – site Internet terminé : fin juillet • Cette première planification est la planification qui serait possible à ressources infinies	
Conseils de réalisation du document	• Il est indispensable de raisonner à ressources infinies en ne tenant compte que des contraintes techniques • Ce premier résultat nous indique ce que serait la planification idéale, ce serait le cas par exemple si on décide d'externaliser toute la réalisation en supposant que le prestataire n'ait aucune contrainte sur ses ressources • D'une manière générale, le découpage du planning doit être suffisamment fin pour que la majorité de ses liens soient des liens Fin-Début ce qui améliore considérablement la lisibilité • Tous les jalons et livrables doivent avoir un lien avec au moins une tâche • Toutes les tâches élémentaires doivent être liées	
Conseils de mise en œuvre du document	• L'établissement des liens peut être réalisé de plusieurs manières : • Soit en sélectionnant les tâches et en effectuant un clic sur l'icône « lier les tâches » (ne permet que de faire des liens Fin-Début) • Soit en effectuant un « cliquer-glisser » de la tâche prédécesseur vers la tâche successeur (la souris prend alors la forme d'un maillon), (ne permet que de faire des liens Fin-Début) • Soit en effectuant un double clic sur la tâche, onglet Prédécesseur, indiquer le ou les numéros des tâches prédécesseurs ainsi que le type de lien • Un lien peut être rompu en effectuant un double clic sur le lien dans la partie graphique du diagramme de Gantt (on peut par cette manipulation changer aussi le type de lien)	

Polo — Planning détaillé — Livrable n° 20

N°	ⓘ	Nom de la tâche	Durée	Charge
77		**Piloter le projet**	**0,5 jour**	**3 h**
78		**Lancement**	**0,5 jours**	**3 h**
79		Lancer la réalisation	0,25 jour	1 h
80		Journal du projet	0 jour	0 h
81		Fiche de reporting	0 jour	0 h
82		Mettre en œuvre le plan de communication	0,25 jour	2 h
83		Plan de communication (suite)	0 jour	0 h
84		**FABRICATION DU PRODUIT**	**55 jours**	**510 h**
85		**Étude de la gestion des stocks**	**4 jours**	**20 h**
86		**Étude opérationnelle**	**2 jours**	**8 h**
87		Analyse de l'existant	1 jour	4 h
88		Feuille d'analyse	0 jour	0 h
89		Recherche des améliorations	1 jour	4 h
90		Liste des améliorations	0 jour	0 h
91		**Étude fonctionnelle**	**4 jours**	**12 h**
92		Analyse de l'existant	1 jour	4 h
93		Organigramme fonctionnel	0 jour	0 h
94		Rédaction du cahier des charges	2 jours	8 h
95		Cahier des charges	0 jour	0 h

Timeline : 17 Avr — 24 Avr — 01 Mai (L M M J V S D)

Jalons : Journal du projet 26/04 ; Fiche de reporting 26/04 ; Plan de communication (suite) 26/04 ; Feuille d'analyse 27/04 ; Liste des améliorations 28/04 ; Organigramme fonctionnel 28/04 ; Cahier des charges 03/05

1	2				3		4		5	
Initialisation	Préparation				Planification		Pilotage		Bilan	
Récap.	Aff.	Objet	Objectifs	Domaine	Risques Mé. Co. Co.	Planification détaillée	Valida. Lance.	Réalisation	Pr. Dé. Capital.	
1 2	3 4 5 6 7	8 9 10 11 12	13 14 15 16 17 18 19 20	21 22 23 24 **25**	26 27 28 29 30		31		32 33 34 35	

Livrable n° 20   P 3

Planning détaillé

25. Intégrer les tâches de gestion de projet

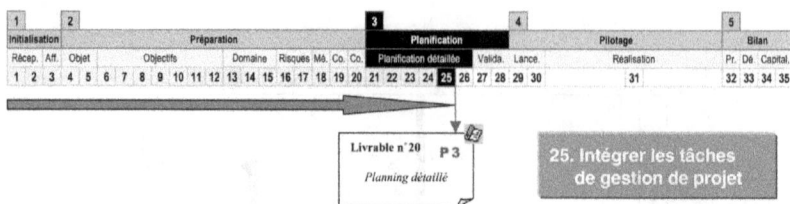

	Phase 3	**Fiche 25**
Titre	**Intégrer les tâches de gestion de projet**	

Étude de cas	Les tâches suivantes et leurs livrables vont être intégrés au planning :
	 • Reporting CAPS
	 • Reporting PO
	   – fiche de reporting
	 • Reporting commanditaire
	 • Réunion comité de pilotage
	   – rapport Flash
	 • Mettre à jour le planning
	   – planning détaillé de suivi
	 • Mettre à jour la documentation
	 • Faire un bilan intermédiaire
	   – bilan intermédiaire
	 • Préparer la communication presse
	 • Envoyer la communication presse
	   – communication presse
	 • Rédiger la communication clients
	 • Envoyer la communication clients
	   – communication clients	

Conseils de réalisation du document	• Reprendre le plan de communication et intégrer dans le planning toutes les tâches ayant un caractère répétitif et se déroulant pendant la phase de pilotage • Intégrer dans le planning toutes les tâches qui concernent la mise à jour de la doc, la mise à jour du planning et le reporting en général (attention à ne pas sous-estimer le temps de récupération des informations auprès des ressources) • Affecter des durées et des charges à l'ensemble de ces tâches	

Conseils de mise en œuvre du document	• Pour insérer une tâche répétitive
	   – se positionner en dessous de l'endroit où on veut insérer cette tâche
	   – menu Insertion/Tâche répétitive et renseigner les différentes rubriques de la tâche en n'oubliant pas la durée (taper h pour mettre des heures)
	 • Dans les impressions, il n'est pas nécessaire de déployer les tâches répétitives qui alourdissent le planning, utiliser avec le mode plan les tâches récapitulatives	

N°	Nom de la tâche	Durée
161	Élaborer le doc utilisateurs	5 jours
162	Doc utilisateurs	0 jour
163	Former les utilisateurs	5 jours
164	Utilisateurs formés	0 jour
165	**GESTION DU PROJET**	67,35 jours
166	**Piloter le projet**	67,13 jours
167	**Réalisation**	67,13 jours
168	Piloter la réalisation du produit	67,13 jours
169	Reporting CAPS	56,03 jours
227	Reporting EFII	61,06 jours
241	Fiche de reporting	61 jours
256	Reporting commanditaire	61,03 jours
271	Réunion comité de pilotage	42 jours
275	Rapport Flash	41 jours
279	Mettre à jour le planning	66,13 jours
295	Planning détaillé de suivi	66 jours
311	Mettre à jour la documentation	66,13 jours
327	Faire un bilan intermédiaire	1 jour
328	Bilan intermédiaire	0 jour

1		2									3								4					5	
Initialisation		Préparation									Planification								Pilotage					Bilan	

Récep.	Aff.	Objet		Objectifs			Domaine	Risques	Mé.	Co.	Co.	Planification détaillée				Valida.	Lance.		Réalisation				Pr.	Dé.	Capital.
1	2	3	4	5	6	7	8	9	10	11	12	13 14 15 16 17 18 19 20 21 22 23 24 25 **26**				27	28 29 30		31				32	33	34 35

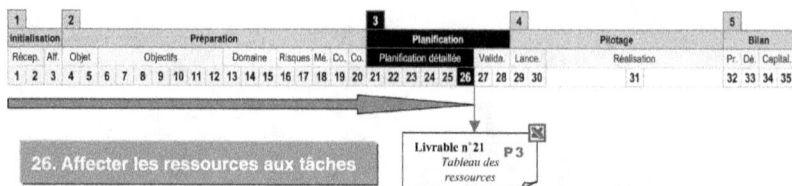

26. Affecter les ressources aux tâches

Livrable n° 21 — P 3
Tableau des ressources

	Phase 3	Fiche 26
Titre	**Affecter les ressources aux tâches**	
Étude de cas	• Les coûts d'utilisation des ressources sont les suivants :	

– Karen	130	
– Christophe	120	
– Henri	0	
– Philippe	0	
– Patrick	0	
– Claudio	100	
– François	100	
– infographiste	80	
– programmeur 1	60	
– programmeur 2	60	
– machine de développement 1	40	
– machine de développement 2	40	
– machine de développement 3	40	

• Les coûts de Henri, de Patrick et de Philippe ne sont pas imputés au projet et sont considérés comme hors périmètre, ainsi seuls les coûts externes seront calculés

• Après affectation des ressources, les coûts doivent avoisiner les 84 K€

Conseils de réalisation du document

• Avant toute affectation des ressources, il faut valider leur pourcentage d'affectation sur le projet, leur calendrier avec leurs horaires de travail

• L'affectation est ensuite réalisée tâche élémentaire par tâche élémentaire

• Toute tâche doit comporter une ressource qui lui est affectée sauf si on a décidé pour des raisons de représentation de dessiner des tâches de type « séchage d'une couche de peinture », encore que dans certaines entreprises il n'est pas impossible que l'on affecte une ressource pour « regarder » une couche de peinture sécher ! (humour)

Conseils de mise en œuvre du document

• Le tableau des ressources généré sous Excel peut être directement copié dans Project

• Lors de l'affectation des ressources dans Project il est nécessaire de valider chaque affectation, cette validation peut être effectuée en découpant l'affichage graphique en cliquant sur l'icône « Affichage/Entrée des tâches »

• Cette opération délicate nécessite une bonne connaissance du module de calcul de Project qui dépend aussi du paramétrage choisi pour le projet et pour chacune des tâches

Nom de la ressource	Initiales	Groupe	Capacité max	Coût standard	Coût par utilisation	Code
Karen	Kar	Epr	100	700	0	1
Christophe	Chr	Epr	100	600	0	1
Henri	Hen	Cpi	100	0	0	2
Philippe	Phi	Cpi	100	0	0	2
Patrick	Pat	Cpi	100	0	0	2
Claudio	Cla	Exp	100	500	0	3
François	Fra	Exp	100	500	0	3
Infographiste	Info	Res	100	400	0	4
Programmeur 1	Pr1	Res	100	300	0	4
Programmeur 2	Pr2	Res	100	300	0	4
Machine de développement 1	Ma1	Mat	100	0	200	5
Machine de développement 2	Ma2	Mat	100	0	200	5
Machine de développement 3	Ma3	Mat	100	0	200	5

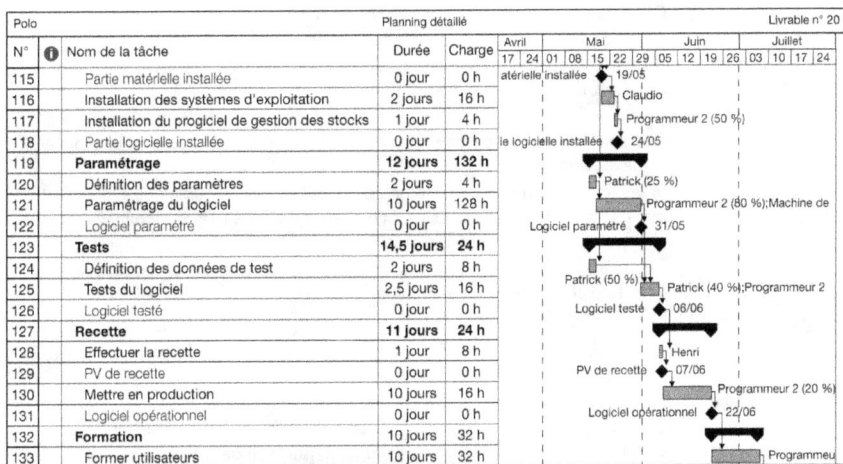

Polo — Planning détaillé — Livrable n° 20

N°	Nom de la tâche	Durée	Charge
115	Partie matérielle installée	0 jour	0 h
116	Installation des systèmes d'exploitation	2 jours	16 h
117	Installation du progiciel de gestion des stocks	1 jour	4 h
118	Partie logicielle installée	0 jour	0 h
119	Paramétrage	12 jours	132 h
120	Définition des paramètres	2 jours	4 h
121	Paramétrage du logiciel	10 jours	128 h
122	Logiciel paramétré	0 jour	0 h
123	Tests	14,5 jours	24 h
124	Définition des données de test	2 jours	8 h
125	Tests du logiciel	2,5 jours	16 h
126	Logiciel testé	0 jour	0 h
127	Recette	11 jours	24 h
128	Effectuer la recette	1 jour	8 h
129	PV de recette	0 jour	0 h
130	Mettre en production	10 jours	16 h
131	Logiciel opérationnel	0 jour	0 h
132	Formation	10 jours	32 h
133	Former utilisateurs	10 jours	32 h

1		2				3			4		5	
Initialisation		Préparation				Planification			Pilotage		Bilan	
Récep.	Aff.	Objet	Objectifs	Domaine	Risques Mé. Co. Co.	Planification détaillée	Valida.	Lance.	Réalisation		Pr. Dé. Capital.	
1 2	3 4	5 6	7 8 9 10 11 12	13 14 15 16 17	18 19 20 21 22 23 24 25 26	27	28 29 30		31		32 33 34 35	

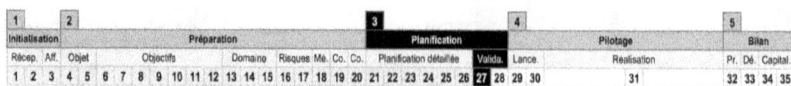

27. Optimiser le planning détaillé du prévu

Livrable n° 20 P 3
Planning détaillé

	Phase 3	Fiche 27

Titre	**Optimiser le planning détaillé du prévu**
Étude de cas	• Les surcharges observées sont particulièrement nettes au niveau de Karen, mais aussi chez les programmeurs et l'infographiste • Les surcharges sont plus sensibles aux mois d'avril et de mai • Compte tenu de la contrainte bloquée sur le temps permettant de glisser la planification jusqu'au 1er septembre, la solution choisie est de ne pas prendre de ressources supplémentaires mais de décaler certaines tâches dans le temps afin de résoudre les surutilisations • Seules des surutilisations pourront être acceptées pour Karen, Christophe, Henri et Patrick • Les autres surutilisations devront être compensées par des systèmes de récupération
Conseils de réalisation du document	• Cette partie donne lieu à de nombreuses négociations qui dépendent directement des contraintes sur les objectifs • Les solutions devront être en premier lieu recherchées sur les objectifs n'ayant pas de contraintes • La recherche des solutions, lorsqu'elle reste dans le cadre des contraintes définies dans la note de cadrage, peut être réalisée avec le chef de projet, le planificateur et les experts • Si les solutions doivent remettre en cause les contraintes sur les objectifs, il est alors nécessaire de convoquer un comité de pilotage extraordinaire qui tranchera sur les options à prendre • Les objectifs renégociés seront consignés dans la note de cadrage qui fera alors l'objet d'un nouvelle validation
Conseils de mise en œuvre du document	• Il est nécessaire, afin d'avoir une vue la plus complète possible, de visualiser les surutilisations par les différents graphes qu'offre Project, cependant le plus efficace reste l'affichage « Utilisation des ressources » • L'affichage « Utilisation des ressources » peut être combiné avec un affichage des tâches en cours pour une ressource sous la forme d'un diagramme de Gantt en cliquant sur l'icône « Affichage/Répartition des ressources » • Il n'est pas nécessaire de chercher à tout prix à résoudre les surutilisations au centième près, tout planning dépendant de la finesse de l'estimation des experts • Il est déconseillé d'utiliser l'audit de Project sauf pour faire des simulations ou sur des plannings très simples, car l'utilisation sur des plannings complexes reste très difficile compte tenu des paramètres pris en compte par le logiciel

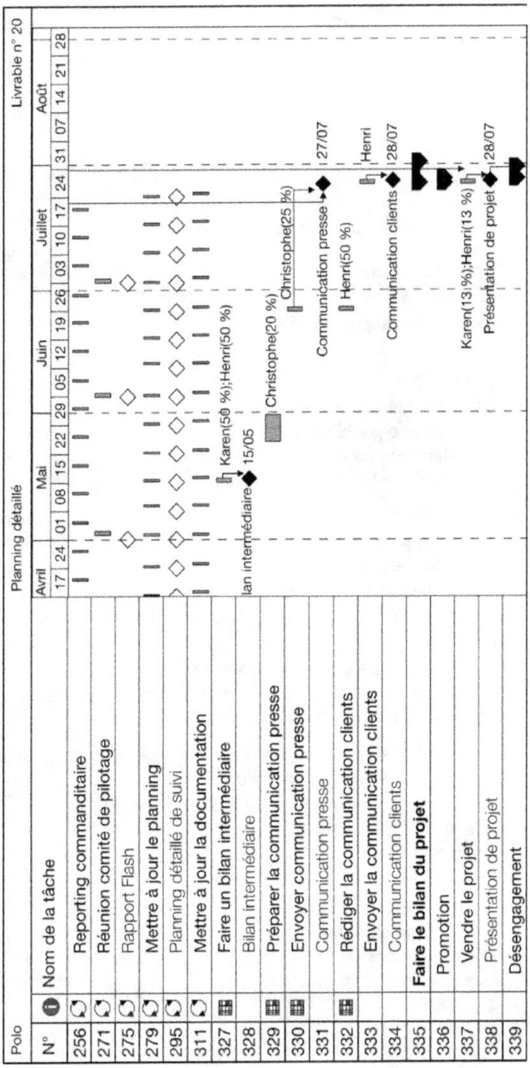

Polo	N°		Nom de la tâche
	256	○	Reporting commanditaire
	271	○	Réunion comité de pilotage
	275	○	Rapport Flash
	279	○	Mettre à jour le planning
	295	○	Planning détaillé de suivi
	311	○	Mettre à jour la documentation
	327	⊞	Faire un bilan intermédiaire
	328		Bilan intermédiaire
	329	⊞	Préparer la communication presse
	330	⊞	Envoyer communication presse
	331		Communication presse
	332	⊞	Rédiger la communication clients
	333		Envoyer la communication clients
	334		Communication clients
	335		**Faire le bilan du projet**
	336		Promotion
	337		Vendre le projet
	338		Présentation de projet
	339		Désengagement

Planning détaillé — Livrable n° 20

Avril 17 24 | Mai 01 08 15 22 | Juin 29 05 12 19 26 | Juillet 03 10 17 24 | Août 31 07 14 21 28

Bilan intermédiaire 15/05
Karen(50 %);Henri(50 %)
Christophe(20 %)
Christophe(25 %)
Communication presse 27/07
Henri(50 %)
Henri
Communication clients 28/07
Karen(13 %);Henri(13 %)
Présentation de projet 28/07

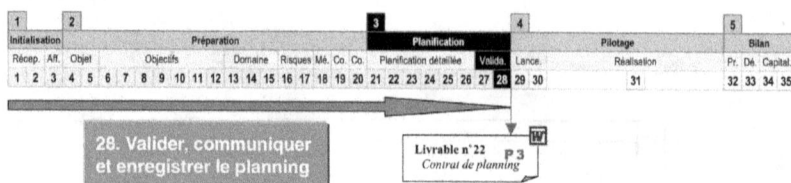

28. Valider, communiquer et enregistrer le planning

Livrable n° 22 P 3
Contrat de planning

	Phase 3	Fiche 28
Titre	**Valider, communiquer, enregistrer le planning**	
Étude de cas	• Après optimisation du planning, les nouvelles dates sont les suivantes : – Date de fin de la fabrication du produit le 30 août – Date de fin du projet le 5 septembre – Fin de la gestion des stocks le 19 juillet – Fin du site Internet le 30 août • Aucune marge supplémentaire ne sera accordée • Il n'y a pas de pénalités de retard prévues mais le paiement au prestataire de la dernière tranche est conditionné par la livraison des produits finis, cette dernière tranche est portée à 50 % du total de la facturation	
Conseils de réalisation du document	• Dans certains projets incluant des sous-traitants, des pénalités de retard doivent être prévues car la livraison engendre des pertes d'exploitation très importantes pour l'entreprise • L'application des pénalités de retard nécessite un suivi très rigoureux de l'ensemble du planning ainsi qu'une définition très précise des responsabilités • La définition des responsabilités peut être détaillée en complément du planning, en effectuant des fiches descriptives de tâches • En tout état de cause, la finesse du pilotage liée au reporting est le meilleur moyen de rester dans les délais souhaités	
Conseils de mise en œuvre du document	• Pas de difficultés particulières dans la mise en œuvre de ce document Word qui est présenté sous la forme d'un tableau • Les rubriques sans objet peuvent être supprimées en sélectionnant une ligne du tableau • L'accès aux en-têtes et pieds de page se réalise en effectuant un double clic sur ces zones qui doivent être renseignées afin de faciliter la gestion documentaire • Pour inclure des fiches de tâches dans Project il suffit d'effectuer un double clic dans la tâche et, dans l'onglet Remarque indiquer le descriptif ; si le descriptif est contenu dans un autre document, il est possible d'insérer un lien vers un autre document dans les remarques	

Polo – Contrat de planning	Livrable N° 22

Principales références

Planning

Références

Planning prévisionnel du projet, livrable 20

Version

1

Date de dernière modification

25 avril

Projet

Date de début prévisionnelle

Projet déjà démarré

Date de début le 20 avril

Date de fin prévisionnelle

Fin de la fabrication du produit le 30 août

Fin générale du projet le 5 septembre

Date de début et de fin des grandes étapes

Gestion des stocks : début le 26 avril et fin le 19 juillet

Site internet : début le 4 mai et fin le 30 août

Date de livraison des principaux livrables

Gestion des stocks opérationnelle : 19 juillet

Site internet opérationnel : 30 août

NB : Le macroplanning prévoyait une fin du projet le 20 juillet, après optimisation et négociation, la fin du projet est reportée le 5 septembre, en conséquence il ne sera pas accordé de marge supplémentaire en termes de délai

Signature du chef de projet   *Signature des membres du comité de pilotage*

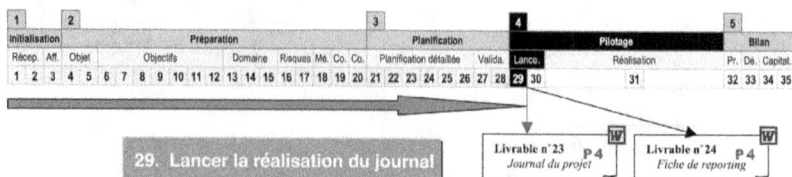

29. Lancer la réalisation du journal

Livrable n°23 P 4
Journal du projet

Livrable n°24 P 4
Fiche de reporting

	Phase 4	Fiche 29
Titre	**Lancer la réalisation du journal**	
Étude de cas	• Pour le lancement, il a été décidé de fabriquer un journal du projet avec un numéro 0 qui annonce le lancement du projet • Ce journal qui aura 6 éditions, tous les 2 mois, est une idée de Philippe qui propose de prendre à sa charge toute la réalisation • Le journal sera à la disposition des clients dans le magasin, mais il sera remis en mains propres à chaque client par Patrick, assorti de commentaires afin qu'aucune fausse interprétation ne soit faite • Les fiches de reporting sont mises en place auprès des ressources, il est notamment demandé aux programmeurs et à l'infographiste d'utiliser cette fiche pour un reporting mensuel qui synthétisera le reporting oral fait à François et à Claudio pendant toute la durée du projet	
Conseils de réalisation du document	• Le journal d'un projet est un véritable acte de communication, il peut avoir un impact très négatif, notamment s'il n'est pas objectif et qu'il annonce des réalisations qui ne seront pas faites • Un petit journal interne simple et attrayant peut permettre à ceux qui sont éloignés du projet de le voir « vivre » ; ce journal peut aussi permettre de remercier ceux qui ont effectué un travail exceptionnel sur le projet, ou pour valoriser les « travailleurs de l'ombre » • Les fiches de reporting doivent être assorties d'une miniformation expliquant le mode de transmission et la finesse des informations qui doivent être reportées • L'idéal, en matière de reporting, est d'automatiser sa transmission *via* une messagerie, lesquelles messageries peuvent être couplées aux logiciels de planification • Attention à ne pas mettre en place des systèmes de reporting tellement complexes que les ressources utilisent un temps très important uniquement pour assurer ce même reporting	
Conseils de mise en œuvre du document	• La réalisation d'un journal simple sous Publisher ne pose pas de problèmes particuliers dans la mesure où un grand nombre de matrices sont utilisables et permettent de gagner du temps sur la mise en pages • Sous Publisher attention toutefois à l'insertion d'images qui peuvent alourdir considérablement le poids des fichiers et engendrer des temps d'impression importants • Le tableau de reporting est un document Word simple ne nécessitant aucune connaissance particulière	

Journal du projet

Projet POLO LANCEMENT DU PROJET

Quel projet ?

La société Ponant Loisirs s'est engagée à mettre en place un nouveau service :

« La vente de matériel d'occasion de Funboard sur le Net »

Ce site permettra d'aficher les photos du matériel que vous souhaitez mettre en vente.

Pour quels services ?

Le site vous permettra aussi de faire l'aquisition de matériels vendus par d'autres funboarders, de payer vos achats et de les recevoir sous 48 heures.

Le projet va se dérouler en plusieurs phases qui vont se dérouler de mai à septembre.

Afin de mieux suivre votre matériel, le système va être couplé à une gestion des stocks performante et entièrement informatisée, qui permettra d'assurer la traçabilité d'une mise en vente ou d'une commande.

Nous vous tiendrons au courant de l'évolution du projet et de la mise en place des services.

Ce numéro est un numéro spécial, il sera suivi de 6 numéros relatifs à la vie du site, ces numéros seront diffusés pendant un an à compter du mois de septembre.

Sommaire :
- Lancement du projet
- Présentation du journal
- Thèmes du projet

Quand le site sera-t-il opérationnel ?

Le site sera opérationnel en *septembre*.

Les services s'enrichiront au fur et à mesure et c'est dans les différents numéros du journal que vous découvrirez les nouvelles fonctions.

Reporting

Tâche	Début prévu	Début réalisé	Fin prévue	Fin réalisée	Charge prévue	Charge réalisée	Coût prévu	Coût réalisé
Installation progiciel de gestion de stock	07/06	20/06	19/06	29/06	4 h	4 h	240 €	240 €
Paramétrage du logiciel	19/05	30/05	16/06	29/06	64 h	76,6 h	4 000 €	4 500 €
Test du logiciel	16/06	29/07	20/06	03/07	8 h	8 h	480 €	480 €
Mettre en production	21/06	04/07	05/07	11/07	16 h	8 h	450 €	200 €

Analyse des problèmes

Problèmes rencontrés	Solutions proposées	Décisions prises
Les informations manquent au cahier des charges permettant le paramétrage des états de synthèse sur les stocks	Faire participer Patrick plus activement aux phases de paramétrage Compléter le cahier des charges par une description phases des états Se contenter des états standard offerts par le logiciel (paramétrage minimal)	La première solution étant la plus facile à mettre en œuvre, c'est elle qui est retenue
La durée de la mise en production semble avoir été surestimée	Réduire la durée de moitié	Décision à prendre par Claudio, en accord avec Karen Décision prise le 1er juillet

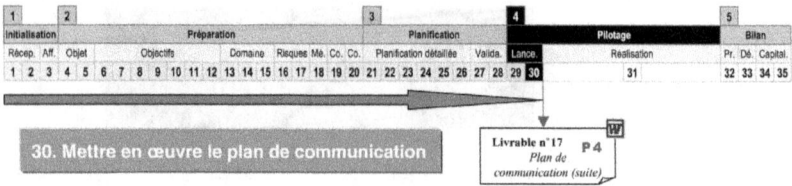

	Phase 4	Fiche 30
Titre		**Mettre en œuvre le plan de communication**
Étude de cas		• La communication ne nécessite pas de mise à jour particulière en termes de compléments • L'allongement de la durée du projet jusqu'au début du mois de septembre nécessite la prolongation de toutes les actions récurrentes de communication sur les 3 niveaux (opérationnelle, informative, promotionnelle) • Le plan de communication ne nécessite donc pas de mise à jour particulière • Dans le planning, il faut ajouter les tâches répétitives correspondant à ces tâches de communication • L'impact sur la charge et sur les coûts est négligeable
Conseils de réalisation du document		• La mise à jour du plan de communication est indispensable si un temps important s'est déroulé dans les 3 premières phases, c'est le cas notamment des projets insuffisamment préparés ou n'ayant pas eu d'étude de faisabilité • La mise à jour du plan de communication peut entraîner des modifications profondes en matière de planification, donc de cadrage du projet • Si les modifications des documents sont très importantes, il vaut mieux générer des versions nouvelles de chacun de ces documents • Le plan de communication, comme le planning, est un document vivant qui nécessite une réactualisation importante, c'est pourquoi il est nécessaire d'avoir un responsable de la communication dans l'équipe projet
Conseils de mise en œuvre du document		• Pas de difficultés particulières dans la mise en œuvre de ce document Word qui est présenté sous la forme d'un tableau • Les rubriques sans objet peuvent être supprimées en sélectionnant une ligne du tableau • L'accès aux en-têtes et pieds de page se réalise en effectuant un double clic sur ces zones qui doivent être renseignées afin de faciliter la gestion documentaire

Polo – Plan de communication	Livrable N° 17

Rappels

Cibles	Henri, Patrick, CAPS (Claudio, François, Programmeur 1, Programmeur 2, Infographiste), EFII (Karen, Christophe), Philippe, Clients, Comité de pilotage du projet, Equipe projet
Messages	**ACTEURS**
	Internes
	Concernant l'avancement du projet
	Concernant les difficultés rencontrées
	Externes
	Concernant l'avancement du projet
	Pour les clients : « Un nouveau service vous est proposé »
	INSTANCES
	Internes
	Concernant l'avancement du projet
	Externes
	Concernant la réalisation du logiciel et du site

Communication opérationnelle

Cibles	CAPS
	PO
	Henri

	CAPS reporting	PO reporting	Henri reporting
Pourquoi	Informer de l'avancement des travaux	Informer de la mise en œuvre du plan de communication	Informer de l'avancement du projet
Quoi	Fait Reste à faire Problèmes rencontrés	Fait Reste à faire Problèmes rencontrés	Fait Reste à faire Problèmes rencontrés
Qui	Programmeur 1 et infographiste vers François Programmeur 2 vers Claudio	Christophe vers Karen	Karen vers Henri
Comment	Messagerie interne	Messagerie interne	Rendez-vous informels
Quand	Tous les soirs, pendant les phases de réalisation et de développement	1 fois par semaine le jeudi soir	Tous les vendredis matins
Où	François@CAPS.com Claudio@CAPS.com	Karen@PO.com	Au magasin
Combien	Autant de jours que la réalisation	Pendant toute la durée du projet	Pendant toute la durée du projet

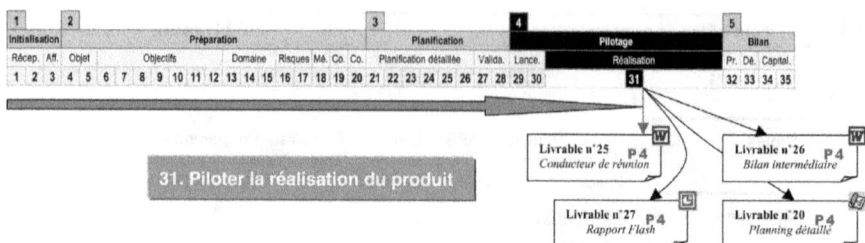

1	2		3	4		5
Initialisation	Préparation		Planification	Pilotage		Bilan
Récep. Aff. Objet	Objectifs	Domaine Risques Mé. Co. Co.	Planification détaillée Valida. Lance.	Réalisation		Pr. Dé. Capital.

31. Piloter la réalisation du produit

Livrable n°25 P4 — Conducteur de réunion
Livrable n°26 P4 — Bilan intermédiaire
Livrable n°27 P4 — Rapport Flash
Livrable n°20 P4 — Planning détaillé

Phase 4 — Fiche 31

Titre	Piloter la réalisation du produit
Étude de cas	• Les problèmes majeurs rencontrés en phase de pilotage sont : – du retard est pris sur la réalisation du site, le nombre de prototypes est limité à 10 – le journal du projet est repris par Christophe en liaison avec Patrick sur décision du comité de pilotage – le planning n'est pas toujours à jour car les programmeurs ne fournissent pas régulièrement les fiches de reporting – Christophe prend en compte un projet nouveau chez un autre client avec l'accord de Henri qui demande à ce que Karen s'implique dans la communication, ou qu'un nouveau responsable de la communication soit trouvé par PO • Au final, le projet a pris une quinzaine de jours de retard
Conseils de réalisation du document	• Les conducteurs de réunion doivent être remplis en temps réel pendant les réunions et diffusés dès la fin de la réunion quitte à ce qu'ils soient réalisés à la main ou tapés au fur et à mesure afin de conserver la dynamique projet • Les conducteurs de réunion doivent être synthétiques et leur gestion documentaire est effectuée par le responsable de la documentation • Le rapport Flash réalisé pour les comités de pilotage doit conserver un caractère plus formel, c'est le cas aussi pour les réunions de comité de pilotage qui doivent avoir une organisation rigoureuse notamment en matière de respect des horaires • Un conducteur de réunion doit compléter le rapport Flash lors des comités de pilotage • Le bilan intermédiaire doit être réalisé si le projet dure plus de 3 mois, il permet de relancer la dynamique projet ; il doit être réalisé sans complaisance de préférence avec le commanditaire, le chef de projet, l'équipe projet et certains experts • Le planning détaillé doit être mis à jour au minimum une fois par semaine, certains systèmes fonctionnant sur réseau permettent une mise à jour quotidienne par les ressources du projet
Conseils de mise en œuvre du document	• Pas de problèmes particuliers pour l'utilisation des conducteurs de réunion, rapports Flash, bilans intermédiaires • Pour la mise à jour du planning sous Project il faut utiliser l'affichage « Gantt suivi », cet affichage doit être précédé par l'enregistrement « avec planification du fichier planning » • Il faut ensuite afficher la barre d'outils de suivi et effectuer toutes les mises à jour du planning via cette barre d'outils

Polo – Conducteur de réunion	Livrable N° 25

Eléments de la réunion

Type de réunion — Reporting hebdomadaire

Objectifs principaux — Décalage des dates du projet suite aux retards pris dans la planification

Date : 7 juillet Lieu : Magasin Heure : 08 h 00	Participants : Karen Henri		Animateur : Karen Modérateur : Karen Rapporteur : Karen
Thèmes	**Tps**	**Décision prise**	**Responsable**
Formation des utilisateurs au logiciel de gestion des stocks	10 min	La formation sera prioritaire pour Patrick, peut être repoussée pour les autres	Programmeur 2 sous l'égide de Claudio
Nombre de prototypes du site à mettre en développement	15 min	Le nombre de boucles de développement sera au maximum de 10	Infographiste, programmeur 1 sous l'égide de François
Communication avec le journal du projet	5 min	Cette communication ne dévoilera pas tous les détails des services du site	Christophe en liaison avec Patrick
Prochaine réunion : 15 juillet Date : 15 juillet Lieu : Magasin Heure : 08 h 00		Thèmes à aborder : la préparation du plan de recette la mise en production du site	

Polo – Grille de bilan	Livrable N°26

Références du bilan intermédiaire

Données

Date
17 juillet

Lieu
Bureaux de la société PO

Participants

Noms
Karen
Christophe

Coordonnées
www@po.com

		Éléments analysés	Plans d'action
Gestion du projet	Livrables réalisés ++++++++	Tous les livrables de la phase d'initiation Tous les livrables de la phase de préparation Tous les livrables de la phase de planification	
	Livrables non réalisés ------------	Défaut de mise à jour du planning du réalisé car absence fréquente de reporting des programmeurs Marques de relances	Faire un point avec Claudio et François sur la nécessité du reporting, afin qu'ils puissent remotiver les programmeurs Insister sur l'importance du planning en relançant les intéressés dès le lendemain lorsque les fiches ne sont pas retournées
Fabrication du produit	Livrables réalisés ++++++++	Logiciel de gestion des stocks et livrables associés	
	Livrables non réalisés ------------	Prototypage en retard par rapport au prévu	Il est prévu de limiter le nombre de prototypes à 10 en conservant une même logique de développement Faire attention toutefois à ne pas négliger l'ergonomie du site, mettre en place des points de validation plus fréquents avec l'infographiste

Problèmes rencontrés

■ **Problème**

☐ **Disponibilité de Christophe**

■ **Solutions proposées**

☐ **Faire faire la commande par le CP**

☐ **Intégrer un nouveau responsable de la communication**

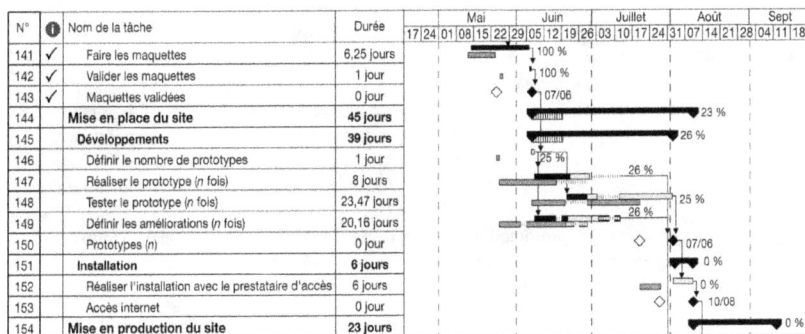

N°	❶	Nom de la tâche	Durée	Mai	Juin	Juillet	Août	Sept
141	✓	Faire les maquettes	6,25 jours		100 %			
142	✓	Valider les maquettes	1 jour		100 %			
143	✓	Maquettes validées	0 jour		07/06			
144		**Mise en place du site**	**45 jours**				23 %	
145		Développements	39 jours				26 %	
146		Définir le nombre de prototypes	1 jour		25 %			
147		Réaliser le prototype (n fois)	8 jours			26 %		
148		Tester le prototype (n fois)	23,47 jours				25 %	
149		Définir les améliorations (n fois)	20,16 jours			26 %		
150		Prototypes (n)	0 jour				07/06	
151		**Installation**	**6 jours**				0 %	
152		Réaliser l'installation avec le prestataire d'accès	6 jours				0 %	
153		Accès internet	0 jour				10/08	
154		**Mise en production du site**	**23 jours**					0 %

1	2						3			4		5		
Initialisation	Préparation						Planification			Pilotage		Bilan		
Récap.	Aff.	Objet	Objectifs	Domaine	Risques	Me. Co. Co.	Planification détaillée	Valida.	Lance.	Réalisation		Pr.	Dé.	Capital.
1 2	3	4 5	6 7 8 9 10 11	12 13 14 15	16 17 18	19 20	21 22 23 24 25 26	27 28	29 30	31		32	33	34 35

32. Vendre le projet

Livrable n° 28 P 5
Présentation du projet

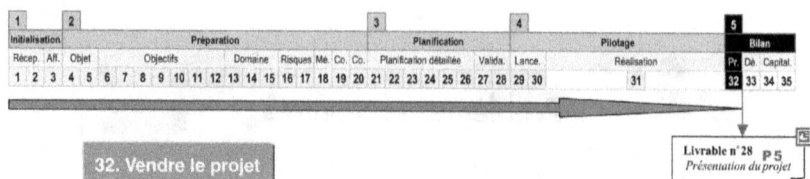

	Phase 5	Fiche 32
Titre	**Vendre le projet**	
Étude de cas	• Karen réalise une présentation du bilan du projet côté commanditaire Pendant cette présentation sont évoqués les points difficiles notamment : – le planning trop serré au départ – la disponibilité réduite de Patrick et de Henri (saison des ventes) – le choix d'un développement en RAD – les difficultés de réalisation de l'interface du site • Certains points relevant du pilotage sont aussi évoqués : – l'organisation du reporting – la communication opérationnelle – la définition des rôles – la communication promotionnelle • Les remerciements sont effectués à l'occasion d'un « pot » offert par Henri	
Conseils de réalisation du document	• Ce document permet la valorisation du projet et du chef de projet • C'est aussi l'occasion de faire un bilan version commanditaire sans complaisance mais qui ne doit pas être trop détaillé • Cette présentation peut permettre commercialement d'initier d'autres projets, c'est pourquoi il faut l'effectuer avec la rigueur nécessaire s'exprimant par exemple par la qualité des documents projetés ou remis au commanditaire • C'est l'occasion aussi de remettre au commanditaire un éventuel rapport de projet permettant de lui montrer l'ampleur du travail réalisé en matière de préparation mais aussi de pilotage • Toutes les présentations doivent respecter les règles de la communication orale, ce qui nécessite pour les chefs de projet de se mettre le plus souvent possible en situation de communication similaire	
Conseils de mise en œuvre du document	• Pas de difficultés particulières en matière de mise en forme du document • Certains extraits de documents peuvent être inclus par des copier-coller dans le diaporama, ce peut être par exemple des parties de planning qui peuvent être, après sélection, copiées avec l'icône « Copier l'image »	

© Groupe Eyrolles

Les problèmes rencontrés

- Le planning trop serré dès le départ
- La disponibilité des acteurs de terrain
- Le développement en RAD du site (logique difficile à mettre en œuvre
- La réalisation de l'interface graphique du site

Ce qu'il faut améliorer

- L'organisation du reporting
- La finesse de la planification
- La rigueur dans la communication opérationnelle (compte rendus écrits synthétiques

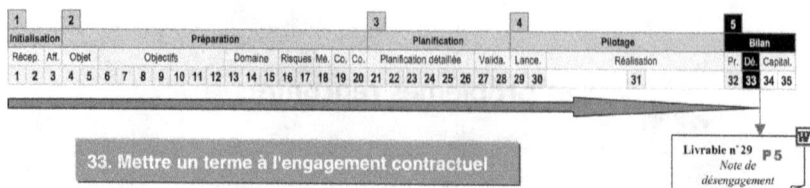

1		2						3				4		5		
Initialisation		Préparation						Planification				Pilotage		Bilan		
Récep.	Aff.	Objet	Objectifs			Domaine	Risques Mé. Co. Co.	Planification détaillée		Valida.	Lance.	Réalisation		Pr.	Dé.	Capital.
1 2	3	4	5 6 7	8	9 10 11	12 13 14 15	16 17 18 19 20	21 22 23 24 25 26	27	28 29 30		31		32	33	34 35

33. Mettre un terme à l'engagement contractuel

Livrable n° 29 **P 5**
Note de désengagement

	Phase 5	**Fiche 33**
Titre	**Mettre un terme à l'engagement contractuel**	
Étude de cas	• La date effective finale du projet tient compte des règlements effectués par le client et est donc définitivement fixée au 5 septembre • Henri a évoqué la possibilité de réaliser au début de l'année prochaine l'intégration de nouvelles fonctionnalités sur le site et notamment la commande en ligne de matériels neufs ; cependant ce nouveau projet est conditionné par la réussite commerciale du premier pour des raisons financières • Un consultant PO doit être proposé à Henri au mois de novembre pour étudier la faisabilité du projet	
Conseils de réalisation du document	• Ce document est souvent difficile à obtenir car il nécessite que tout le projet soit bouclé aussi bien sur le plan technique que sur le plan financier • Dans ce document doit être éventuellement prévue la charge de travail envisagée pour le chef de projet et son équipe sur la maintenance des réalisations livrées • Ce document doit être signé du commanditaire ou des membres du comité de pilotage	
Conseils de mise en œuvre du document	• Pas de difficultés particulières dans la mise en œuvre de ce document Word qui est présenté sous la forme d'un tableau • Les rubriques sans objet peuvent être supprimées en sélectionnant une ligne du tableau • L'accès aux en-têtes et pieds de page se réalise en effectuant un double clic sur ces zones qui doivent être renseignées afin de faciliter la gestion documentaire	

Polo – Note de désengagement	Livrable N° 29

Références du chef de projet

Nom du chef de projet	Karen

Références du chef de projet	**Service** PO **Coordonnées** karen@po.com

Dates	**Date de nomination** 17 avril **Date de début de projet** 17 avril **Date de fin du projet** 5 octobre

Suites	**Eléments à réaliser** Etudier une possibilité d'intégration des ventes de matériels neufs sur le site **Nom du responsable** Consultant de la société PO (nom à définir pour le 1er novembre

Signature du commanditaire du projet   *Signature du chef de projet*

1	2				3			4		5	
Initialisation	Préparation				Planification			Pilotage		Bilan	
Récep.	Aff.	Objet	Objectifs	Domaine	Risques	Mé. Co. Co.	Planification détaillée	Valida.	Lance.	Réalisation	Pr. Dé. Capital.

1 2 3 4 5 6 7 8 9 10 11 12 13 14 15 16 17 18 19 20 21 22 23 24 25 26 27 28 29 30   31   32 33 **34** 35

34. Organiser les réunions de débriefing

Livrable n°30   P 5
Bilan final du projet

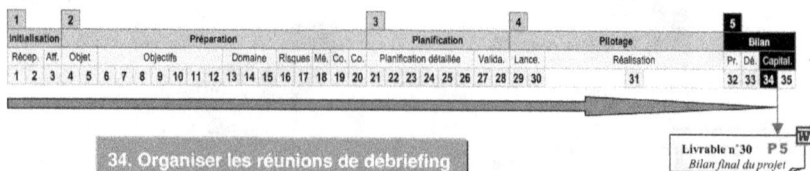

	Phase 5	**Fiche 34**
Titre	**Organiser les réunions de débriefing**	
Étude de cas	• Une réunion de bilan est réalisée avec les personnes suivantes : – Karen, Christophe, Claudio, François • Les éléments qui sont analysés sont les suivants : – la mise en œuvre du plan de communication – le reporting et la mise à jour de la planification – l'analyse des besoins – les phases de prototypage • D'une manière générale le projet est une réussite, la tolérance du commanditaire en matière de planification a permis d'absorber les dérapages du projet • Le budget global a été respecté • PO a alloué un budget pour qu'un repas soit organisé avec tous les acteurs du projet (PO et CAPS)	
Conseils de réalisation du document	• La difficulté tient lieu dans le management de la réunion qui va servir à alimenter la grille de bilan • Il faut dès le départ « désamorcer » tout règlement de compte en précisant qu'il faut s'attaquer aux faits et non aux personnes • Le plan d'action est indispensable car il permet de progresser et d'innover dans la manière de gérer les projets • Ce document peut faire l'objet d'une présentation commune à un ensemble de chefs de projet susceptibles d'intervenir dans des projets similaires • Le chef de projet doit abandonner sa casquette de leader pour celle d'animateur, l'idéal étant que cette réunion soit animée par une personne extérieure au projet • La réunion peut être clôturée par des remerciements (médailles en chocolat ou plus suivant les traditions de l'entreprise), et un « pot » ou/et un repas	
Conseils de mise en œuvre du document	• Pas de difficultés particulières dans la mise en œuvre de ce document Word qui est présenté sous la forme d'un tableau • Les rubriques sans objet peuvent être supprimées en sélectionnant une ligne du tableau • L'accès aux en-têtes et pieds de page se réalise en effectuant un double clic sur ces zones qui doivent être renseignées afin de faciliter la gestion documentaire	

Polo – Grille de bilan	Livrable N° 30

Références du bilan

Données

Date
2 octobre

Lieu
Bureaux PO

Participants

Noms
Karen, Christophe, Claudio, François

Coordonnées
www.po.com
wwwcaps.com

		Éléments analysés	Causes	Plan d'action
Gestion du projet	Ce qui est positif ++++++++	La mise en œuvre du plan de communication	Simplicité du plan de communication	Toujours adapter au nombre d'acteurs et à la durée du projet Ne pas multiplier les réunions et les comptes rendus
	Ce qu'il faut améliorer ------------	Le reporting et la mise à jour du planning en phase de réalisation	Réaction pas assez rapide en cas de non-reporting Reporting pas demandé au bon niveau	Demander le reporting au niveau des experts et au niveau des ressources
Fabrication du produit	Ce qui est positif ++++++++	L'analyse des besoins a été exhaustive au niveau des fonctions	La méthode d'analyse était longue, mais elle a permis de ne rien oublier	Toujours réserver un temps nécessaire à cette phase Conserver une démarche classique pour l'analyse
	Ce qu'il faut améliorer ------------	Maîtrise des sous-phases du prototypage Les phases de définition des améliorations ont été négligées	Vouloir obtenir des résultats concrets et rattraper le retard en négligeant les tâches dites administratives	Imposer pour ces phases systématiquement la rédaction d'un document formalisant les améliorations

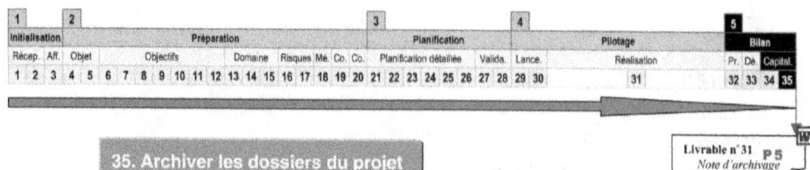

1	2		3	4	5
Initialisation	Préparation		Planification	Pilotage	Bilan

Récep.	Aff.	Objet	Objectifs	Domaine	Risques	Mé.	Co.	Co.	Planification détaillée	Valida.	Lance.	Réalisation		Pr.	Dé.	Capital.
1	2	3 4 5 6 7	8 9 10 11 12 13 14	15 16 17	18 19 20	21	22 23 24 25 26	27 28 29 30				31		32 33 34		35

35. Archiver les dossiers du projet

Livrable n° 31 **P 5**
Note d'archivage

	Phase 5	Fiche 35
Titre	**Archiver les dossiers du projet**	
Étude de cas	Les documents du projet qui vont être archivés sont : • Les cahiers des charges • Les dossiers de développement • Des doubles des documentations utilisateurs • Les documentations techniques des matériels installés chez le client (doubles) • Les documentations techniques des logiciels installés chez le client (doubles) • Les documents papier seront archivés dans l'armoire « Projets clients » • Les documents informatiques seront archivés sur les serveurs de CAPS et PO dans les répertoires Projet/Polo • Le client conservera un double des documents informatiques sur son serveur dans un répertoire nommé Polo	
Conseils de réalisation du document	• L'archivage nécessite un regroupement exhaustif des documents du projet • Il est nécessaire, dans la documentation, de conserver la dichotomie « gestion du projet » et « fabrication du produit », on conserve ainsi la logique méthodologique • La suite logique de l'archivage simple est la mise en place d'un Intranet documentaire permettant un accès simple et réglementé des documents • Certains produits de gestion de projet comme 03 intègrent cette gestion documentaire en plus des fonctionnalités liées à la gestion de projet • L'intégration de ces produits est une aide précieuse pour la maîtrise d'ouvrage	
Conseils de mise en œuvre du document	• Pas de difficultés particulières dans la mise en œuvre de ce document Word qui est présenté sous la forme d'un tableau • Les rubriques sans objet peuvent être supprimées en sélectionnant une ligne du tableau • L'accès aux en-têtes et pieds de page se réalise en effectuant un double clic sur ces zones qui doivent être renseignées afin de faciliter la gestion documentaire	

Polo – Note d'archivage	Livrable N°31

Eléments papier

Liste	Tous les éléments de la gestion du projet
	Cahiers des charges
	Dossiers de développement
	Double de la documentation utilisateur
	Documentations techniques hard
	Documentations techniques soft

Auteurs	**Noms**
	Acteurs du projet
	Coordonnées
	www.po.com
	www.caps.com

Lieux archivage	Magasin
	Double des documents de gestion de projet chez EFII
	Double des documents produit chez PO

Eléments informatiques

Liste	Mêmes éléments que papier

Auteurs	**Noms**
	Idem
	Coordonnées
	Idem

Lieux archivage	Serveurs CAPS et PO, répertoire projets\polo
	Serveur Ponant Loisirs, répertoire polo

Signature du responsable de la documentation

QUATRIÈME PARTIE

La gestion des ressources humaines du projet

Articulation entre techniques Hard et techniques Soft

La conduite d'un projet combine deux grands types de techniques :

- Les techniques liées aux aspects méthodologiques techniques « HARD »
- Les techniques liées aux aspects humains techniques « SOFT »

Les techniques **HARD** regroupent les thèmes suivants :

- Le cadrage d'un projet
- L'analyse des risques
- La planification
- L'organisation de la communication
- Le pilotage
- La capitalisation

Les techniques **SOFT** regroupent les thèmes suivants :

- Les échanges en tête-à-tête
- L'organisation des instances projet
- La constitution de l'équipe
- Le management des équipes
- La gestion des conflits
- La négociation
- Les techniques de présentation

On peut voir ainsi tous les volets et techniques que devra maîtriser le chef de projet. Chacun des volets mériterait un ouvrage entier, cependant des règles incontournables doivent être rappelées afin de réussir le management du projet.

Dans l'architecture méthodologique présentée dans le chapitre 2, les techniques sont principalement centrées sur le HARD ; ce chapitre se propose de mettre l'accent sur les techniques SOFT.

Dans certaines fiches, seuls des conseils méthodologiques seront donnés et pour certaines autres, des outils seront proposés afin de faciliter la mise en œuvre des techniques SOFT.

Ces outils sont des matrices de documents destinés au chef de projet, la plupart ne seront pas communiqués et resteront confidentiels, à la différence de la plupart des modèles de la partie Hard. Il est d'ailleurs nécessaire de mettre en évidence auprès du lecteur la haute confidentialité de certains outils qui pourraient nuire au fonctionnement du projet si les ressources humaines y avaient accès. La gestion de l'archivage de ces documents doit être particulièrement soignée.

La réussite d'un projet est le savant dosage Hard-Soft. Un projet géré uniquement avec les méthodes en faisant abstraction des comportements humains est voué à l'échec, un projet reposant uniquement sur des outils de gestion des ressources humaines ne sera pas suffisamment cadré et structuré. Le dosage appartient au chef de projet, son expérience lui dictera les points sur lesquels il doit mettre l'accent.

Toute la méthode sera passée en revue, les nouveaux outils seront précédés de la lettre S et sont présents sur le site Eyrolles.com dans un répertoire à part appelé « OUTILS de gestion des RH ».

La mise en œuvre des outils adopte le même principe que pour les modèles de la partie HARD.

Les fiches

Le fonctionnement des fiches

Toutes les fiches seront présentées de la même manière.

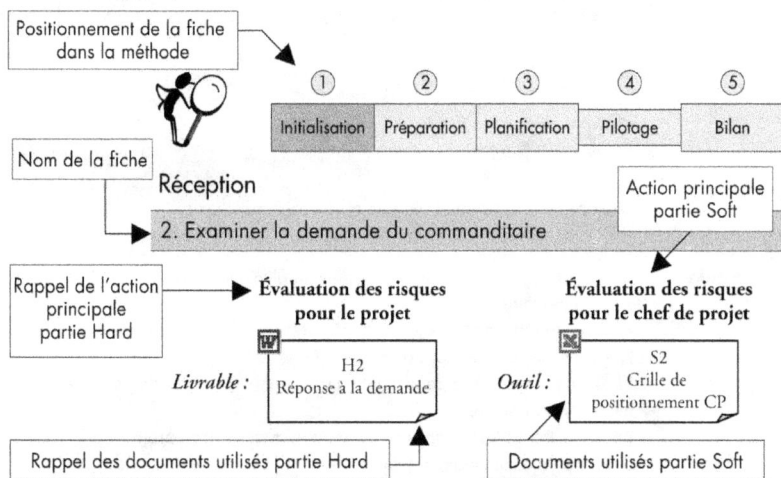

Ensuite vous trouverez un tableau comprenant les éléments suivants :

		Phase X	Fiche Y
Titre	X		
Actions à entreprendre	• Liste des tâches à entreprendre en matière de ressources humaines		
Conseils	• Conseils à mettre en œuvre pour réaliser cette étape		

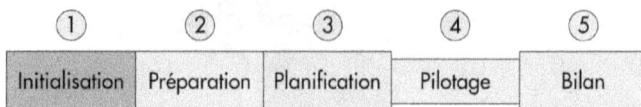

1	2	3	4	5
Initialisation	Préparation	Planification	Pilotage	Bilan

Réception

1. Réceptionner la demande de projet du commanditaire

**Formulation écrite
de la demande**

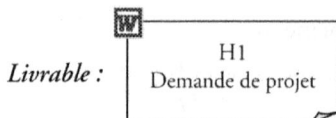

Livrable :

H1
Demande de projet

**Première rencontre
avec le commanditaire**

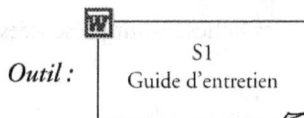

Outil :

S1
Guide d'entretien

	Phase 1	Fiche 1
Titre	**Réceptionner la demande de projet du commanditaire**	
Actions à entreprendre	• Pour le chef de projet – Essayer d'avoir des éléments sur la personnalité et le mode de fonctionnement du commanditaire – Préparer la rencontre avec le guide d'entretien et la note de cadrage – Faire une liste de questions à poser sur le projet – Réfléchir à un scénario de rencontre (liste de thèmes, chronologie, durée…) • Pour le commanditaire : – Rassembler tous les documents possédés et ayant trait au projet – Structurer la commande, notamment en termes de résultats attendus – Hiérarchiser les objectifs entre eux	
Conseils	• Cette rencontre est essentielle, surtout si le chef de projet et le commanditaire ne se connaissent pas : c'est souvent la première impression que l'on retient. La préparation est donc importante aussi bien dans la forme (présentation, habillement…) que dans le fond. • En tant que chef de projet, vous devez être naturel dans votre relation avec le commanditaire ; un projet s'inscrit dans le temps, autant être soi-même dès le départ • N'hésitez pas à reformuler ce qui est demandé par le commanditaire avec votre propre langage pour ainsi valider votre compréhension du besoin à satisfaire	

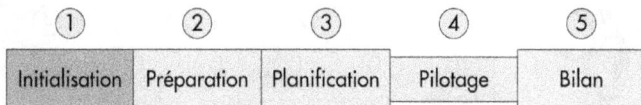

①	②	③	④	⑤
Initialisation	Préparation	Planification	Pilotage	Bilan

Réception

2. Examiner la demande du commanditaire

Évaluation des risques pour le projet

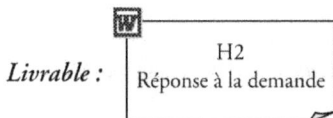

Livrable :

> H2
> Réponse à la demande

Évaluation des risques pour le chef de projet

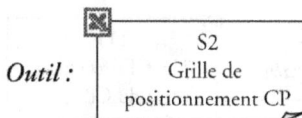

Outil :

> S2
> Grille de positionnement CP

		Phase 1	Fiche 2
Titre	Examiner la demande du commanditaire		
Actions à entreprendre	• Évaluer les gains pour l'entreprise à mettre en œuvre le projet • Évaluer les gains personnels à prendre en compte le projet • Essayer de savoir pourquoi on a été choisi comme chef de projet • Réfléchir aux éventuelles possibilités ou arguments pour refuser le projet si c'est possible et si le projet est trop risqué • Regarder si on aura en tant que chef de projet un poids suffisant sur les décisions ou pour faire prendre les décisions • Se poser la question : « En cas de problèmes dans le projet, qui pourra prendre des décisions importantes et rapides ? » • Estimer la validité et le poids des instances décisionnelles déjà mises en place à ce stade (comité de pilotage, comité de direction...)		
Conseils	• Le chef de projet doit faire une liste des dangers potentiels (pour lui) à accepter le projet et vérifier si ces risques sont acceptables • Il peut arriver que le chef de projet soit choisi pour faire échouer le projet, ou pour le faire échouer sur un projet. Il faut donc connaître les raisons profondes de cette désignation en tant que chef de projet		

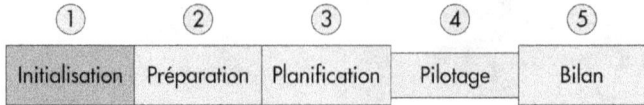

① Initialisation	② Préparation	③ Planification	④ Pilotage	⑤ Bilan

Affectation

3. Officialiser la nomination du chef de projet

Nomination officielle
du chef de projet

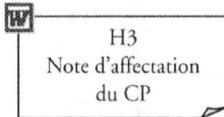

Présentation officieuse
du chef de projet

Livrable :

H3
Note d'affectation
du CP

Outil :   Pas d'outil spécifique

	Phase 1	Fiche 3
Titre	**Officialiser la nomination du chef de projet**	
Actions à entreprendre	• Demander un nouvel entretien (si un premier entretien a eu lieu) au commanditaire pour avoir une notification écrite de la nomination • Demander à être présenté aux différentes instances déjà existantes avant de démarrer le projet • Demander à rencontrer les personnes « incontournables du projet » (clients du projet, sponsors…) • Expliquer au commanditaire la méthode employée pour gérer le projet et valoriser les apports de la méthode	
Conseils	• Un chef de projet doit être reconnu par ses « pairs ». Pour cela, il est nécessaire que l'ensemble des acteurs connaisse dès le début du projet celui qui va coordonner tout le projet. Ce rôle peut parfois être ingrat, et il est nécessaire de pouvoir rencontrer les personnes au démarrage du projet dans de bonnes conditions plutôt que de les rencontrer pour la première fois à l'occasion d'un conflit ou d'un désaccord ; cela permettra au chef de projet de développer et d'anticiper ses stratégies en cas de conflit ou de négociation. • Une rencontre est préférable à l'envoi d'un e-mail qui reste trop impersonnel ou qui peut tout simplement ne pas être lu.	

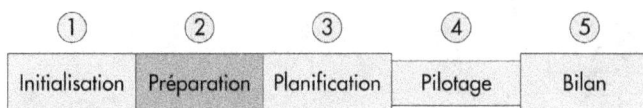

	①	②	③	④	⑤
	Initialisation	Préparation	Planification	Pilotage	Bilan

Objet

4. Définir l'objet précis du projet

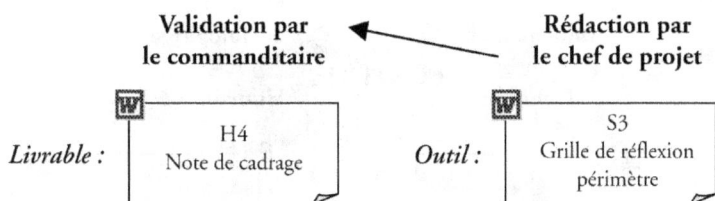

**Validation par
le commanditaire** ← **Rédaction par
le chef de projet**

Livrable :

> H4
> Note de cadrage

Outil :

> S3
> Grille de réflexion
> périmètre

	Phase 2	Fiche 4
Titre	**Définir l'objet précis du projet**	
Actions à entreprendre	• Remonter au véritable objet du projet en se posant la question « pourquoi » plusieurs fois de suite • Redescendre dans le « monde des moyens » à partir de l'objet du projet en se posant la question « comment » plusieurs fois de suite • Trouver une formulation de l'objet qui permette de définir le vrai périmètre du projet à partir de la formulation du commanditaire • Rencontrer à nouveau le commanditaire avec une liste d'objets possibles du projet pour faire un choix avec lui de la formulation commune	
Conseils	• La formulation de l'objet du projet est très importante car elle va permettre une communication sur le projet vers tous les acteurs. La compréhension de l'objet induira les premières réactions et actions des acteurs du projet. Cette formulation doit être particulièrement soignée • La communication sur l'objet ne doit être faite qu'après validation par le chef de projet et le commanditaire, quitte à ce que le projet reste confidentiel quelque temps • Un périmètre trop grand décourage les collaborateurs devant l'ampleur du projet, un périmètre trop petit risque d'être trop réducteur et les collaborateurs peuvent être déçus par le manque d'ambition du projet	

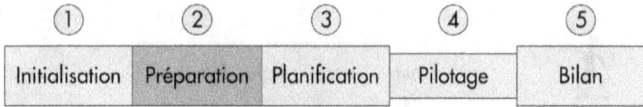

①	②	③	④	⑤
Initialisation	Préparation	Planification	Pilotage	Bilan

Objet

5. Lister les motifs et définir le contexte

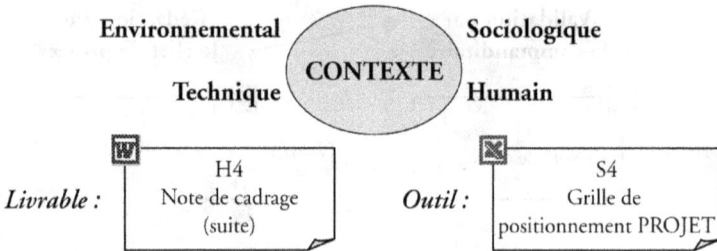

Environnemental   **CONTEXTE**   Sociologique

Technique   Humain

Livrable : H4 — Note de cadrage (suite)

Outil : S4 — Grille de positionnement PROJET

	Phase 2	Fiche 5
Titre	**Lister les motifs et définir le contexte**	
Actions à entreprendre	• Évaluer le positionnement du projet en termes de complexité humaine et de complexité technique • Faire la liste des raisons qui conduisent à la complexité humaine dans le projet • Hiérarchiser la complexité humaine par rapport à la complexité technique • Évaluer si la partie humaine ne nécessite pas une gestion d'un « sous-projet » à part entière	
Conseils	• La complexité humaine dans un projet peut avoir plusieurs origines (résistance au changement, mise en danger de certaines personnes…). Il faut donc à ce stade mener une réflexion sur les causes de cette complexité humaine • Si la complexité humaine est très importante, il faudra faire un volet spécial dans la définition des objectifs de qualité avec la liste des objectifs à atteindre sur le plan humain • Dans le cas d'un grand projet, la partie humaine peut faire l'objet d'un sous-projet qui peut être confié à un chef de projet sous la coupe d'un directeur de projet. Il ne suffira pas à ce dernier d'être expert en ressources humaines, il devra avoir été formé	

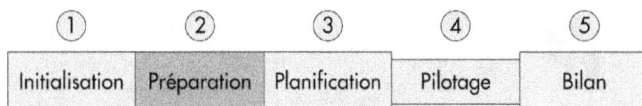

①	②	③	④	⑤
Initialisation	Préparation	Planification	Pilotage	Bilan

Objectifs

6. Définir les objectifs de qualité

**Lister
les critères de performance
et les fonctionnalités du produit**

**Faire la part
des fonctions d'usage
et des fonctions d'estime**

Livrable :
H4
Note de cadrage
(suite)

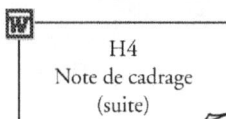

Outil : Pas d'outil spécifique

	Phase 2	Fiche 6

Titre	Définir les objectifs de qualité
Actions à entreprendre	• Impliquer les « clients » du projet dans la définition des objectifs de qualité • Vérifier que le cahier des charges, s'il existe, a bien été rédigé ou validé par les clients du projet • Informer les clients du projet qu'ils participeront à la validation du résultat et qu'ils seront conviés à des points réguliers pendant toute la durée du projet • Faire la liste des fonctions d'estime et des fonctions d'usage du résultat (utiliser au besoin à ce niveau l'analyse de la valeur) • Faire hiérarchiser les fonctions par les clients du projet
Conseils	• Les clients du projet sont les futurs utilisateurs du résultat, de leur implication dépend la réussite du projet. Ils doivent être impliqués dès le départ du projet, notamment grâce à l'analyse du besoin et à leur participation à la rédaction du cahier des charges • Si vous n'avez pas participé à la rédaction du cahier des charges, assurez-vous de la perception des futurs utilisateurs du résultat du contenu du document • L'utilisateur doit être informé qu'il fera partie des actions de reporting prévues pendant toute la durée du projet, cela permettra d'éviter « l'effet tunnel » qui induit des résistances au changement

①	②	③	④	⑤
Initialisation	Préparation	Planification	Pilotage	Bilan

Objectifs

7. Définir les objectifs de temps

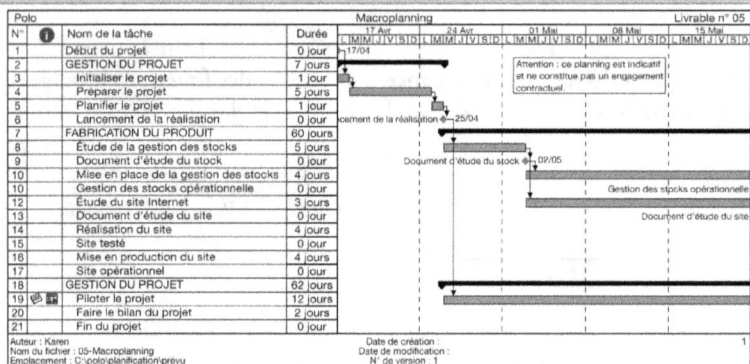

Polo			Macroplanning					Livrable n° 05
N°	Nom de la tâche	Durée	17 Avr	24 Avr	01 Mai	08 Mai	15 Mai	
1	Début du projet	0 jour	17/04					
2	GESTION DU PROJET	7 jours			Attention : ce planning est indicatif et ne constitue pas un engagement contractuel			
3	Initialiser le projet	1 jour						
4	Préparer le projet	5 jours						
5	Planifier le projet	1 jour						
6	Lancement de la réalisation	0 jour	cement de la réalisation 25/04					
7	FABRICATION DU PRODUIT	60 jours						
8	Étude de la gestion des stocks	5 jours						
9	Document d'étude du stock	0 jour		Document d'étude du stock 02/05				
10	Mise en place de la gestion des stocks	4 jours						
10	Gestion des stocks opérationnelle	0 jour				Gestion des stocks opérationnelle		
12	Étude du site Internet	3 jours						
13	Document d'étude du site	0 jour				Document d'étude du site		
14	Réalisation du site	4 jours						
15	Site testé	0 jour						
16	Mise en production du site	4 jours						
17	Site opérationnel	0 jour						
18	GESTION DU PROJET	62 jours						
19	Piloter le projet	12 jours						
20	Faire le bilan du projet	2 jours						
21	Fin du projet	0 jour						

Auteur : Karen
Nom du fichier : 05-Macroplanning
Emplacement : C:\polo\planification\prévu

Date de création :
Date de modification :
N° de version : 1

Livrable :
H5
Macro-planning

Outil : Pas d'outil spécifique

	Phase 2	Fiche 7
Titre	**Définir les objectifs de temps**	
Actions à entreprendre	• Commenter et expliquer le macroplanning aux destinataires de ce document • Informer que cette planification n'est que provisoire et sera suivie d'une planification détaillée • Préciser que cette planification peut comporter des erreurs d'évaluation compte tenu de son niveau macro	
Conseils	• La communication d'un planning peut avoir des conséquences désastreuses si ce document n'est qu'une première approche, c'est pourquoi il est nécessaire de préciser que ce document n'est que provisoire et qu'il sera sujet à révisions • Attention à ne pas partir du principe que tout le monde sait lire un planning, les représentations graphiques, surtout si elles sont sous la forme d'un réseau PERT, donnent une apparence très technique au projet, il faut alors commenter le planning et expliquer aux différents interlocuteurs l'usage et l'objectif • Un planning doit toujours pouvoir être compris et lu par les personnes qui ne l'ont pas fabriqué, c'est un outil de communication qui, s'il est bien construit, favorise l'échange • La présentation soignée d'un planning crédibilise le chef de projet et rend crédible la gestion du projet	

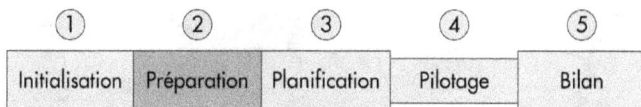

① Initialisation	② Préparation	③ Planification	④ Pilotage	⑤ Bilan

Objectifs

8. Définir les objectifs de charge et de coût

- Coût d'utilisation des **ressources matérielles**
- Coût d'utilisation des **ressources humaines**
- Coût des **achats**
- Coût des **sous-traitants**

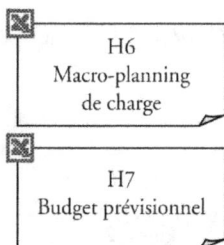

Livrables :

> H6
> Macro-planning
> de charge

> H7
> Budget prévisionnel

Outil :   Pas d'outil spécifique

	Phase 2	Fiche 8
Titre	**Définir les objectifs de charge et de coût**	
Actions à entreprendre	• S'assurer que les acteurs comprennent les notions de coût et de charge • Vérifier que le périmètre de consolidation des charges est connu de tous les acteurs • Faire approuver les données concernant les coûts du projet par le commanditaire, notamment en ce qui concerne la valorisation du temps de travail des personnes qui vont être affectées au projet • Rappeler aux différents acteurs qu'à ce stade du projet ces notions sont aussi importantes que le planning	
Conseils	• La notion de coût est sensible car elle montre la valeur réelle d'un projet et donc de son retour sur investissement. La communication sur les coûts d'un projet doit être validée au minimum par le commanditaire • La communication sur la charge de travail a moins d'effet car sa compréhension est plus réduite et a moins d'impact sur les acteurs • Même si le chef de projet a des consignes sur la confidentialité du coût d'un projet, il doit au moins faire pour lui-même un calcul du coût global du projet afin de s'en servir dans d'éventuelles négociations • Les données transmises sur les coûts doivent toujours être accompagnées d'explicitations orales ou écrites sur les modes de calcul utilisés	

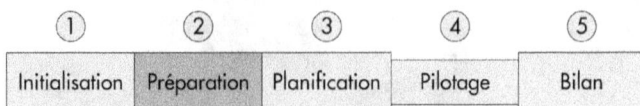

Objectifs

9. Définir les objectifs de communication

- **Communication** opérationnelle
- **Communication** promotionnelle
- **Communication** informative

Livrable :
H8
Stratégie de communication

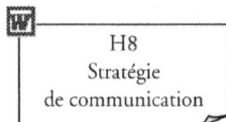

Outil : Pas d'outil spécifique

	Phase 2	Fiche 9
Titre	Définir les objectifs de communication	
Actions à entreprendre	• Faire la liste des acteurs clients et de leur positionnement par rapport au projet • Définir une stratégie pour leur « vendre » le résultat du projet • Vérifier la cohérence entre cette stratégie et la communication qui va être effectuée sur les plans opérationnels et informatifs	
Conseils	• La communication est un élément déterminant dans la motivation des acteurs, une mauvaise communication au début du projet peut mettre tout le projet en péril • La communication promotionnelle doit être validée par le commanditaire qui doit « se mouiller » et approuver les axes de communication • Un défaut de communication entretient la rumeur et affaiblit le projet et le chef de projet • Si le chef de projet ne maîtrise pas bien l'organisation de la communication, il doit faire appel à un spécialiste du domaine • Il ne faut pas penser que la communication interne est plus facile à mettre en œuvre que la communication externe • Tous les vecteurs de communication doivent être imaginés, ces vecteurs doivent être adaptés au message que l'on veut faire passer	

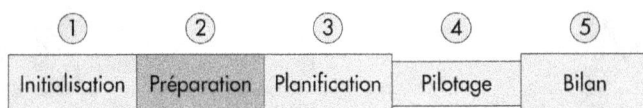

①	②	③	④	⑤
Initialisation	Préparation	Planification	Pilotage	Bilan

Objectifs

10. Définir les objectifs complémentaires

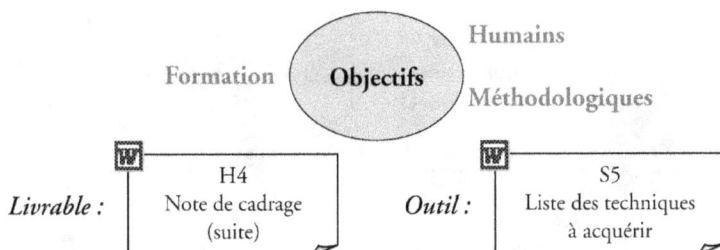

Formation — **Objectifs** — Humains / Méthodologiques

Livrable : H4 Note de cadrage (suite)

Outil : S5 Liste des techniques à acquérir

	Phase 2 — Fiche 10
Titre	**Définir les objectifs complémentaires**
Actions à entreprendre	• Faire la liste de tous les axes de progression individuels possibles pour chacun des acteurs proches du projet • Faire la liste de tous les moyens nécessaires pour mettre en œuvre ces axes de progression • Chiffrer la charge et les coûts nécessaires à ces axes de progression • Alimenter le planning et le budget du projet avec ces éléments de coût et de charge
Conseils	• Un projet est une occasion unique pour les personnes de progresser dans la mesure où les rapports humains peuvent sortir de la ligne hiérarchique souvent bloquante. Il faut donc profiter du budget du projet pour mettre en œuvre des actions qui feront progresser les acteurs du projet • Faire progresser un acteur c'est aussi une manière de le récompenser pour sa participation au projet • Si un acteur a progressé cela permettra de faire ressortir ces éléments à l'heure du bilan du projet • L'organisation du projet peut permettre à certains de se mettre en situation pour prendre la parole en public, animer une réunion, animer un groupe de travail. Les acteurs seront ainsi reconnus, il faut toutefois faire attention à ne pas les mettre en difficulté devant un public qui pourrait les déstabiliser

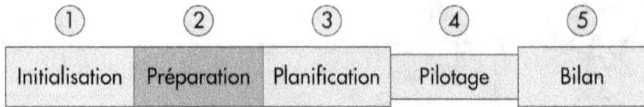

①	②	③	④	⑤
Initialisation	Préparation	Planification	Pilotage	Bilan

Objectifs

11. Préciser les contraintes sur objectifs

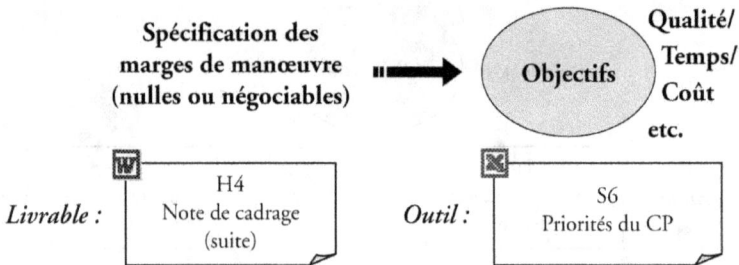

Spécification des marges de manœuvre (nulles ou négociables) ➡ **Objectifs** **Qualité/ Temps/ Coût etc.**

Livrable :

H4
Note de cadrage
(suite)

Outil :

S6
Priorités du CP

	Phase 2	Fiche 11
Titre	**Préciser les contraintes sur objectifs**	
Actions à entreprendre	• Faire la liste des objectifs avec les marges de manœuvre prévues dans la commande • Faire préciser éventuellement au commanditaire ses propres marges de manœuvre • Faire des propositions de hiérarchie entre les 3 objectifs qualité/temps/coût au commanditaire • Faire valider définitivement cette hiérarchie par le commanditaire	
Conseils	• Les marges de manœuvre vont permettre le pilotage du projet. Il est donc nécessaire au chef de projet de connaître les marges dont il dispose pendant le pilotage afin de faire des propositions d'utilisation de ces marges • Les marges déterminent la part de pouvoir que détient le chef de projet. Les marges sur les coûts lui permettent de connaître les budgets supplémentaires qu'il peut engager dans le projet, les marges sur la qualité lui permettent de voir si le résultat peut être dégradé, les marges sur le temps lui donnent la date de fin éventuellement possible pour le projet • Si le chef de projet choisit d'entamer les marges de manœuvre, il doit toujours justifier sa démarche par des éléments tangibles et se tenir prêt à expliquer ses décisions en comité de pilotage	

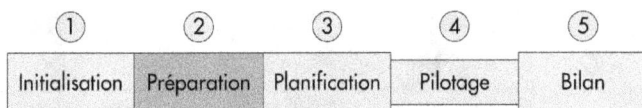

①	②	③	④	⑤
Initialisation	Préparation	Planification	Pilotage	Bilan

Objectifs

12. Vérifier l'adéquation entre les objectifs

3 situations : • **Renégociation** d'un ou plusieurs objectifs
• **Redéfinition** de l'objet du projet
• **Arrêt momentané ou définitif** du projet

Livrable :
H4
Note de cadrage
(suite)

Outil :
S7
Grille de négociation

	Phase 2	**Fiche 12**
Titre	**Vérifier l'adéquation entre les objectifs**	
Actions à entreprendre	• Faire le point sur tous les éléments existants du projet (documents, notes, etc.) • Hiérarchiser les objectifs qualité/temps/coût entre eux en fonction des attentes du commanditaire • Réfléchir aux éléments qui sont négociables en prévoyant une marge de manœuvre et un seuil minimal acceptable • Préparer sa stratégie de négociation sur papier • Conduire la négociation avec le commanditaire, avec en appui tous les documents nécessaires	
Conseils	• Une bonne négociation est une négociation « Gagnant-Gagnant » • Avant de négocier avec le commanditaire, il faut réfléchir à ses propres intérêts dans le projet, cela vous permet de prévoir une « monnaie d'échange » qui lui convient • Pendant la négociation, il faut toujours s'appuyer sur des faits et éviter de dériver sur des « états d'âme » et des impressions • Prévoyez bien un seuil au-delà duquel vous ne négocierez plus, soyez ferme même si le commanditaire est haut placé dans la hiérarchie • Tous vos arguments doivent être appuyés par des documents justifiant de manière très concrète vos demandes • Si en dépit de vos arguments, le commanditaire veut lancer le projet malgré des objectifs inatteignables, faites-le s'engager à travers un écrit qui consignera les résultats de la négociation	

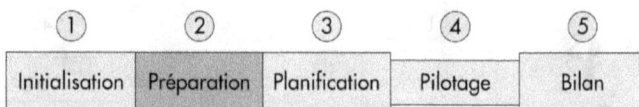

	①	②	③	④	⑤
	Initialisation	Préparation	Planification	Pilotage	Bilan

Domaine

13. Identifier le périmètre et les acteurs

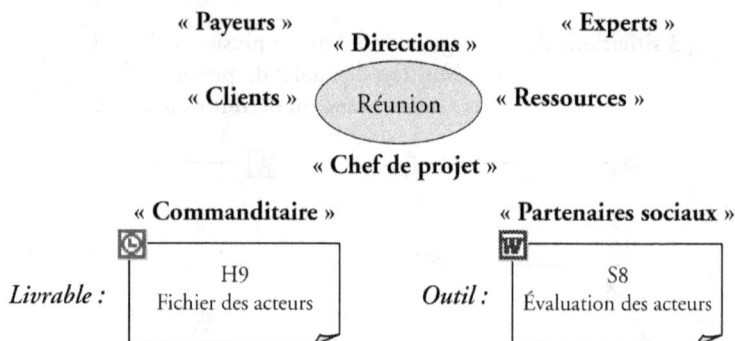

« Payeurs »   « Experts »

« Directions »

« Clients »   (Réunion)   « Ressources »

« Chef de projet »

« Commanditaire »   « Partenaires sociaux »

Livrable :

H9
Fichier des acteurs

Outil :

S8
Évaluation des acteurs

		Phase 2	**Fiche 13**

Titre	Identifier le périmètre et les acteurs
Actions à entreprendre	• Faire la liste des acteurs qui sont imposés par le système projet • Faire la liste des acteurs que vous pouvez choisir • Évaluer l'importance de chaque rôle pour le fonctionnement du projet • Évaluer la correspondance entre les rôles à tenir et les compétences réelles de ceux qui vont occuper le poste • Évaluer les risques pour le projet et pour vous
Conseils	• Comme on a rarement la possibilité de choisir tous les acteurs qui vont participer au projet, il faut faire une évaluation des risques humains et notamment évaluer les acteurs dont les compétences ou le comportement ne sont pas en adéquation avec le rôle à tenir • Si le risque est trop grand et que l'acteur est imposé, il faut en informer le commanditaire avant de prendre toute décision arbitraire • Il peut être possible dans certains cas d'inverser les rôles des acteurs dans la mesure où le rôle n'est pas lié à une expertise unique • D'une manière générale, il vaudra mieux privilégier la participation d'un acteur moins expert, mais extrêmement motivé, à celui de l'expert du sujet mais qui ne s'engagera que partiellement dans le projet, ou contestera toutes les décisions ou arbitrages du fait de son expertise • Surtout ne pas confondre expertise sur un sujet, et capacité à travailler en mode projet et en équipe

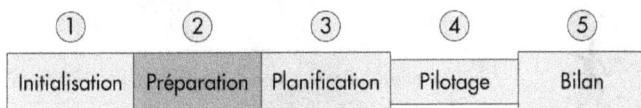

①	②	③	④	⑤
Initialisation	Préparation	Planification	Pilotage	Bilan

Domaine

14. Définir la structure choisie pour gérer le projet

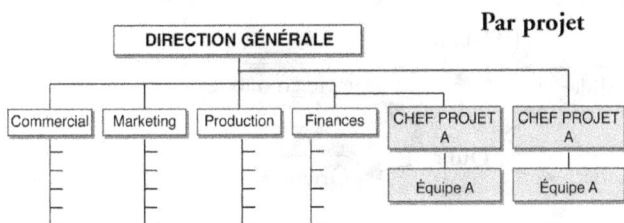

Par projet

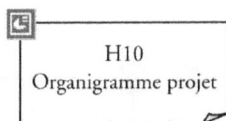

Livrable : H10 Organigramme projet

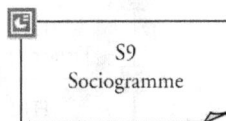

Outil : S9 Sociogramme

	Phase 2	Fiche 14
Titre	**Définir la structure choisie pour gérer le projet**	
Actions à entreprendre	• Prendre en compte les avantages et les inconvénients de l'organisation qui est éventuellement imposée par l'entreprise (matricielle, Task force, par fonction…) • Établir une représentation graphique des liens fonctionnels et hiérarchiques entre les acteurs du projet • Insérer cette représentation graphique dans l'organigramme de l'entreprise et l'organigramme de l'organisation du projet • Faire un sociogramme de l'équipe projet et du comité de pilotage • Déterminer les « groupes » de personnes et évaluer les incidences pour le projet	
Conseils	• Deux instances sont particulièrement importantes pour le fonctionnement du projet : le comité de pilotage et l'équipe projet car ils vont être présents pendant toute la durée du projet. Dans la mesure où les choix sont possibles, il faut donc soigner leur constitution • Généralement, le chef de projet a plus de liberté pour la constitution de l'équipe projet. Pour le choix de ces acteurs, ce sont les qualités humaines et organisationnelles qui doivent être mises en avant • Le planificateur doit être méticuleux et opiniâtre, le chargé de communication doit aimer le contact et savoir prendre la parole en public, le chargé de la documentation projet doit être organisé, le gestionnaire de ressources doit savoir négocier, et bien sûr le chef de projet doit avoir toutes ces qualités…	

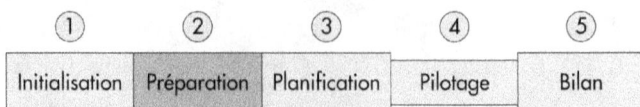

①	②	③	④	⑤
Initialisation	Préparation	Planification	Pilotage	Bilan

Domaine

15. Définir les rôles des acteurs dans les structures projet

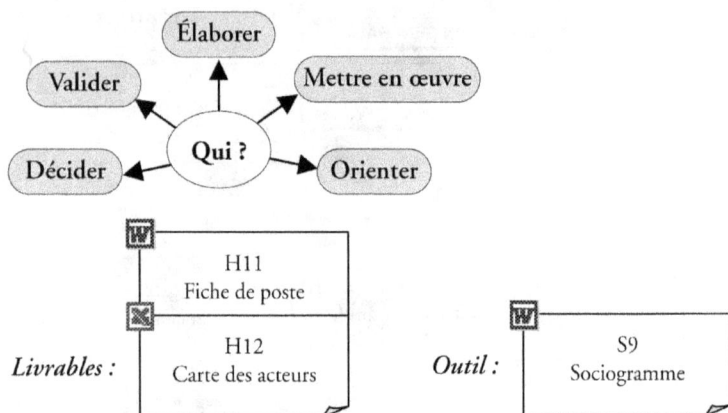

Élaborer
Valider
Mettre en œuvre
Décider
Qui ?
Orienter

Livrables :

H11
Fiche de poste

H12
Carte des acteurs

Outil :

S9
Sociogramme

	Phase 2	Fiche 15
Titre	Définir les rôles des acteurs dans les structures projet	
Actions à entreprendre	• Pour un petit projet, construire l'équipe proche en s'appuyant sur le schéma du village gaulois • Pour un grand projet, réaliser une carte des acteurs sur les 20 ou 30 acteurs les plus proches du projet • Réaliser les fiches de postes pour les acteurs principaux • Recevoir individuellement les acteurs principaux pour leur présenter leur fiche de poste et leur rôle dans le système	
Conseils	• Dans une petite équipe, « assembler » : un réalisateur (homme ou femme d'action), un guide (pour la prise de hauteur), un ancien (pour la capitalisation), un sage (pour le regard extérieur et le recul), un créatif (pour la recherche de solutions innovantes) • Dans la carte des acteurs, il faut s'appuyer sur les Triangles d'or qui constituent la vraie richesse du projet, ils vont à la fois être en « tête de pont » des tâches à mener mais aussi « fer de lance » de la communication • Éviter si possible d'inclure des Révoltés dans les acteurs proches. Ils vont utiliser toutes les données du projet pour le saborder • Attention à ne pas se focaliser sur les opposants au projet qui consomment l'énergie du chef de projet (syndrome de la pie) et déstabilisent le reste des acteurs	

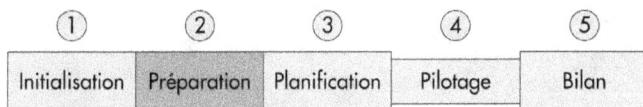

①	②	③	④	⑤
Initialisation	Préparation	Planification	Pilotage	Bilan

Risques

16. Identifier, analyser et gérer les freins

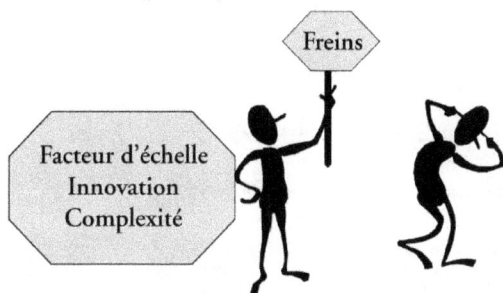

Freins

Facteur d'échelle
Innovation
Complexité

Livrable : H13
Grille des freins

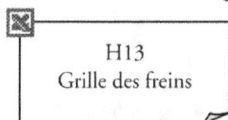

Outil : Pas d'outil spécifique

	Phase 2	Fiche 16

Titre	Identifier, analyser et gérer les freins
Actions à entreprendre	• Faire la liste de tous les éléments liés à l'humain qui peuvent ralentir l'atteinte des objectifs (qualité/temps/coût) • Hiérarchiser ces causes en fonctions des critères (impact, probabilité, détection) • Définir des actions préventives et curatives • Faire valider l'ensemble par le commanditaire • Préparer l'intégration des actions préventives dans le planning détaillé prévisionnel
Conseils	• Les actions préventives ne doivent pas se limiter à de banales communications. Une véritable stratégie doit être organisée dans la gestion des acteurs à travers la communication mais aussi à travers le déroulement du projet et la fabrication des livrables • Tout changement induit une période longue et un processus contenant des étapes incontournables (euphorie, inquiétude, peur, tristesse, résignation, deuil, acceptation du changement). Même si la durée totale est différente suivant les personnes, ces étapes sont incontournables. Il faut donc intégrer le temps nécessaire à ce processus de changement dans le planning • Dans certains cas, la communication doit intervenir très tôt afin de laisser le temps pour que le processus de changement se déroule. On peut ainsi faire concorder la phase d'acceptation du changement avec l'arrivée du produit ou service

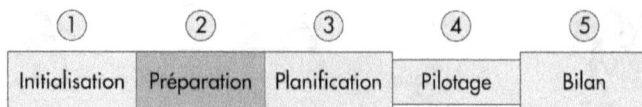

①	②	③	④	⑤
Initialisation	Préparation	Planification	Pilotage	Bilan

Risques

17. Identifier, analyser et gérer les facilitants

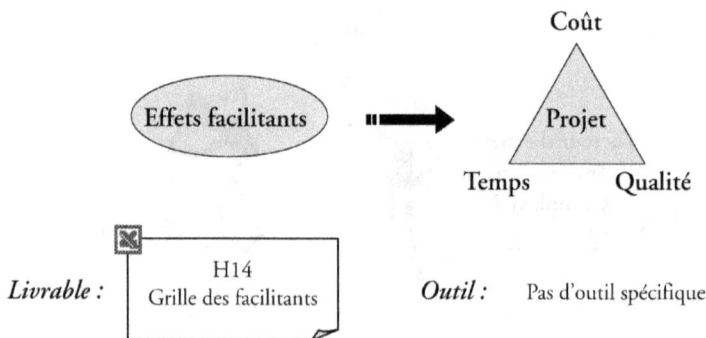

Coût

Effets facilitants ▪▪➡ Projet

Temps   Qualité

Livrable : H14
Grille des facilitants   *Outil :*   Pas d'outil spécifique

	Phase 2	Fiche 17
Titre	**Identifier, analyser et gérer les facilitants**	
Actions à entreprendre	• Faire la liste de tous les facteurs humains pouvant accélérer l'atteinte des objectifs • Identifier précisément les effets sur les objectifs • Hiérarchiser les facteurs facilitants humains entre eux en fonction de leurs effets sur les objectifs • Définir les actions à mettre en œuvre pour « profiter » des facteurs facilitants	
Conseils	• Dans un projet, les ressources sont toujours optimisées et souvent minimales. Certains acteurs peuvent être pourvoyeurs de ressources à condition que l'on puisse un minimum les impliquer dans le projet et leur prévoir une « monnaie d'échange ». Ces acteurs peuvent être appelés sponsors du projet • Le sponsor ne fait pas toujours partie du système projet, ce peut être un acteur ou un groupe d'acteurs extérieurs au projet qui vont avoir intérêt à ce que le projet aboutisse. Ce travail demande une analyse de type systémique qui permette de regarder les acteurs faisant partie de l'environnement proche ou éloigné du projet • Dans cette réflexion, les seuls indicateurs sont les objectifs du projet, le projet ne doit pas dévier et être mis en œuvre au profit d'intérêts individuels déconnectés des objectifs	

①	②	③	④	⑤
Initialisation	Préparation	Planification	Pilotage	Bilan

Méthode

18. Choisir une méthode et structurer la réalisation du produit

Méthode
+ Outils ■➡ Fabrication
du produit

Livrable :

H15
Fiche méthode

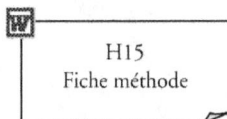

Outil : Pas d'outil spécifique

	Phase 2	Fiche 18
Titre	**Choisir une méthode et structurer la réalisation du produit**	
Actions à entreprendre	• Récupérer la liste des experts du projet • Faire une cartographie des experts (positionnement des experts par rapport au projet) • Préparer le groupe de travail avec les experts • Animer le groupe de travail en conservant un rôle de coordinateur ou d'animateur	
Conseils	• Les experts sont les acteurs les plus difficiles à manager car ils sont détenteurs du « savoir » technique de la fabrication du produit • Le chef de projet, même s'il détient une partie de l'expertise, ne doit à aucun moment sortir de son rôle de fédérateur – coordinateur – animateur – catalyseur • Si le chef de projet ne détient pas d'expertise sur tout ou partie du sujet, il doit néanmoins avant de travailler avec les experts s'imprégner de leur vocabulaire et s'informer des us et coutumes liés à leur métier • Si le chef de projet fait de l'ingérence dans les domaines de l'expert, il déresponsabilise l'expert qui saura dire en cas de problème qu'il n'a pas validé telle ou telle étape • Tout désaccord doit être arbitré par le chef de projet et les décisions doivent être prises dans l'intérêt de la réalisation des objectifs	

(1)	(2)	(3)	(4)	(5)
Initialisation	Préparation	Planification	Pilotage	Bilan

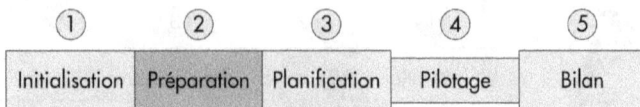

Communication

19. Définir les axes, cibles, moyens de communication

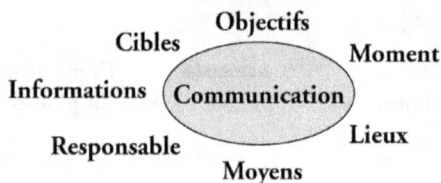

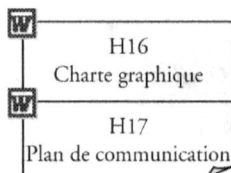

Objectifs

Cibles

Moment

Informations **Communication**

Responsable Lieux

Moyens

Livrables :

H16
Charte graphique

H17
Plan de communication

Outil : Pas d'outil spécifique

	Phase 2	Fiche 19
Titre	**Définir les axes, cibles, moyens de communication**	

Actions à entreprendre	• Vérifier si une réflexion a été menée à propos des 3 types de communication (opérationnelle, promotionnelle, informative) • Analyser dans le détail toute la communication promotionnelle • Vérifier si la communication promotionnelle permet d'assurer la promotion des acteurs proches du projet • Prévoir éventuellement pour la communication promotionnelle des scénarios de secours ou de remplacement
Conseils	• Le plan de communication se résume trop souvent aux réunions nécessaires au bon fonctionnement du projet • Le plan de communication doit prévoir les actions qui vont assurer la promotion des acteurs qui investissent beaucoup de temps dans le projet • Il ne faut pas attendre la fin du projet pour communiquer sur les acteurs qui font fonctionner le projet. Cette communication entretiendra la motivation de ceux qui se « donnent » le plus pour l'atteinte des objectifs • Un journal du projet peut permettre facilement d'assurer la promotion de certains acteurs en leur laissant une petite tribune pour s'exprimer ou pour mettre en valeur certaines de leurs actions • Tous les acteurs ont besoin d'être encouragés et félicités, le plan de communication doit le prévoir

①	②	③	④	⑤
Initialisation	Préparation	Planification	Pilotage	Bilan

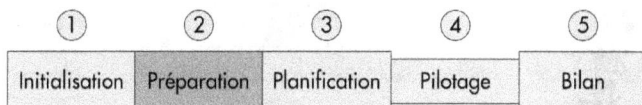

Contractualisation

20. Rédiger la note de cadrage

Contractualisation avec le commanditaire

Livrables :

H4
Note de cadrage
(suite)

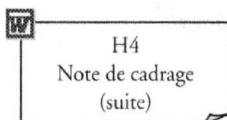

Outil : Pas d'outil spécifique

	Phase 2	Fiche 20

Titre	Rédiger la note de cadrage
Actions à entreprendre	• S'assurer que la note de cadrage est bien explicite et complète • Si nécessaire, compléter la note de cadrage avec des annexes qui assurent sa bonne compréhension • Mettre en forme la note de cadrage afin qu'elle puisse être communiquée au plus grand nombre
Conseils	• La contractualisation permet d'avoir un engagement mutuel entre le commanditaire et le chef de projet. C'est un acte primordial qui permet de sceller par écrit un accord entre les 2 parties essentielles du projet • Il n'est pas toujours facile d'obtenir la signature de la note de cadrage. Si l'on ressent des réticences, il suffit de faire un compte rendu de réunion en précisant que la version x de la note de cadrage a été validée, en citant le nom des acteurs qui ont participé à cette validation • Si une partie du projet doit être réalisée par un prestataire de service extérieur à l'entreprise, il peut être utile de faire signer toutes les pages de la note de cadrage au prestataire afin que ce document puisse être utilisé en cas de litige • La contractualisation nécessite aussi une gestion et une communication des différentes versions de la note de cadrage, car si le chef de projet a été exigeant envers le commanditaire dans la phase de préparation du projet, il doit être rigoureux dans la gestion documentaire du projet

①	②	③	④	⑤
Initialisation	Préparation	Planification	Pilotage	Bilan

Planification détaillée

21. Définir l'environnement de planification

- Paramètres de planification
- Calendrier du projet
- Modes de représentations des plannings

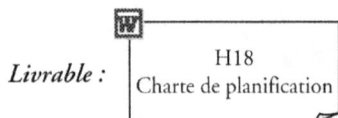

Livrable : H18 Charte de planification   *Outil :* Pas d'outil spécifique

	Phase 3	Fiche 21
Titre	**Définir l'environnement de planification**	
Actions à entreprendre	• Définir les règles spécifiques de fonctionnement des ressources pour le projet • Communiquer ces règles spécifiques à toutes les personnes le plus tôt possible • Intégrer les règles générales dans le calendrier du projet • Faire la liste des modes de fonctionnement individuels • Réaliser les calendriers individuels des collaborateurs • Vérifier la compatibilité entre les contraintes individuelles et les contraintes collectives	
Conseils	• Il est nécessaire, avant d'établir le calendrier du projet, de connaître les desideratas de chacun et plus particulièrement de ceux qui sont fortement sollicités Cette manière de faire permettra d'intégrer ces désirs s'ils ne sont pas incompatibles avec l'atteinte des objectifs • Le planning d'un projet ne doit pas être un prétexte pour surexploiter les ressources toute surutilisation d'une ressource doit faire l'objet d'un repos compensateur ou d'une récompense (prime, compensation…) • Les ressources seront reconnaissantes si le chef de projet tient compte de certains de leurs souhaits (vacances…), il sera ainsi plus facile de négocier en cas de surcharge en phase de pilotage	

①	②	③	④	⑤
Initialisation	Préparation	Planification	Pilotage	Bilan

Planification détaillée

22. Ordonner la liste des tâches de fabrication du produit

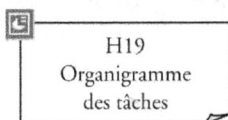

**Construire le WBS, le PBS
et l'organigramme des tâches**

Livrable :

> H19
> Organigramme
> des tâches

Outil :   Pas d'outil spécifique

	Phase 3	**Fiche 22**
Titre	**Ordonner la liste des tâches de fabrication du produit**	
Actions à entreprendre	• Réunir les experts dans un groupe de travail pour leur présenter les objectifs détaillés et le cahier des charges s'il existe • Demander aux experts de faire un premier découpage du projet de manière individuelle • Donner à chacun des experts le découpage des autres et leur demander une nouvelle réflexion individuelle • Mettre en commun le travail des experts et leur faire faire un découpage commun	
Conseils	• Le travail préalable du découpage détaillé du planning doit être réalisé sur papier afin de ne pas bloquer la réflexion à cause de l'utilisation d'un outil informatique • Faire travailler d'abord les experts de manière individuelle permet à ceux qui n'ont pas nécessairement l'habitude de communiquer de s'exprimer pleinement • L'animation du groupe d'experts doit être confiée au chef de projet qui peut ainsi en permanence le recentrer sur les objectifs du projet • Ne pas oublier que ces éléments vont servir à la planification et donc à la communication. Si le langage employé est trop technique, il faut le simplifier en faisant, au besoin, une fiche descriptive de tâche	

| | ① | ② | ③ | ④ | ⑤ |

| Initialisation | Préparation | Planification | Pilotage | Bilan |

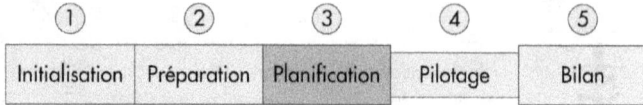

Planification détaillée

23. Affecter des durées ou des charges aux tâches

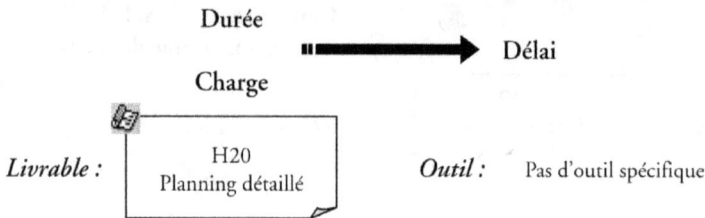

Durée

Charge ■━━━━▶ Délai

Livrable : H20
Planning détaillé

Outil : Pas d'outil spécifique

	Phase 3	Fiche 23
Titre	**Affecter des durées ou des charges aux tâches**	
Actions à entreprendre	• Poursuivre le chiffrage avec les experts dans un groupe de travail • Confronter les différents chiffrages en utilisant de préférence un travail individuel avant le travail collectif • Entrer les données dans un logiciel de planification	
Conseils	• La première étape de chiffrage des durées et des charges doit être réalisée sur le papier afin de ne pas entraver la réflexion • De préférence, travailler d'abord à partir de la charge de travail nécessaire pour accomplir la tâche car il est toujours plus facile d'évaluer le travail nécessaire que la durée (d'autant plus que la durée dépend directement de la disponibilité des personnes et de leurs capacités à absorber les charges) • Former au besoin les acteurs qui interviennent dans la planification à un logiciel, comme Project de Microsoft, qui permettra de gagner du temps dans les calculs ou le pilotage • Si le chef de projet utilise un logiciel de planification, il doit penser en construisant son planning qu'il va l'utiliser pendant des réunions pour réaliser des arbitrages. Il doit donc être le plus communicant et exploitable possible • Bannir de toute réunion ou communication des représentations de planning sous la forme de réseaux Pert car elles conduisent à rendre la planification inaccessible aux acteurs	

| Initialisation | Préparation | Planification | Pilotage | Bilan |

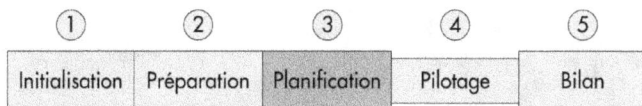

Planification détaillée

24. Définir les liens entre les tâches

- Lien Fin-Début
- Lien Début-Début
- Lien Fin-Fin
- Lien Début-Fin

Livrable :

> H20
> Planning détaillé

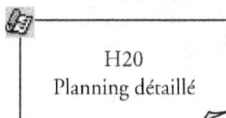

Outil : Pas d'outil spécifique

	Phase 3	Fiche 24
Titre	**Définir les liens entre les tâches**	
Actions à entreprendre	• Expliquer aux différents acteurs impliqués dans la planification la signification des liens • Placer des liens sur toutes les tâches de dernier niveau dans le planning afin de faciliter la mise à jour en phase de pilotage • Vérifier la cohérence générale du planning et la date de fin obtenue	
Conseils	• Ce travail doit être effectué indépendamment des ressources. Il faut donc raisonner à ressources infinies, cela permet d'avoir une date de fin optimale pour le projet • Attention à ne pas communiquer à propos de ce planning car on ne pourra jamais avoir toutes les ressources nécessaires au bon moment • Même si on a dans le projet des dates de fin obligatoires, il ne faut pas travailler en rétro planning car on peut subir deux lois (loi de Parkinson, loi du pantalon) • Selon la loi de Parkinson, toute tâche se dilate dans le temps qui lui est imparti. La nature ayant horreur du vide, la ressource va occuper tout le temps dont elle dispose même si le temps nécessaire est inférieur au temps disponible • La loi du pantalon consiste à essayer de rentrer dans un pantalon trop petit (le pantalon a été choisi en fonction de la taille habituelle). Généralement le pantalon craque au moindre mouvement. Le même phénomène se produit lorsque l'on travaille à partir de la date de fin puisqu'on essaye à tout prix d'accomplir les tâches dans le délai imposé	

①	②	③	④	⑤
Initialisation	Préparation	Planification	Pilotage	Bilan

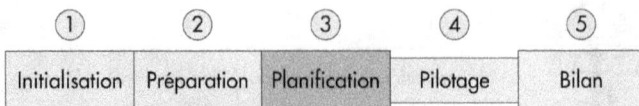

Planification détaillée

25. Intégrer les tâches de gestion de projet

- Mise à jour du planning
- Management des acteurs et de l'équipe
- Mise à jour de la documentation projet
- Mise en œuvre du plan de communication

Livrable :
> H20
> Planning détaillé

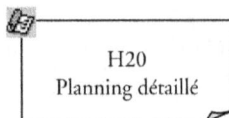

Outil : Pas d'outil spécifique

	Phase 3	Fiche 25
Titre	**Intégrer les tâches de gestion de projet**	
Actions à entreprendre	• Reprendre le plan de communication et insérer dans le planning toutes les tâches de gestion du projet prévues • Affecter sur ces tâches les durées et les charges nécessaires • Ajouter les tâches de gestion pures (organisation et gestion de la documentation projet, mise à jour du planning)	
Conseils	• La charge des tâches de préparation des réunions est généralement sous-évaluée. Une réunion de comité de pilotage nécessite souvent 1 jour/homme de préparation car le public a des exigences en terme de qualité de présentation de l'intervention (diaporama PowerPoint…) • Les tâches de mise à jour du planning sont souvent rebutantes car elles nécessitent de « relancer » les ressources pour obtenir leur reporting, c'est pourquoi il faut que le planning soit mis à jour régulièrement (de manière hebdomadaire) • Les tâches de management des ressources vont être planifiées car leur charge impacte la charge globale du projet. Il est évident que le management ne peut se faire à heure fixe, il faut donc préciser aux ressources que cette planification n'impacte que la charge globale • Le management des hommes et d'une équipe occupe beaucoup de temps et reste indispensable, ce sont souvent ces tâches qui ne sont pas planifiées et qui au final impactent la durée, la charge et le coût du projet	

	①	②	③	④	⑤
	Initialisation	Préparation	Planification	Pilotage	Bilan

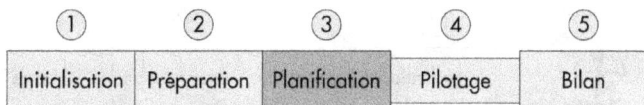

Planification détaillée

26. Affecter les ressources aux tâches

➡ **Ressources humaines (disponibilité)**

➡ **Ressources matérielles**

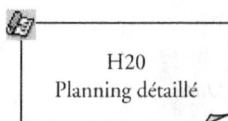

H20
Planning détaillé

Livrables :
H21
Tableau des ressources

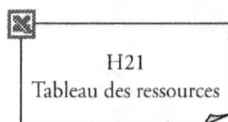

Outil : Pas d'outil spécifique

	Phase 3	Fiche 26
Titre	**Affecter les ressources aux tâches**	
Actions à entreprendre	• Reprendre les calendriers de chacune des ressources • Placer les ressources sur chacune des tâches le nécessitant • Extraire le planning de chacun • Faire valider par chacun son propre planning • Demander à chacun de fournir l'ensemble de ses remarques par écrit	
Conseils	• L'affectation des ressources doit être faite à un niveau de planification détaillé de façon à mettre en exergue les surutilisations • Le planning doit être commenté à chaque ressource. L'idéal est de fournir à chaque ressource une extraction du planning ne contenant que ses propres tâches (réalisable facilement avec un logiciel de planification comme Project en appliquant un filtre sur les ressources), ainsi qu'une vue synthétique du planning global • S'assurer que certaines ressources matérielles apparaissent dans la planification détaillée surtout lorsque ces ressources sont partagées avec d'autres ou d'autres projets comme des salles de réunion par exemple • Éviter de laisser les ressources modifier elles-mêmes le planning, même si c'est possible techniquement par la mise en réseau du logiciel de planification. À ce niveau, il est souhaitable que la planification soit centralisée par un seul acteur	

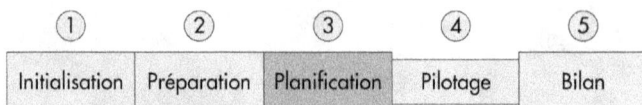

	①	②	③	④	⑤
	Initialisation	Préparation	Planification	Pilotage	Bilan

Validation

27. Optimiser le planning détaillé du prévu

- Résoudre les conflits de ressources

  Surutilisation   Sous-utilisation

- Comparer le planning avec les contraintes du commanditaire

Livrable :
H20
Planning détaillé

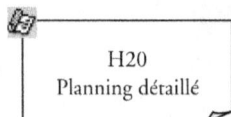

Outil :   Pas d'outil spécifique

	Phase 3	Fiche 27
Titre	**Optimiser le planning détaillé du prévu**	
Actions à entreprendre	• Extraire du planning les ressources qui sont surutilisées • Faire une hiérarchie des tâches et ressources qui doivent être optimisées • Bâtir des scénarios de planification • Faire valider ces scénarios par les ressources principales • Faire valider les scénarios par le commanditaire	
Conseils	• Il ne faut pas chercher à optimiser toutes les tâches et ressources. Il faut connaî-tre les raisons de la surutilisation. Si c'est simplement le chevauchement d'une réunion d'une heure avec une tâche, il est évident que la ressource se débrouillera pour accomplir les deux tâches • Une ressource peut absorber une lourde surcharge pendant quelque temps afin de ne pas bloquer le projet, il faut alors prévoir pour cette ressource des temps de récupération qui doivent être planifiés • Attention aux tâches de la fin du projet, il ne faut pas que la charge soit trop ajustée car ces tâches et donc les ressources qui y sont affectées subissent les retards pris par les autres tâches • Éviter de se dire que cela « va passer » ; l'estimation de la charge est générale-ment sous-évaluée, et cela génère dans le projet des conflits, fatigues et pertes de qualité	

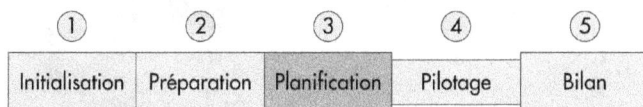

	①	②	③	④	⑤
	Initialisation	Préparation	Planification	Pilotage	Bilan

Validation

28. Valider, communiquer et enregistrer le planning

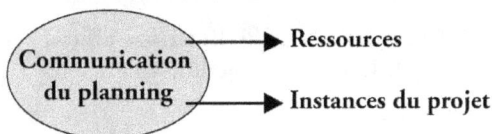

Communication du planning → Ressources

→ Instances du projet

Livrable : H22 Contrat de planning

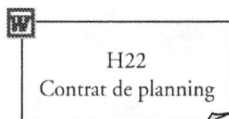

Outil : Pas d'outil spécifique

	Phase 3	**Fiche 28**
Titre	**Valider, communiquer et enregistrer le planning**	
Actions à entreprendre	• Faire valider une dernière fois le planning par le commanditaire et le comité de pilotage s'il existe • Vérifier que tous les acteurs détiennent la dernière version du planning • Communiquer le planning prévisionnel à toutes les personnes habilitées à le posséder • Sceller un engagement contractuel avec les sous-traitants	
Conseils	• Les plannings « politiquement corrects » présentés à la direction, mais qui sont impossibles à réaliser, démotivent les acteurs qui vont avoir à effectuer les tâches et expliquer pourquoi ils sont en retard en phase de pilotage • L'engagement des sous-traitants doit être contractualisé sur la base du planning. Les conditions de cet engagement doivent être très précises afin que les pénalités de retard puissent être éventuellement appliquées. Il faut faire attention aux contrats « tout prêts » présentés par les sous-traitants. Ils contiennent souvent des conditions « alambiquées » et dans la plupart des cas inapplicables • Vérifier que les outils utilisés pour communiquer le planning soient connus par tous ; inutile de donner un planning sous Project à quelqu'un qui ne possède pas le logiciel, il vaut mieux faire une exportation sous Word sous la forme d'une image	

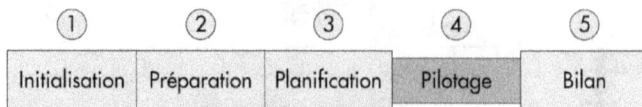

①	②	③	④	⑤
Initialisation	Préparation	Planification	Pilotage	Bilan

Lancement

29. Lancer la réalisation

**Communication du démarrage officiel
de la « fabrication du produit »**

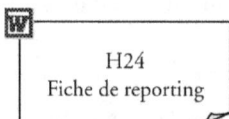

H24
Fiche de reporting

Livrables :

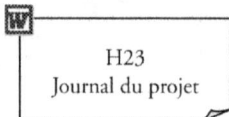

H23
Journal du projet

Outil :

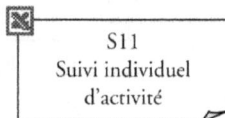

S11
Suivi individuel
d'activité

	Phase 4	Fiche 29
Titre	**Lancer la réalisation**	
Actions à entreprendre	• Lancer le projet avec les moyens de communication prévus dans le plan de communication • Communiquer à chaque ressource les documents qui vont lui permettre d'effectuer son reporting • Former chaque ressource aux outils de reporting • Aider chaque ressource à mettre en place son suivi d'activité sur le projet	
Conseils	• Le reporting est souvent ressenti comme du « flicage ». Il est donc nécessaire de communiquer sur l'utilisation des données qui vont être fournies par les ressources • Pour que l'on puisse consolider les données fournies par les ressources, il est indispensable qu'elles présentent toutes les informations de la même manière et avec les mêmes outils. Il ne faut donc pas hésiter à passer un peu de temps avec les collaborateurs pour leur expliquer comment fonctionnent les grilles de reporting qui leur sont fournies • Certaines ressources n'effectuent aucune gestion de leur temps personnel et ne savent pas se servir d'un agenda, il peut donc être nécessaire de les former à la gestion du temps. Ces formations pourront les faire progresser à la fois au titre du projet et à titre personnel	

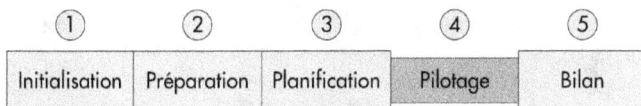

①	②	③	④	⑤
Initialisation	Préparation	Planification	Pilotage	Bilan

Lancement

30. Mettre en œuvre le plan de communication

Mise à jour du plan de communication

Livrable :

H17
Plan de communication
(suite)

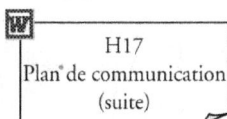

Outil :   Pas d'outil spécifique

	Phase 4	Fiche 30
Titre	**Mettre en œuvre le plan de communication**	
Actions à entreprendre	• Vérifier si le plan de communication est toujours d'actualité • Ajouter ou supprimer des actions de communication • Valider l'impact sur la planification • Communiquer aux acteurs principaux les modifications • Faire valider au commanditaire ou au comité de pilotage	
Conseils	• La partie du plan de communication touchant à la communication promotionnelle est souvent très mouvante car elle est dépendante des acteurs et notamment de leur positionnement dans la carte des acteurs ; elle nécessite donc une mise à jour permanente • Si le projet a mis du temps à être lancé, les données et les attitudes des acteurs, voire les acteurs eux-mêmes peuvent avoir changé, il est donc nécessaire de vérifier le niveau d'obsolescence du plan de communication • Ne jamais oublier qu'une mauvaise communication agit directement sur les acteurs, leur motivation et donc sur le projet et les objectifs. La difficulté va être de mettre effectivement en œuvre tout ce qui a été prévu dans le plan de communication, il faut donc être ambitieux mais construire un plan de communication qui soit réalisable et en adéquation avec les moyens attribués au projet	

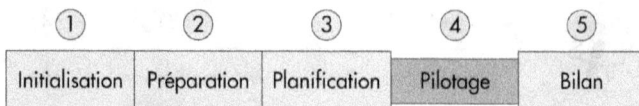

	①	②	③	④	⑤
	Initialisation	Préparation	Planification	Pilotage	Bilan

Réalisation

31. Piloter la réalisation du produit

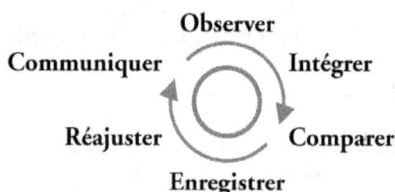

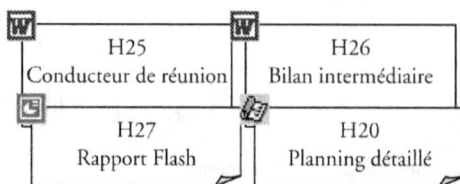

Observer

Communiquer — Intégrer

Réajuster — Comparer

Enregistrer

Livrables :

H25 Conducteur de réunion	H26 Bilan intermédiaire
H27 Rapport Flash	H20 Planning détaillé

Outil : Pas d'outil spécifique

	Phase 4	**Fiche 31**

Titre	**Piloter la réalisation du produit**
Actions à entreprendre	• Mettre à jour de manière régulière les outils de cartographie des ressources humaines • Réajuster en permanence la stratégie de communication
Conseils	• C'est la phase la plus difficile car il s'agit de tenir les bonnes résolutions prises dans la phase de préparation. Le respect des engagements pris agit comme un moteur • Ne pas hésiter à recadrer rapidement les ressources qui dérapent (retards aux réunions, absence de tableaux de reporting…), afin de démontrer que le projet est piloté et que les documents sont utilisés • Le chef de projet doit être en permanence à l'écoute de « la température » en matière de ressources humaines de façon à réagir rapidement avant qu'une situation se dégrade • Prendre le temps nécessaire pour recevoir un des acteurs, de manière individuelle s'il le faut, c'est un investissement • Ne jamais prendre de décision « à l'emporte-pièce » sous prétexte que l'on est dans l'urgence ; il faut informer les ressources qui doivent l'être avant qu'elles n'apprennent l'événement par « un bruit de couloir » • Ne pas négliger la préparation d'un comité de pilotage dans sa forme, conserver un caractère formel à cette réunion même si le chef de projet « sympathise » avec certains acteurs

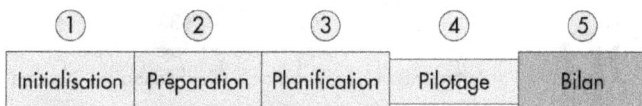

①	②	③	④	⑤
Initialisation	Préparation	Planification	Pilotage	**Bilan**

Promotion

32. Vendre le projet

- **Mettre à jour** toute la documentation du projet
- **Préparer** la réunion de clôture
- **Mettre en œuvre** la réunion de clôture

Livrable :

H28 Présentation du projet

Outil :

S12 Historique projet

	Phase 5	Fiche 32
Titre	**Vendre le projet**	
Actions à entreprendre	• Lister tous les événements marquants liés à la gestion du projet • Lister tous les événements marquants liés à la fabrication du résultat • Préparer un scénario retraçant la vie du projet • Présenter ce scénario au commanditaire • Définir des axes de progression et de nouveaux modes de collaboration avec le commanditaire	
Conseils	• À partir des documents du projet et du planning détaillé du réalisé, retracer la vie du projet en s'appuyant sur les événements marquants • Préparer sur papier libre un scénario (story board) du projet et ensuite saisir ce scénario dans un diaporama PowerPoint • Répéter la présentation seul ou devant un acteur « allié » afin de parfaire le minutage (environ 20 minutes) • Demander une entrevue au commanditaire en lui demandant de réserver 30 minutes dans son agenda • Faire la présentation au commanditaire de l'historique du projet en respectant la séparation gestion du projet et fabrication du résultat • Faire un bilan oral avec le commanditaire • Cette communication permet au chef de projet de finir son projet, elle a aussi pour but de démontrer le professionnalisme du chef de projet, mais aussi de préparer les éléments pour les réunions de débriefing du bilan de projet	

①	②	③	④	⑤
Initialisation	Préparation	Planification	Pilotage	Bilan

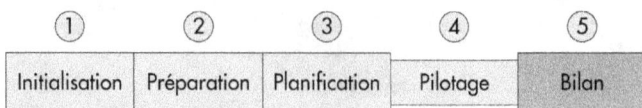

Désengagement

33. Mettre un terme à l'engagement contractuel

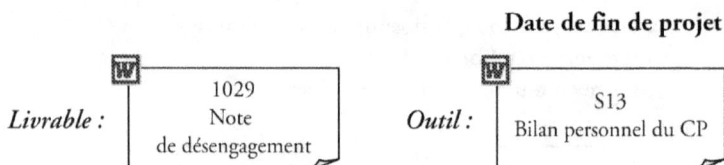

Date de fin de projet

Livrable :
```
1029
Note
de désengagement
```

Outil :
```
S13
Bilan personnel du CP
```

	Phase 5	**Fiche 33**
Titre	**Mettre un terme à l'engagement contractuel**	
Actions à entreprendre	• Préparer et faire signer au commanditaire la note de désengagement • Communiquer le désengagement aux acteurs du projet • Organiser la suite éventuelle du projet • Transmettre l'ensemble des documents et « pouvoirs » à ceux qui prennent la suite	
Conseils	• Il est très difficile de terminer un projet, il est donc nécessaire de prévoir sa suite si les « finitions » ne sont pas faites • Attention à ne pas sous-estimer le temps nécessaire pour faire les derniers livrables car le résultat est mis à la disposition des utilisateurs-clients, il ne sera donc pas facile de le modifier sans conséquences sur la production • Il est parfois préférable de retarder de quelques jours la livraison effective et de terminer avec les ressources encore disponibles, plutôt que de laisser les ressources repartir sur un autre projet ou dans leurs activités car il sera très difficile de les remobiliser • Pour les sous-traitants éventuels, il ne faut jamais régler l'intégralité de leur facturation avant que le travail soit effectivement terminé. La somme restant à payer doit être suffisamment motivante pour qu'ils viennent faire les « finitions » • Le chef de projet n'est pas « propriétaire » du résultat, il doit savoir passer la main à une autre équipe qui va se charger de finir si nécessaire, au risque de se trouver pendant une longue période en surcharge avec un projet non terminé et un autre qui a déjà démarré	

	①	②	③	④	⑤
	Initialisation	Préparation	Planification	Pilotage	Bilan

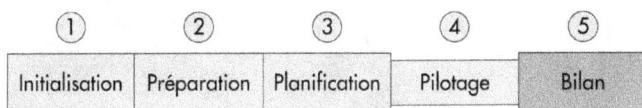

Capitalisation

34. Organiser les réunions de débriefing

Réunion avec l'équipe projet

Appréciation des résultats obtenus
atteintes des objectifs et respect des normes de gestion de projet

Clôture officielle et amicale

Livrable :
1030
Bilan final de projet

Outil :
S14
Discours du CP

	Phase 5	Fiche 34

Titre	Organiser les réunions de débriefing
Actions à entreprendre	• Rassembler tous les documents du projet suffisamment synthétiques pour être exploités pendant la réunion de bilan • Organiser la réunion dans un lieu neutre • Convoquer les acteurs principaux du projet • Animer la réunion en prévoyant un rapporteur pour le compte rendu • Faire un discours de remerciements et de synthèse • Mettre en œuvre le pot-repas de clôture • Mettre en forme les résultats de la réunion
Conseils	• Si c'est possible, prévoir de faire la réunion de clôture « au vert », hors des murs de l'entreprise • Rappeler les règles du bilan et les objectifs au début de la réunion afin d'éviter les conflits ou débats inutiles (au besoin faire en amont un débriefing individuel avec certains acteurs afin qu'ils expriment leurs mécontentements en privé) • Ne pas oublier de remercier ceux qui se sont particulièrement investis dans le projet sans tomber dans le travers démagogique qui consiste à encenser tout le monde • Prévoir éventuellement, suivant l'enjeu du projet, des « récompenses » ou « médailles en chocolat » pour ceux qui se sont particulièrement distingués • Dimensionner le pot ou repas en fonction de la taille ou de l'enjeu du projet pour l'entreprise

	①	②	③	④	⑤
	Initialisation	Préparation	Planification	Pilotage	Bilan

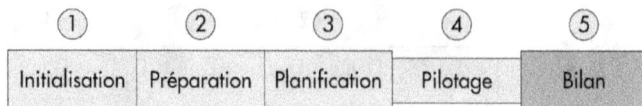

Capitalisation

35. Archiver les dossiers du projet

Archivage dynamique des documents

Intranet documentaire

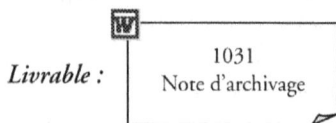

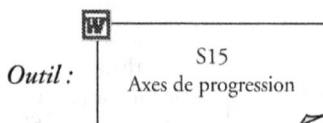

Livrable : 1031
Note d'archivage

Outil : S15
Axes de progression

		Phase 5	Fiche 35
Titre	Archiver les dossiers du projet		
Actions à entreprendre	• Faire un classement des documents du projet entre ceux qui peuvent être réutilisables et ceux qui doivent être détruits • Archiver les documents en respectant les règles données par l'entreprise • Communiquer sur les lieux d'archivage de manière formelle et informelle • Prévoir si c'est utile une réunion formelle ou informelle avec d'autres chefs de projet ou futurs chefs de projet sur le bilan de projet		
Conseils	• Il n'est pas utile de tout garder (trop d'info tue l'info), il ne faut conserver que ce qui peut être réutilisable par d'autres ou ce qui doit être « juridiquement » conservé • Définir, si cela n'est pas le cas, des règles d'archivage simples pour les documents du projet • Généralement, les acteurs « réinventent la poudre » sur les nouveaux projets tout simplement parce qu'ils ne savent pas qu'il existe déjà des travaux sur le sujet, il faut donc communiquer sur l'archivage des documents • Le chef de projet peut prévoir une communication à propos de son projet à l'intention d'autres chefs de projet. Pour cela, il peut utiliser les éléments qu'il a préparé pour le commanditaire et les éléments du bilan • Le chef de projet doit enfin faire un bilan personnel pour définir ses propres axes de progression. Il doit le faire seul, mais le bilan doit être formalisé par écrit avec des éléments à court, moyen et long terme		

Liste des erreurs *à ne pas commettre*

- S'obstiner à vouloir convaincre les réfractaires au projet
- Déléguer la « surveillance » des réfractaires à un autre que le chef de projet
- Pratiquer un style directif de passage en force
- Être en retard aux réunions de briefing ou de reporting
- Modifier trop souvent les dates de réunion, de rendez-vous
- Sous-informer les acteurs, les personnes concernées, les sous-traitants...
- Présenter son projet à la cantonade, dans les couloirs, avant le lancement officiel
- Passer au lancement précipité avant d'avoir mûri le maximum de détails
- Se polariser sur un seul schéma de solution
- Prendre des décisions de manière autoritaire après consultation d'une minorité
- Sous-estimer les temps et aspects de coordination et de gestion
- Relâcher totalement sa vigilance, même sur une petite période
- Prendre du travail en surcharge
- Transférer son anxiété et ses états d'âme sur les autres acteurs du projet
- Critiquer, recadrer un acteur en public
- Féliciter en privé
- Vouloir tout faire soi-même
- Ne jamais mettre la main à la pâte
- Se polariser sur de petits détails au détriment de l'essentiel
- Tergiverser sur une décision entraînant des malentendus

- Laisser la fatigue physique et nerveuse prendre le pas sur la performance
- Projeter son stress personnel sur la relation à autrui
- Déléguer sans convenir, au début, du mode contrôle
- Confier une mission à un individu sans tenir compte de sa personnalité
- Ne pas faire ce qu'on a dit
- Passer son temps à souligner surtout ce qui ne va pas, ce qui n'a pas été fait
- Être rigide et fermé à toute influence hiérarchique
- Oublier d'informer quelqu'un concerné ou impliqué
- Développer une communication trop ronflante ou discordante
- Informer en discontinu, beaucoup au début et dilué ensuite
- Ne pas s'intéresser à un autre projet parallèle ou concurrent
- Communiquer trop tôt
- Communiquer trop tard
- Relâcher le suivi des fournisseurs, divulguer des informations non validées
- Ne pas tenir ses engagements
- Manquer de confidentialité
- Exposer en public des désaccords entre acteurs du comité de pilotage
- Se disperser sur une multitude de projets
- Lancer un projet sans s'être renseigné sur l'historique
- S'obstiner dans un projet en contradiction avec la politique de l'entreprise
- Laisser de côté le « staff » administratif, lui manquer de reconnaissance
- S'affoler en cas de crise
- Escamoter la communication sur l'échec d'un projet
- Sous-estimer l'importance de la communication sur la réussite d'un projet
- Faire des réunions sans compte-rendu écrit
- Se contenter de faire circuler l'information une seule fois
- Avoir une confiance aveugle dans la mémoire des individus
- Sortir de son champ de responsabilité, prendre des initiatives à la place d'un autre
- Se contenter d'un accord verbal de quiconque

Conclusion

Quelle est la finalité d'une méthode ?

Une méthode sert de fil conducteur à celui qui l'utilise ; elle le guide sur le chemin le plus logique pour résoudre une problématique. Elle comprend un ensemble d'étapes structurées ; ces étapes contiennent un mode d'emploi qui met en œuvre des techniques au moyen d'un ensemble d'outils. Ces outils permettent de faire le lien entre la réalité du terrain et son interprétation, dans un modèle par exemple. L'outil est en quelque sorte un filtre qui permet de modéliser la réalité du terrain.

Une méthode permet d'optimiser la manière dont on va résoudre la problématique.

Lorsqu'une méthode est conseillée ou imposée, elle devient une référence et sert, à ce titre, à « industrialiser » la manière de résoudre des problématiques dans une entreprise. L'industrialisation, quant à elle, garantit un niveau de qualité égal du produit réalisé.

L'industrialisation est la première préoccupation des services, car elle permet non seulement de contrôler la qualité et de la garantir, mais aussi de « consolider » les éléments qui ont un même format de présentation.

Ainsi, la mise en œuvre de méthodes et d'outils améliore la communication car elle facilite le partage d'un contenu de format uniforme, donc lisible par tous.

Une méthode est-elle universelle ?

Aucune méthode n'est universelle : chaque problématique rencontrée dans les projets est d'une certaine manière unique. Utiliser « intelligemment » une méthode, c'est savoir quelles sont les étapes que l'ont peut ignorer sans dégrader le résultat. Cette manière de faire nécessite une grande expérience, non seulement dans la mise en œuvre de la méthode mais aussi dans la problématique à traiter.

La méthode sert aussi de garde-fou : certains peuvent arguer du fait que « telle ou telle étape » n'est pas validée pour ne pas faire avancer un projet.

En résumé, seule l'atteinte des objectifs a vraiment de l'importance ; la méthode employée importe peu, elle n'est qu'une proposition de chemin à parcourir !